HEYNE BÜCHER

D1854827

HEYNE RAT-GEBER

Renate G. Wahr

# Das Heyne Weihnachtsbuch

Advents- und Weihnachtsbräuche, Lieder mit Noten,
Bastel- und Geschenkvorschläge,
Rezepte für Backwerk
und Weihnachtsgerichte

**Originalausgabe**

WILHELM HEYNE VERLAG
MÜNCHEN

HEYNE-BUCH Nr. 4316
im Wilhelm Heyne Verlag, München

Die Beiträge auf den Seiten 11–16, 17 o., 32 o., 33–35, 36 o., 47 u., 77–79, 80, 81 o., 99 u., 107–110, 111 o., 113, 114 o., 120–123, 124 o., 128 o.+u., 131 u., 133 u., 134, 137 u., 162 u., 163, 164, 207–209, 219–223 sind mit freundlicher Genehmigung des Verlags Gruner & Jahr, Hamburg der Zeitschrift BRIGITTE entnommen.
Die Beiträge auf den Seiten 17, 18, 20 u., 21–24, 31, 32, 48 o., 95 u., 96, 97 u., 98, 114–117, 118 o., 124 u., 125–127, 128 Mitte, 129, 130, 132, 133 o., 210–213 sind mit freundlicher Genehmigung des Verlags Burda GmbH, Offenburg der Zeitschrift FREUNDIN entnommen.
Der Abdruck der Geschichten „Der Tanz des Räubers Horrificius" und „Die stillste Zeit im Jahr" von Karl Heinrich Waggerl erfolgte mit freundlicher Genehmigung des Otto Müller Verlags, Salzburg.
Der Abdruck der Erzählung „Der erste Christbaum bei den Waldbauern" von Peter Rosegger erfolgte mit freundlicher Genehmigung des L. Staackmann Verlags, Linden.
Die Spiele „Schatzsuche", „Glühwürmchen", „Weihnachtsmarkt" und „Schnipselgeschichten" wurden mit freundlicher Genehmigung des Verlags Gruner & Jahr, Hamburg abgedruckt; alle übrigen Spiele wurden mit freundlicher Genehmigung des Kindler Verlags, München dem Band „Das große Haus- und Familienbuch der Spiele" von Robert Lembke entnommen.
Der Abdruck des Liedes „Advent" auf Seite 60 erfolgt mit freundlicher Genehmigung des Fidula Verlags, Boppard/Rhein.

3. Auflage


Printed in Germany 1978
Umschlagfoto/Vorderseite: Fotoagentur Mauritius, Mittenwald
Umschlagfoto/Rückseite: Gruner & Jahr, Hamburg
Zeichnungen: Sylvia von Braun, München
und Holger Majorahn, München
Umschlaggestaltung: Atelier Heinrichs, München
Satz: Hils u. Meier, Dingolfing
Druck und Bindung: Presse-Druck Augsburg

ISBN 3-453-41008-4

INHALTSVERZEICHNIS

# ADVENTSZEIT

## Was bedeutet Advent?

Advent – Zeit der Vorfreude, Zeit der großen und der kleinen Wünsche. Die Familie rückt jetzt ein wenig näher zusammen. Das ist eine Geheimnistuerei vom einen zum andern, und überall raschelt und knistert es. Aber bei all der Geschäftigkeit sollten wir den Sinn der Adventszeit nicht vergessen. Das Wort Advent kommt aus dem Lateinischen und heißt ›Ankunft‹. Die Menschheit erwartet ihren Erlöser. Im Weihnachtsfest feiern wir alle Jahre wieder die Geburt Christi.

Nicht immer war die Zeit vor Weihnachten eine Zeit der Freude oder des Überschwangs. Im Advent sind die Farben in der Kirche violett – ein Zeichen der Trauer und Buße. Sogar die Dauer der Vorbereitungen hat im Laufe der Jahrhunderte stark geschwankt. Es gab Zeiten, da sich der Advent über fünf, ja sechs Wochen erstreckte, und vor allem hat er stets als Fastenzeit gegolten.

Zum Adventsbrauch gehört der grüne Kranz – geschmückt mit roten Kerzen. Auch hier haben die Farben eine ganz ursprüngliche Bedeutung. Grün gilt als Farbe unserer Treue zu Christus; Rot ist die Farbe seines Blutes, das er für uns vergoß. Der Adventskranz hat sich erst zu Beginn unseres Jahrhunderts eingebürgert. Doch der grüne Zweig oder der Tannenbuschen war schon im Mittelalter als Adventsschmuck in den Kirchen zu sehen. In angelsächsischen Ländern symbolisiert das Rot und Grün der Stechpalme die Zeit der Hoffnung und Erwartung.

Im Advent gibt es eine Reihe kirchlicher Feiertage und Feste, die heute meist nur noch symbolhafte Bedeutung haben. So feiern wir am 4. Dezember den Tag der Heiligen Barbara. Sie ist Schutzpatronin der Bergleute, und ihr zu Ehren schneidet man in vielen Gegenden Zweige von Forsythien, Obstbäumen und Flieder, von Weißdorn oder Birke ab und stellt sie ins Wasser. Wer seine Zweige gut pflegt, kann vielleicht zu Weihnachten ihre Blüte erleben.

Wie anheimelnd kann ein Bummel über den Weihnachtsmarkt sein. Es gibt ihn mittlerweile in vielen Städten. Die berühmtesten Weihnachtsmärkte besitzen seit eh und je Berlin, Hamburg, Leipzig, Magdeburg, Köln, Frankfurt und Nürnberg. In alten Tagen kaufte man dort auch die schönsten Sachen für den Gabentisch. Eine ausgesprochene Attraktion war der Hamburger Weihnachtsmarkt, der sogenannte ›Dom‹. Der Name kommt daher, weil die Stände ursprünglich in der Vorhalle und im Kreuzgang des Gotteshauses standen. Und wenn heute auch der Markt längst verlegt ist und eigentlich einem Rummelplatz gleicht, so ist der Name ›Dom‹ dennoch erhalten geblieben. Einen der schönsten Weihnachtsmärkte finden wir in Nürnberg. Die Stände sind vor dem festlich erleuchteten *Schönen Brunnen* aufgestellt, und gerade in Nürnberg sollte man unbedingt die berühmten Nürnberger Lebkuchen oder einen glitzernden Rauschgoldengel erwerben, der erstmals vor 300 Jahren in dieser Stadt hergestellt worden sein soll. Auch der Münchner ›Kripperlmarkt‹ ist eine weltberühmte Rarität. Es werden dort hauptsächlich Krippen, aber auch einzelne Krippenfiguren verkauft.

Am 6. Dezember ist Nikolaustag – im Gedenken an den Bischof von Myra, der vor allem wegen seiner Mildtätigkeit in die Legende eingegangen ist. Der alte Brauch, daß die Kinder ihre Schuhe vor die Tür stellen, geht ebenfalls auf eine alte Sage zurück: Nikolaus soll einmal Gold durch den Kamin geworfen haben.

Am 8. Dezember ist das Fest Mariä Empfängnis. Es wird bei uns in Deutschland nur in katholischen Gegenden begangen, während Spanien etwa einen hohen Feiertag daraus gemacht hat. Die Häuser werden prächtig geschmückt und Kerzen in die Fenster gestellt.

Und am 13. Dezember ist Luzia-Tag. Dieses Fest hat vor allem in Skandinavien große Bedeutung, wo Luzia in den langen, dunklen Wintermonaten als strahlende Lichtbringerin verehrt wird. Die Heilige Luzia starb um 300 n. Chr. in Syrakus den Märtyrertod. In Schweden weckt die älteste Tochter des Hauses, gewandet als ›Heilige Luzia‹ im langen weißen Kleid und auf dem Kopf einen mit brennenden Kerzen besteckten Kranz, die ganze Familie. Sie bringt jedem ein festliches Frühstück ans Bett. Das Mädchen darf den ganzen Tag Lichterkönigin sein.

Die vier Adventssonntage sollten Sie gemütlich im Kreis Ihrer Familie feiern. In vielen Häusern wird jetzt eifrig gebacken und gebastelt. Hier werden beim Kerzenschein Weihnachtslieder gesungen, dort liest einer eine stimmungsvolle Weihnachtsgeschichte vor.
Kinder haben ihre helle Freude, wenn sie an jedem Adventssonntag ein kleines Geschenk finden, und sei es auch nur ein leckerer Lebkuchen oder ein kleines Bilderbuch. Keine größere Freude für die Kleinen als der Besitz eines Adventskalenders ist denkbar, bei dem jeden Morgen ein weiteres Türchen geöffnet werden darf. Es gibt ein überaus vielfältiges Angebot an Adventskalendern – aber vielleicht haben auch Sie Lust, selbst einen zu basteln.
In unserer hastigen Zeit gibt es selten eine Gelegenheit für ein gemütliches Beisammensein in der Familie oder im Freundeskreis. Und deshalb sollte man gerade die Adventszeit dazu benutzen, wieder ein bißchen zusammenzurücken, Freundschaften zu pflegen und sich gegenseitig ein wenig Freude zu schenken.

# Basteln im Advent

## *Adventskränze und -kalender*

### *Symbol der Vorweihnachtszeit – derAdventskranz*

Wir brauchen dazu: einen gebundenen Strohkranz, 8 Tannenzapfen, 4 größere oder 8 kleinere künstliche Früchte, Tannenzweige, Blumendraht, 4 dicke rote Kerzen mit Steckhalter, Sprühgold in der Dose, Äpfel und Nüsse

Am schönsten ist es, wenn wir Zeit und Muße haben, unseren Kranz nicht nur selbst zu schmücken, sondern auch zu binden. Dann holen wir uns einen Strohkranz und Tannenzweige, aus denen wir mit Blumendraht einen Kranz binden. Auf jeden Fall sollten wir aber das Schmücken des Kranzes selbst übernehmen:

Diesen Adventskranz hängen wir einmal nicht auf, sondern legen ihn auf einen großen Teller. Besonders hübsch ist eine Tortenplatte mit Fuß, wie sie unsere Großeltern noch hatten.
In den Kranz stecken wir nun die vier Kerzen, in die Zwischenräume arrangieren wir die Tannenzapfen, die wir mit dem Sprühgold gefärbt haben — man kann auch nur die Hälfte färben und die anderen in der Naturfarbe belassen —, und die künstlichen Früchte.
In die Mitte des Kranzes legen wir rote, polierte Äpfel und vergoldete — oder unvergoldete — Nüsse.

## Gästekranz

Er hängt an einer Kordel an der Tür und ist reich mit hübsch eingewickelten Päckchen geschmückt. Darin verbergen sich kleine Überraschungen für Erwachsene und Kinder, die in der Adventszeit zu Besuch kommen.

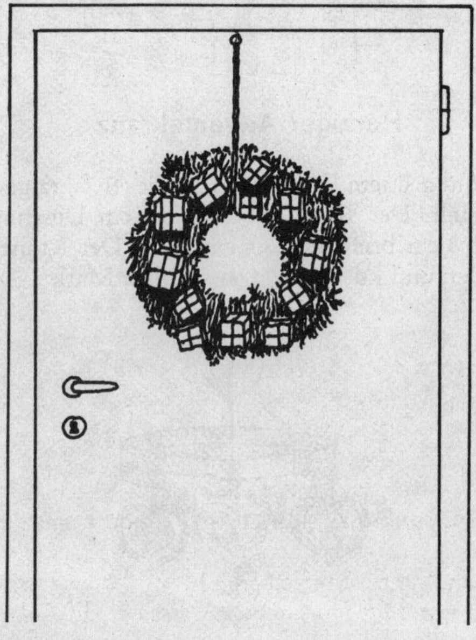

## Adventskranzkalender

Fürs liebe Kind steckt in jedem Päckchen eine Streichholzschachtel, gefüllt mit einem kleinen Geschenk – vom Bonbon bis zum Ring. Die Päckchen sind mit Lettra-Set-Zahlen zum Aufreiben (Papiergeschäft) versehen, man kann die Zahlen aber auch selbst malen. Ist mehr als einer zu beschenken, kriegen die Päckchen noch den Anfangsbuchstaben des Vornamens. Der Kranz ist aus Buchsbaum (Blumengeschäft) und roten Seidenschleifen schnell gebunden. Er hat auch den Vorteil, nicht zu nadeln.

## Herziger Adventskranz

Aus rotem und grünem Farbkarton ist dieser ›herzige‹ Adventskranz gebastelt. Der Ring hat etwa 21 cm Durchmesser, die Herzen sind 8 cm breit und 6,5 cm hoch. Der Kranz hängt an Nähseidefäden und kostet nicht mehr als 2 Mark.

## Ein Nikolauskalender

besonderer Art ist diese bunte Eisenbahn aus Streichholzschachteln: Die Schachteln werden mit Plakafarben gestrichen und numeriert, Fenster, Türen, Sterne und andere Verzierungen – die Sie ganz nach Ihrem Geschmack auswählen können – aus Bastelfilz zugeschnitten und einfach aufgebügelt. Die Räder bestehen aus Holzperlen, die Achsen sind Streichhölzer. Für die Lok werden zwei Schachteln, die eine waagerecht, die andere senkrecht, zusammengeklebt. Verbunden wird der Zug mit Wollfäden, und in jedem Wagen steckt eine kleine Überraschung für die Adventstage.

## Dies Männlein hat es in sich!

Aus zwei Spanschachteln, 22 Streichholzschachteln und etwas farbigem Filzstoff entsteht ein origineller Adventskalender: Streichholzschachteln mit Filz bekleben. Auf die kleine Spanschachtel ein Gesicht malen, Haare aus Wolle, Mütze aus Filz mit Holzbommel draufkleben. Alles wie im Bild zusammenkleben. Nun noch Zahlen draufmalen und liebe, kleine Geschenke hineintun.

**Auch ein Adventskalender!**

Winzige Geschenke, die nichts oder nur Pfennige kosten, als Päckchen verpackt, können auch mal so Advents-›Kalender‹ spielen: als Angelspiel. Das macht kleinen und großen Leuten Spaß. Man braucht dazu einen Glashafen (ein hübscher Karton tut's auch), der mit den Päckchen gefüllt wird. Täglich vom 1. Dezember an oder an jedem Adventssonntag darf man einmal darin angeln. Als Angel dient ein Laternenstock, an dem ein Magnet hängt (1,20 Mark im Kaufhaus). Um die Päckchen magnetisch zu machen, wird auf jedes ein kleiner Eisenring geklebt. Wichtig ist, daß die Päckchen nicht zu schwer sind.

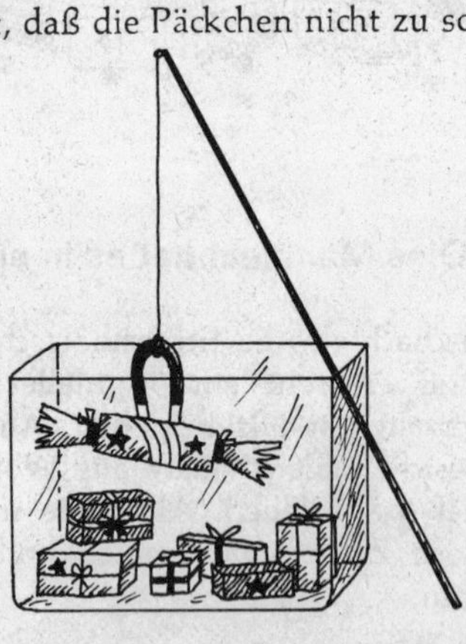

## *Adventskränze nicht nur aus Tanne*

Wenn Sie einen besonders schönen Adventskranz haben möchten, machen Sie ihn selbst. Hier sind Kränze zur Auswahl. Nur einer davon ist aus Tanne, die anderen sind aus Stroh, Lärchen- und Ruscuszweigen und Tannenzapfen.

### Ruscus

Ein dickes Elektrokabel wird zu einem Herzen gebogen und mit Ruscuszweigen üppig umwunden. Ruscuszweige gibt es im Blumengeschäft. Sie sind präpariert und halten sich jahrelang. Ruscuszweige mit einer Schere in kurze Büschel zerteilen und mit Draht dicht an dicht um das Kabel binden. Kleine Kuchenherzen mit blauem Zuckerguß, an dünnem Draht aufgehängt, und blaue Stumpenkerzen verbreiten Weihnachtsstimmung.

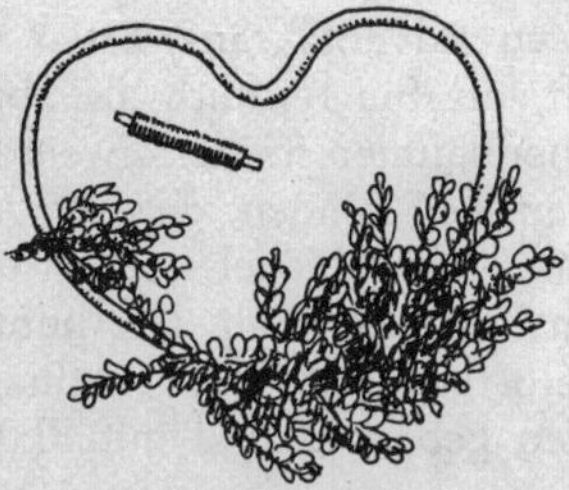

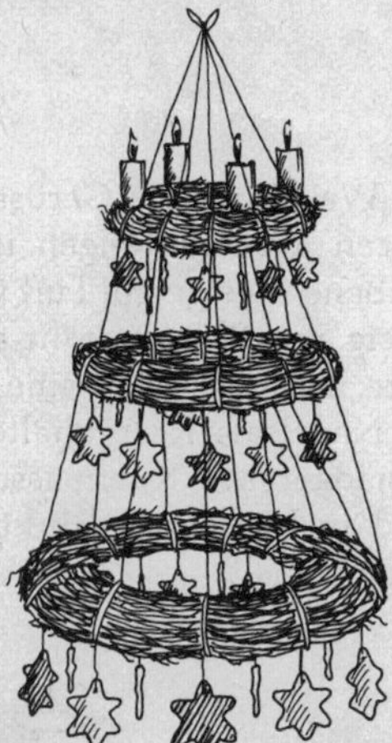

### Stroh

Für diese Pyramide brauchen Sie drei verschieden große Strohkränze, die Sie (als Unterkränze) fertig gebunden für ein paar Mark im Blumengeschäft kaufen können. Die Kränze der Größe nach angeordnet an Draht übereinanderhängen. Schmuck sind selbstgebackene braune Sterne in drei Größen und vier dicke Adventskerzen.

## Tannenzapfen

Hier hat jede Adventskerze ihren eigenen kleinen Kranz aus Tannenzapfen. Kranzinhalt ist je ein Styroporkranz. Er wurde mit Moltofill eingekleistert, damit die Tannenzapfen besser halten. Als Kerzenhalter dienen vier braun gestrichene, abgesägte Holzkochlöffel, die in den Styroporkränzen stecken.

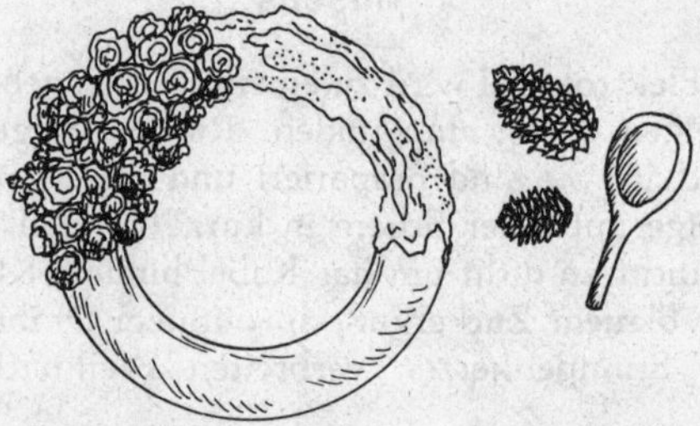

## Lärche

Ein Weidenreif ist Gerüst für diesen Adventskranz. Er ist mit kurzen Lärchenzweigen umwickelt, die Sie reichlich als abgestorbene Zweige am Fuß von Lärchenbäumen finden. Zweig für Zweig mit Blumendraht so um den Reif binden, daß die Ansätze nicht zu sehen sind. Vier Kerzen auf Nägel spießen und die Nägel als Kerzenhalter in den Kranz stecken. Die bunten Anhänger aus Knetmasse sind selbstgemacht. Die Knetmasse wird in Modeln gedrückt, im Ofen gebacken und mit Plakafarbe bemalt.

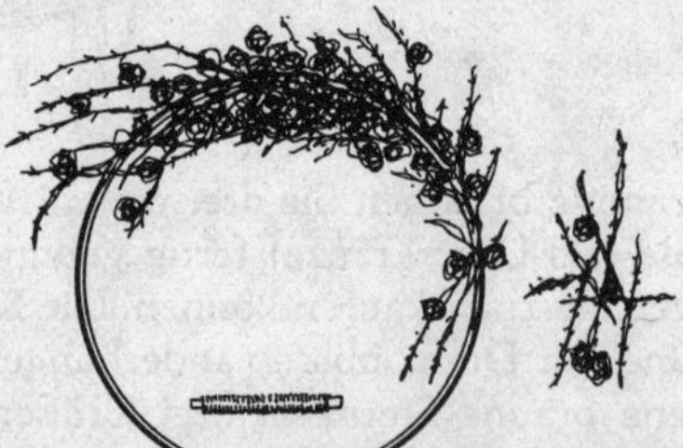

## Tanne

Ein Tannenkranz ist schön, wenn Sie ihn ganz dick selbst winden. Fertig gekauft ist so ein großer teuer, selbstgemacht ist er um einiges billiger. Die Tannenzweige mit Blumendraht schuppenförmig um ein Strohinlett winden: große Zweige außen, kleine innen. Mit rotem Band umwickeln und rote Kerzen dazustellen.

## *Woraus man Adventskränze noch machen kann*

Ihnen gefallen die Adventskränze nicht, die man fertig kaufen kann? Unser Tip: Basteln Sie sich selber einen mit ganz persönlicher Note. Das ist längst nicht so schwierig, wie Sie vielleicht glauben. Und wenn Sie bald anfangen, ist der Kranz bis zum ersten Advent fertig.

## Schleierkraut — nicht nur für Sträuße

*Material:* Styroporring, 30 cm ø. 2 Beutel Schleierkraut, 1 Beutel Strohblumen( Blumenhandlung); 1 Beutel Perlmuttperlen, 10 m schmales Silberband (Dekorationsgeschäft); 4 Kerzendorne, 1 Päckchen Eisenkrampen (Eisenwarenhandlung); 4 violette Kerzen. *Zeit:* etwa acht Stunden. *Kosten:* um 18 DM. Das Schleierkraut mit Krampen (eine Art offene Büroklammer) auf Ring pieken; Kerzen mit Dornen auf Kranz stecken; Silberband lose herumwickeln, Enden zur Schleife knoten; Strohblumen und Perlen mit Krampen aufstecken.

## Ausstechformen — hübsch und originell

*Material:* Speichenrad, 42 cm ø (Bastelgeschäft); viele Ausstechformen, Blumenbonbons, 1 Dose zinnoberroter Buntlack oder 1 Töpfchen Plaka, 4 kleine Kuchenförmchen, 4 rote Kerzen, 8 m Silberfaden, 6 m breites rotes Band. *Zeit:* etwa sechs Stunden. *Kosten:* etwa 20—25 DM. Das Speichenrad mit Buntlack überspritzen oder streichen. Kuchenförmchen auf Speichenrad schrauben; Ausstechformen auf Silberfaden auffädeln; Bonbons in Klarsichtfolie einpacken und zusammen mit den Formen in kurzen Abständen aufhängen.

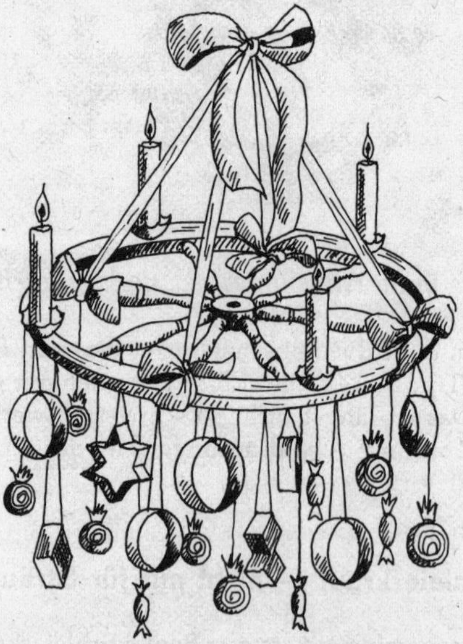

## Popkranz aus Ofenrohrknien

*Material:* 4 Ofenrohrknie (Eisenwarengeschäft); 1 Dose zinnoberroter Autolack, 2 Bögen Oblatenengel, 4 weiße Stumpenkerzen, Pattex; 8 Wachsklebeplätzchen (Wachszieherei oder Drogerie). *Zeit:* etwa drei Stunden. *Kosten:* etwa 18 DM. Die vier Knie zu einem eckigen ›Kreis‹ zusammensetzen und ihn

mit dem Autolack besprühen. Oblaten-Engel aufkleben. Von den Wachsklebeplätzchen je zwei übereinander (nur so halten die Kerzen) auf die geriffelten Ecken des Rohrkranzes kleben. Die Kerzen mit Streichholz erhitzen, auf die Wachsplätzchen setzen.

## Ein Adventskalender besonderer Art

Wir brauchen dazu: Origamipapier in den Farben Grün, Rot, Pink, Violett, schwarzes Tonpapier, Transparentpapier in verschiedenen Farben, 24 goldene Sternchen oder Punkte, einen runden Holzstab von ca. 60 cm Länge, 2 gebohrte Holzkugeln mit 3 cm Durchmesser, rotes Baumwollgarn

Wir falten aus dem Origamipapier zunächst 6 Briefchen in jeder Farbe. Dann schneiden wir aus dem schwarzen Tonpapier 24 Sterne aus und kleben farbiges Transparentpapier dahinter. (Die Anleitung zum Basteln der Sterne geben wir auf Seite 27.) In jeden Umschlag stecken wir nun einen Stern, das Kuvert verschließen wir mit einem kleinen goldenen Sternchen oder

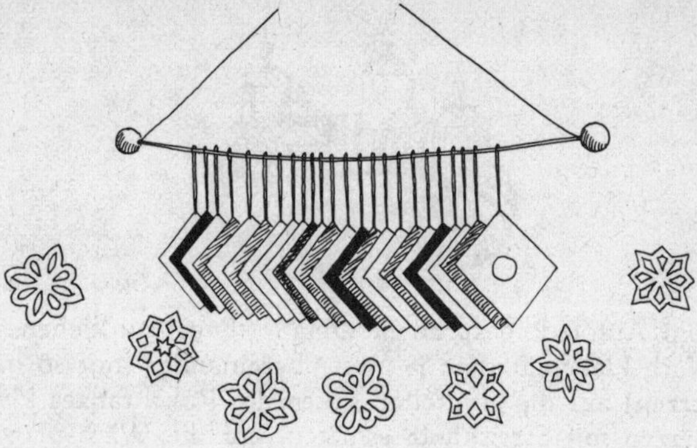

Punkt. Die Briefchen hängen wir auf, indem wir durch eine Ecke mit einer Stopfnadel einen roten Baumwollfaden von 13 cm Länge ziehen, verknoten und über den Holzstab hängen, wobei wir in den Farben wechseln. Die Perlen an beiden Seiten verhindern das Runterrutschen. Den Stab hängen wir an einer Kordel auf, die wir aus dem Baumwollgarn drehen und an den Stabenden befestigen.

Und nun wird 24 Tage lang jeden Morgen ein Briefchen geöffnet und der Stern ans Fenster geklebt. Und wenn kein Briefchen mehr da ist und alle Sterne am Fenster kleben, ist es soweit, es ist Weihnachten.

# *Weihnachtlicher Raumschmuck*

## *Ein Fest für Tisch und Wände*

### Tannenbaum aus Eisen

Hier liegt der Reiz in den raffinierten Farben. Sie können so ein Bäumchen auch mit Lack aus der Dose — zum Beispiel in Grün — spritzen und dann blaue Kugeln und türkisfarbene Kerzen verwenden. Die Farben sollten auf jeden Fall im Ton immer haarscharf nebeneinanderliegen. Die kleinen Kugeln werden mit ihren biegsamen Drahtenden einfach um die ›Zweige‹ gewickelt

— die Ketten hängt man locker dazwischen. Diese Art der Dekoration eignet sich übrigens auch sehr gut für ein skandinavisches Lattenbäumchen.

## Taftkränzchen

Hierzu brauchen Sie kleine Ringe aus Styropor, Kunstäpfelchen und Ruscuszweige, grünes Taftband und rotes Seidenband. Der Styroporring wird mit dem Taftband umwickelt, dessen Enden man mit Patenthaften in das Styropor pikt. Darauf befestigt man, ebenfalls mit Patenhaften, den Ruscus, die Äpfel und die Schleife. Dieses Kränzchen — es dürfen auch mehrere sein — befestigt man mit doppelseitigem Klebeband an der Wohnungstür.

## Tannenzweig mit Kugeln

Christbaumkugeln in verschiedenen Größen werden zu einer Traube auf einem Tannenzweig befestigt. Das unansehnliche Astende wird von einer Schleife in der gleichen Farbe wie die Kugeln verdeckt. Schön sind auch Variationen in Grün, Blau, Gold und Silber.

## Ruscusstrauß mit Äpfeln

Dazu brauchen Sie große und kleine künstliche Äpfel, eine Menge Ruscuszweige, Tannenzapfen und einige Meter schmales rotes Seidenband. Zuerst befestigt man die kleinen Äpfel mit ihren Drahtenden an den Ruscuszweigen. In die Zwischenräume bindet man kleine Schleifchen aus dem Seidenband. Diese dekorierten Zweige steckt man in einen Glaspott zwischen große Kunstäpfel und Tannenzapfen. Eine sehr gemütliche Dekoration, die man auch nach Weihnachten noch eine Zeitlang stehenlassen kann.

## Kerzenkränzchen

Hübsche Variante zum Adventskranz: Machen Sie vier von solchen Kränzen, und setzen Sie jeweils eine dicke Kerze in die Mitte. Die Kränzchen entstehen ähnlich wie die Pyramide: Ein

Styroporring (etwa 17 cm Durchmesser) wird mit Plakafarbe rot angepinselt und dann mit roten Kunstäpfelchen und gebleichten Tannenzapfen beklebt. Auch hier gilt: Nur Holz- oder Papierleim verwenden, sonst lösen sich Styropor und Äpfel auf.

## Korb mit Tannenzweigen

Hier darf man nicht mit Zweigen geizen – sonst stehen sie alle schief im Korb. Dekoriert wird wie beim Weihnachtsbaum: erst die Kerzen (wegen des Gewichts), dann die Kugeln. Die Kerzenhalter haben am unteren Ende ein Kugelgewicht – dadurch halten sie sich immer senkrecht. Diese Kerzenhalter sind aus massivem Metall und deshalb nicht ganz billig. Ein Karton mit zehn Stück kostet etwa 2,50 DM. Gibt's in jeder Drogerie.

## Schierlingsdolde

Die Dolde wird in passender Länge für eine Vase zurechtgeschnitten und mit Silberspray aus der Dose besprüht. Auf die dünnen Borsten des Schierlings setzen Sie nun kleine Silberkugeln, die Sie vorher am Kugelhals mit einem Spezialkleber bestrichen haben. Die bizarre Pracht sieht in einer Glasvase am schönsten aus.

## Apfelbäumchen

Fundament ist eine Styroporpyramide, die es in verschiedenen Größen in Dekorationsfachgeschäften fertig zu kaufen gibt. Die Pyramide wird mit roter Plakafarbe angepinselt. Dann beginnt man von unten, Tannenzapfen und künstliche Äpfelchen aufzukleben. Dazu sollte man nur Holz- oder Papierleim verwenden; alle anderen Klebstoffe lösen die Unterlage auf.
Manche Teile werden Sie mit Stecknadeln abstützen müssen, bis der Leim getrocknet ist. Vergessen Sie aber nicht, diese Nadeln nachher wieder zu entfernen. Wer will, kann eine passende Kerze auf die Pyramidenspitze setzen. Dazu schneidet man die Spitze etwas ab und klebt die Kerze mit einem Wachsplättchen fest.

## Ruscusherz

Aus einer Styroporplatte (50 x 50 cm groß, 5 cm dick) wird ein Herz nach Schema A ausgeschnitten. Die Zweige werden mit Patenthaftern aufgesteckt – beides bekommt man im Blumenhandel. Aus dünnem Sperrholz schneidet man nun mit der Laubsäge zwölf Herzen (Schema B). Keine Angst, mit dieser Arbeit kommen auch ungeübte Heimwerker zu Rande. Diese Herzen bemalt man mit Plakafarbe und überzieht sie wegen des schöneren Glanzes mit Klarlack. Die Herzen werden ebenfalls mit Patenthaftern aufgesteckt.

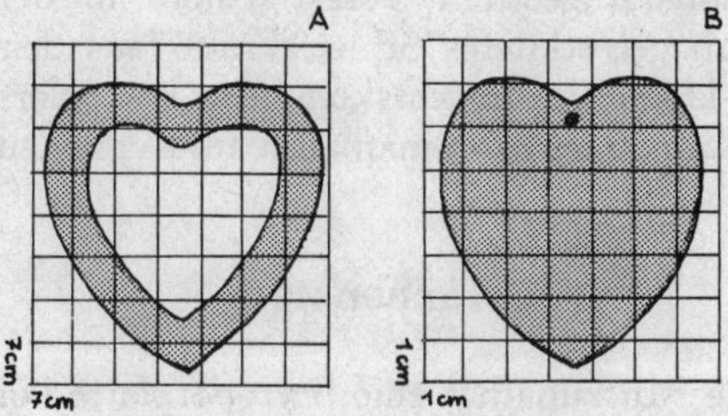


## Dreistöckiger Adventskranz

Hierfür müssen Sie sich beim Blumenbinder erst mal drei Kränze anfertigen lassen – mit 60 cm, 45 cm und 35 cm Durchmesser. Diese drei Kränze werden mit breiten Goldbändern aufgehängt, und zwar so, daß die Bänder zwischen zwei Schleifen des oberen Kranzes angebracht werden. Der unterste Kranz wird üppig mit dreidimensionalen Sternen behängt – bei den beiden oberen sollte man wegen der Brandgefahr sparsamer

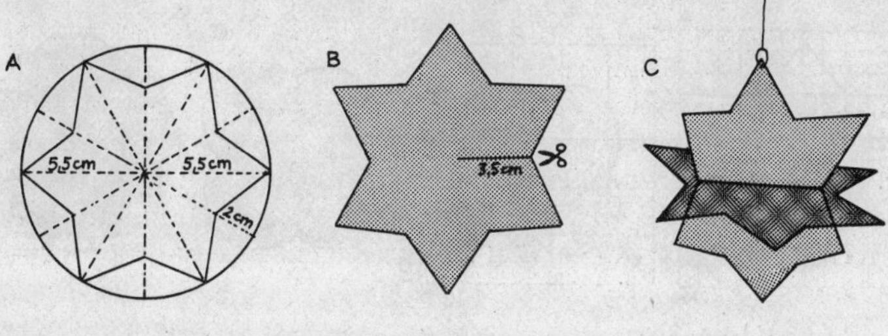

sein. Für die Sterne zeichnet man auf Goldfolie einen sechszackigen Stern (Schema A) und schneidet ihn mit der Schere ein (Schema B). Jeweils zwei dieser Sterne werden nun so ineinandergesteckt, daß ein Stern waagerecht, der andere senkrecht hängt (Schema C), wenn man in eine Sternzacke mit der Stopfnadel einen Goldfaden durchgezogen hat.

## Kränzchen aus Schleierkraut

Auf einem Styroporring von etwa 17 cm Durchmesser (gibt es im Dekorationsfachgeschäft) befestigt man mit den berühmten Patenthaftern getrocknetes Schleierkraut (aus dem Blumengeschäft) und kleine Weihnachtskugeln in besonders zarten Farben. Diese Kränzchen kann man auch auf Kerzenleuchter setzen.

## Tannenstern

Besorgen Sie sich zunächst eine Styroporplatte von 50 x 50 cm Größe, die etwa 5 cm dick ist. Außerdem Tannenzweige, Tannenzapfen, kleine goldene Kugeln, Patenthafter, Blumendraht, Kerzen und Goldfolie für die Rosetten. Schneiden Sie aus der Styroporplatte mit einem scharfen Küchenmesser einen Stern nach Schema A, und bestecken Sie ihn mit Tannenzweigen, Tannenzapfen und kleinen Kugeln. Das alles wird mit Patenthaftern auf den Styroporstern gepikt. Im nächsten Arbeitsgang sollten Sie eine ganze Menge Blumenrosetten herstellen. Mit einer Pappschablone (Schema B) werden auf eine zweiseitige Goldfolie etwa 50 Rosetten aufgezeichnet und ausgeschnitten. Diese Rosetten schneidet man, wie auf Schema C zu sehen,

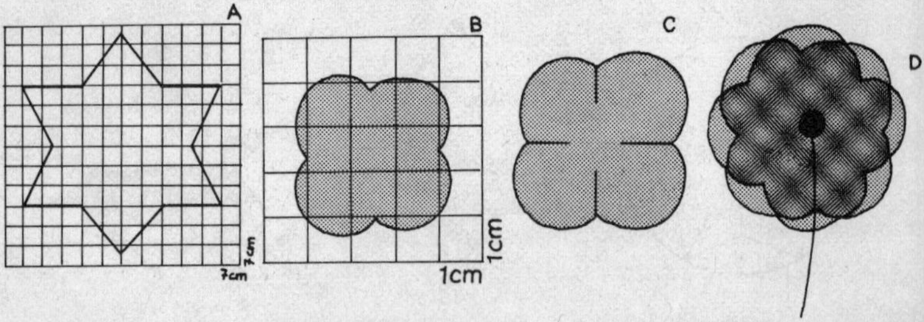

viermal bis fast zur Mitte an. Die Ränder der so entstandenen Blütenblätter werden per Hand zart nach unten gebogen. Jeweils zwei dieser Rosetten spießt man versetzt auf Blumendraht (Schema D) und befestigt sie am Kranz. Ganz zuletzt werden noch die Kerzen aufgesteckt.

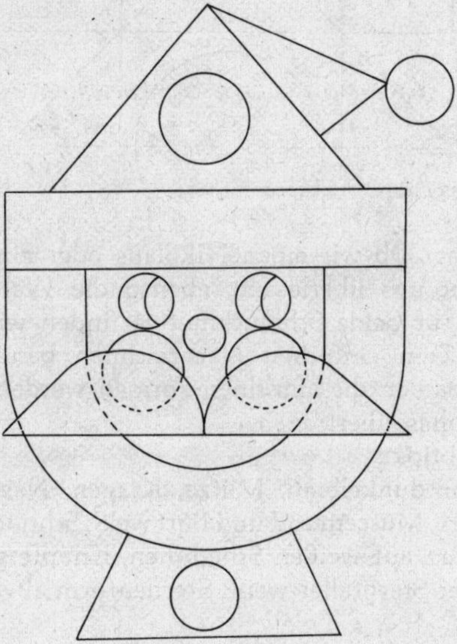

## Nikolausteller

Wir brauchen dazu: Party-Pappteller, Plakafarbe, Klarlack, Selbstklebefolie in verschiedenen Farben, Transparentpapier. Wenn wir dem Kindesalter entwachsen sind und auf den Nikolausbesuch verzichten müssen, freuen wir uns doch jedes Jahr über einen Teller voller Lebkuchen, Äpfel, Nüsse und anderem Naschwerk. Und wie hübsch ein solcher Teller aussehen kann, das wollen wir hier beschreiben: Wir nehmen einfache Partyteller, Durchmesser etwa 22 cm, die wir mit Plakafarbe anmalen und dann mit Klarlack überziehen. Und weil nur wenige im Umgang mit Farbe und Pinsel geübt sind, malen wir das Schmuckmuster nicht auf, sondern schneiden es aus

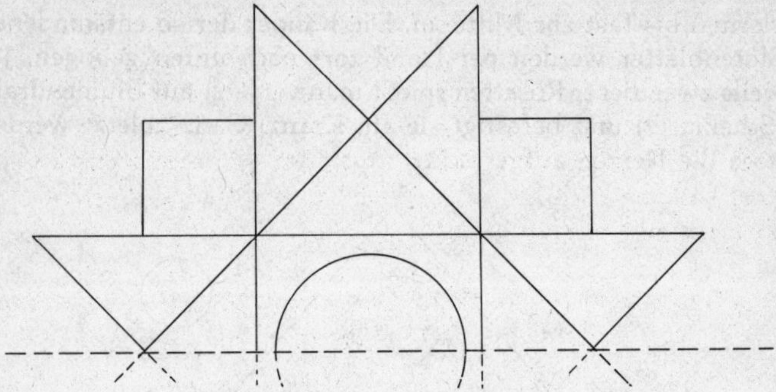

Klebefolie aus. Ob wir einen Nikolaus oder einen Stern vorziehen, bleibt uns überlassen, ebenso die Wahl der Farben. Das Muster für beide Schmuckmotive finden wir hier in Originalgröße. Zum einfachen Nachzeichnen benutzen wir das Transparentpapier, die einzelnen Formen werden dann auf die Selbstklebefolien übertragen.

Ein paar Farbtips:

Nikolausteller dunkelblau, Mütze, Kragen, Nase, Backen rot, Gesicht orange, Mützenrand und Bart weiß, Schnurrbart schwarz, Augen schwarz auf weißen Scheibchen, Knöpfe gelb.

Geometrischer Sternteller weiß, Sternenform abwechselnd grün und rot.

Runder Sternteller rot, Sternzacken und Mitte orange, Ring und Punkte zwischen den Zacken gelb.

## Ein Adventsgesteck

Wir brauchen dazu: einen Tannenzweig, einen kleinen Ast, zwei Wildartischocken, eine lange dünne Kerze, kleine Goldkugeln, Sand, Kieselsteine, ein Kupfergefäß, Sprühgold in der Dose, Klebstoff (Pattex)

Ein beliebtes Äquivalent zum Adventskranz ist ein Adventsgesteck. Und besonders hübsch und stimmungsvoll wird es, wenn wir ein Kupfergefäß verwenden, das wir beim Antiquitätenhändler oder auch neu bekommen. Dieses Gefäß füllen wir bis zur Hälfte mit Sand. Die beiden Wildartischocken und den

Tannenzweig besprühen wir gleichmäßig mit der Goldfarbe. Nun brauchen wir noch einen kleinen Ast mit möglichst vielen Verästelungen, auf die wir die Goldkugeln stecken und mit Pattex festkleben. Das alles, Artischocken und Tannenzweig in Gold, den Ast mit den goldenen Spitzen und eine schlanke rote Kerze arrangiert man im Sand des Kupfergefäßes, das dann mit Kieselsteinen aufgefüllt wird.

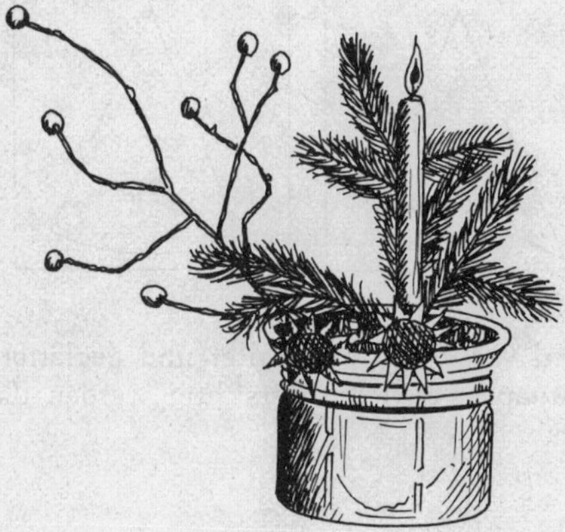

## Wir basteln Transparentsterne

Wir brauchen dazu: Schwarzes Tonpapier, farbiges Transparentpapier, Klebstoff (Pritt-Klebstift)
Diese Sterne sollten, da sie mit farbigem Transparentpapier hinterklebt werden, nicht zu klein sein. Zu empfehlen ist ein Durchmesser von ungefähr 20 cm. Wir schneiden das Tonpapier in kreisrunde Scheiben, die man am besten mit einem Zirkel aufzeichnet. Ist keiner zur Hand, tut es auch ein entsprechend großer Topf oder Teller. Dann falten wir die Scheibe zuerst auf die Hälfte, dann auf ein Viertel und dann auf ein Achtel. Zuerst schneiden wir den Rundbogen von Kante zu Kante eckig heraus. Durch die Tiefe dieses Einschnitts wird die Form und Größe der Sternzacken bestimmt. Dann werden an den Seitenkanten des Achtelkreises und nach Belieben auch an der Spitze weitere Kerbschnitte angebracht. Die unterschiedliche Sternform ergibt sich aus den geradlinig oder im Bogen verlaufenden Einschnitten.

Das Papier wird vorsichtig aufgefaltet und geglättet und auf das Tansparentpapier geklebt. Vorsichtig werden die Ränder nachgeschnitten.

## Wir bauen ein Adventshäuschen

Wir brauchen dazu: schwarzen Fotokarton, rotes Tonpapier, kräftiges Transparentpapier, selbstklebende farbige Transparentfolie, Klebstoff (Alleskleber). Außerdem ein Lineal mit Stahlkante und ein scharfes Schneidemesser

Wir ›bauen‹ dieses Häuschen aus schwarzem Fotokarton. Zuerst übertragen wir alle Hausteile den angegebenen Maßen entsprechend auf den Karton und schneiden sie dann aus. Die gestrichelten Linien ritzen wir leicht ein, damit wir die Außenlaschen leichter umschlagen können. Fenster schneiden wir nur in die vordere Hauswand und die beiden Giebelfronten; da man die Rückfront nicht sieht, kann sie ohne Fenster bleiben. Die Fenster hinterkleben wir mit Transparentpapier, auf das die einzelnen Schmuckelemente aus Folie geklebt werden: Blume, Glocke, Vogel, Stern, Herz und Baum. Sie sind hier in Originalgröße abgebildet.

Dann bauen wir das Haus zusammen und geben ihm ein Dach,

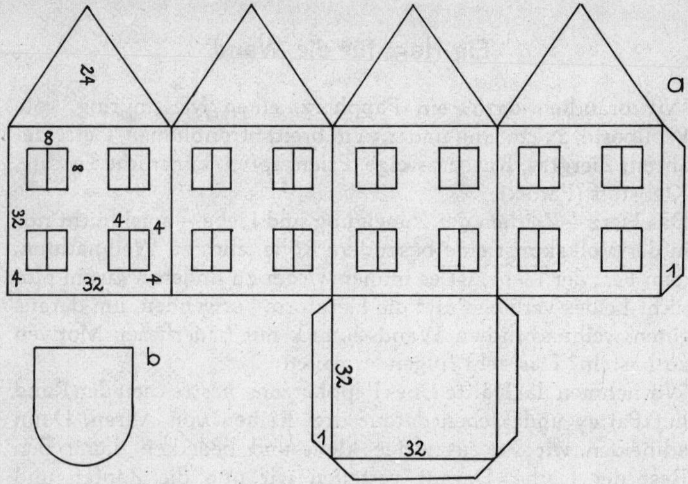


für das wir aus dem roten Tonpapier Schindeln ausschneiden und aufkleben.

Auf der nach hinten gerichteten Dachseite lassen wir eine etwa 4 × 4 cm große Öffnung, damit die durch die Beleuchtung entstehende Warmluft entweichen kann. Zur Beleuchtung selbst kann man ein Teelicht verwenden, besser jedoch ist eine elektrische Beleuchtung.

## Ein Herz für die Wand

Wir brauchen dazu: ein Pappherz, einen Messingring, rote Wollborte, 25 cm lang und 2,5 cm breit, Strohblumen, Getreideähren, Ziergras, Ruscuszweige, Erlenzapfen, künstliche Früchte, Klebstoff (Pattex)

Das Herz — Zeichen der Zuneigung und Liebe — spielt nicht nur in der Volkskunst eine besondere Rolle, auch zu Weihnachten, dem Fest der Liebe, ist es immer wieder zu finden. Warum nun nicht beides vereinen und die Herzform verwenden, um daraus einen weihnachtlichen Wandschmuck mit bäuerlichen Motiven zu basteln? Das geht folgendermaßen:

Wir nehmen die Hälfte eines Pappherzens, bestreichen den Rand mit Pattex und kleben darauf drei Reihen von Ähren. Dann schneiden wir Ruscuszweige klein und bedecken damit den Rest der Fläche. Darauf verteilen wir nun die Zapfen und Gräser, Strohblumen und künstlichen Früchte und kleben sie ebenfalls an.

Damit das Herz aufgehängt werden kann, ziehen wir die Borte, eine rustikale Wollborte ist besonders schön, durch den Messingring und kleben dann die Enden der Borte auf der Rückseite des Herzens fest.

## Blick über die Grenze: Türkranz aus den USA

Wir brauchen dazu: ein ungefähr 4,5 m langes und 10 mm starkes Hanfseil, dünnen kräftigen Bindfaden, 1 m kräftigen Biegedraht, Blumendraht, einen Messingring mit einem Durchmesser von ungefähr 4 cm, künstliche Stechpalmenzweige mit roten Beeren, rotes Perlonband, 2 m lang und 5 cm breit

Das Hanfseil schneiden wir in drei gleich lange Teile, binden ein Ende zusammen mit dem Biegedraht mit einem Bindfaden zusammen und flechten daraus einen nicht zu festen Zopf, der ungefähr 85 cm lang wird. Dann biegen wir den Zopf zu einem Ring, nachdem wir auch das untere Ende mit Bindfaden abgebunden haben. Die Nahtstelle überdeckt das Aufhängeband. Die Stiele der Stechpalmenzweige umwickeln wir mit Blumendraht, den wir ungefähr 5—6 cm überstehen lassen, und stecken die Zweige dann in den Zopf. Auf der Rückseite verdrehen wir die Enden des Blumendrahts miteinander. Dann schneiden wir 70 cm vom Perlonband ab, ziehen es durch einen Messingring und nähen die beiden Enden auf der Rückseite des Zopfs an. Aus einem weiteren 70 cm langen Stück des Bandes binden wir eine Schleife, die wir knapp über dem Kranz als Aufhängeband befestigen. Den verbleibenden Rest falten wir in der Mitte zusammen, so daß wir zwei 30 cm lange Stücke haben, und nähen sie am unteren Rand des Kranzes ebenfalls an.

## Brennender Weihnachtsgruß

Stumpenkerzen in Rot, Orange und Gelb werden mit Buchstaben beklebt, die man aus Wachsfolie (vom Wachszieher) ausgeschnitten hat. Für die Buchstaben wird eine Papierschablone gemacht, die man auf die Wachsfolie legt. Die Konturen schneidet man dann mit einem spitzen Küchenmesser nach.

## Fensterdekoration

Eine hübsche Möglichkeit, ein Fenster weihnachtlich zu dekorieren: Schneiden Sie aus Pappe die Buchstaben für Ihre Festtagsbotschaft aus, und besprühen Sie sie mit goldenem Deko-Spray. Kleben Sie sie auf die Fensterscheibe, und füllen Sie die Zwischenräume mit Oblaten-Engelchen, -Sonnen, -Schwänen. An den Fensterrahmen hängen Sie dann noch Tannenzweige und rote Holzäpfelchen.

## Korb mit Kerzen

Hoffentlich haben Sie vor dem ersten Schnee schon fleißig Tannenzapfen gesammelt, dann ist ein Korb aus Tannenzapfen kein Problem. Stellen Sie mitten hinein honigfarbene Kerzen (aber nur in Gläsern, sonst haben Sie bald einen Zimmerbrand).

## Ein Weihnachtsfenster

Bunte Quadrate aus selbstklebender Folie machen Fenster festlich. Vor dem Aufkleben schneidet man weihnachtliche Motive aus. Mit Klebeband befestigte Pappstreifen bedecken die Kanten. Darauf werden kleine Silberpapiersterne geklebt.

## Nikolausstiefel

Über den Nikolausstiefel freuen sich auch erwachsene Kinder. Schneiden Sie einfach zwei gleiche, etwa 35 cm hohe Filzstiefel aus, und steppen Sie sie aufeinander. Für die aufgeklebten Motive (auch aus Filz) und den süßen Inhalt können Sie sich was Liebes, was Lustiges oder auch was Freches ausdenken.

## Weihnachtlicher Briefkasten

Das stimmt schon den Briefträger festlich: An der Tür hängt ein Körbchen für die Weihnachtspost. Dazu faltet man ein quadratisches Stück Metallfolie (etwa 50 cm Seitenlänge) in der Diagonale, die beiden Ecken werden schräg nach oben gefaltet und die untere Ecke wie bei einem Briefumschlag hochgeklappt.

## Noch ein Weihnachtsfenster

Wenn draußen ein trüber Nieselregen niedergeht, sollten Sie ein Fenster mit künstlichem Schnee aus der Spraydose besprühen (von außen!). Er hält eine ganze Weile und zaubert winterliche Stimmung. Strohsterne kleben Sie am besten mit Alleskleber fest. Heilige Drei Könige werden aus Metallfolie ausgeschnitten – die Bärte sind schmale Folienstreifen, die mit einem Bleistift gelockt werden. In eine dicke Kerze steckt man Stricknadeln und behängt sie mit kleinen Spielsachen.

## Festliche Lampe

Auch eine Weihnachtslampe können Sie selber machen: Ein Lampengestell wird mittels Draht dicht mit Tannenzweigen umwickelt. Dann befestigt man daran Schleifen, Strohsterne und Holzäpfelchen.

## Adventsbügel

Nettes Mitbringsel, wenn man jetzt Freunde besucht: ein Adventsbügel mit Kostproben aus der eigenen Backstube. Schmükken Sie einen einfachen Kleiderbügel mit Tannenzweigen, Schleifen und kleinen bunten Kugeln, die Sie mit farbigem Band befestigen. Daran gleichfarbige Bänder mit Kringeln, Sternchen, Engeln, Schneemann und anderen Formen aus Plätzchenteig, eventuell mit Zuckerguß verziert, knoten. Dekorativ sind auch Wattevögel oder selbstgebastelter Weihnachtsschmuck. Ganz üppig: ein kleines Überraschungspäckchen dazwischen baumeln lassen.

## Apfelmännlein und Apfelweiblein

Apfelmännlein und Apfelweiblein entstehen so: Nüsse bemalen, mit Kopftuch, Wattebart und Filzmütze verzieren. Kreise aus Filz oder Papier zusammennähen oder -falten, mit Sternen bekleben, auf die Äpfel legen. Nun die Nüsse mit Stecknadeln (Kopf im Apfel, Spitze in der Nuß) festpiksen.

## Kugel zum Naschen

Die Bonbonkugel hängt zur Weihnachtszeit am Fenster oder an der Lampe oder von der Decke herunter und wird nach und nach geplündert. Bonbons in verschiedenfarbige Papierstreifen eindrehen und an einer Styroporkugel befestigen. Styroporkugeln gibt's in verschiedenen Größen im Bastelgeschäft. Dann an einem Seidenband aufhängen.

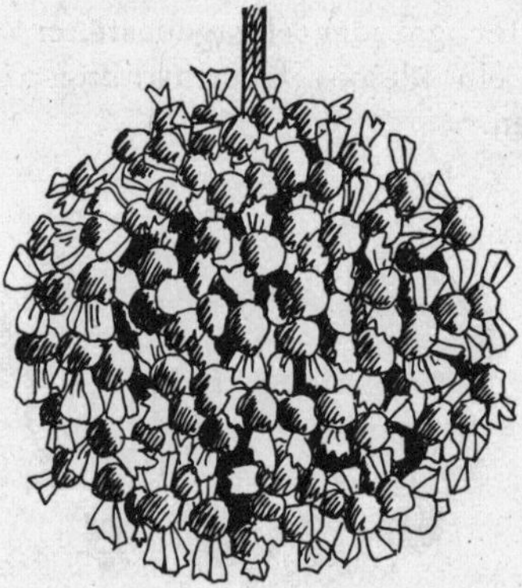

## Entklammert

Sogar aus Holzwäscheklammern kann man ein hübsches Geschenk basteln: Man halbiert die Klammern, klebt die Teile mit Alleskleber aneinander, färbt alles mit Sprühfarbe – Untersetzer fertig!

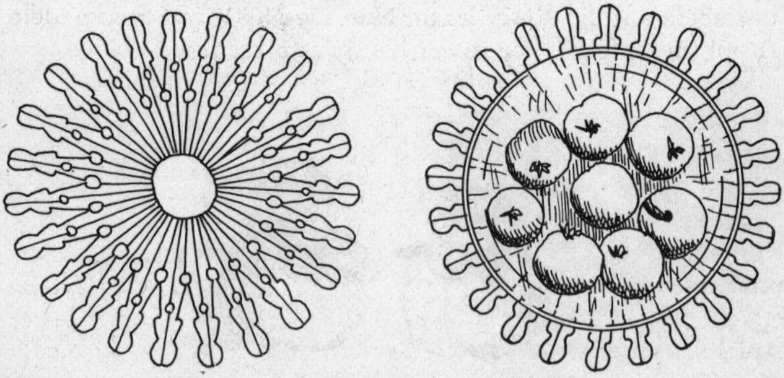

## Weihnachtskarten

Aus Ramieband, einem holzähnlichen, hauchdünnen Werkstoff, wurden diese geometrischen Figuren ausgeschnitten und auf weißen Karton geklebt. Das Band gibt es in vielen Farben in Kaufhäusern und Bastelgeschäften. Zum Aufkleben eignet sich am besten ein Klebestift. Mit Geschick entstehen individuelle Glückwunschkarten.

## Wie im Kaleidoskop

Bunte Räder, Sterne, Kometen tummeln sich auf der Fensterscheibe. Diese zarten Gebilde aus durchsichtiger Folie kann man in Bogen zu 30 Stück für 5,50 Mark in Kaufhäusern und Papiergeschäften bekommen.

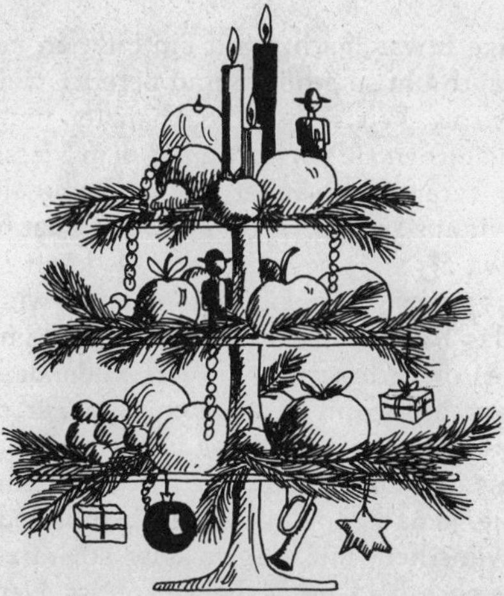

## Weihnachtliche Etageren

Kuchenteller mit zwei bis drei Etagen — die deshalb auch Etageren heißen — werden weihnachtlich geschmückt mit glitzernden Ketten, Glaskugeln, Tannen- und Beerenzweigen, Nüssen, Äpfeln, Lichtern und je nach Fantasie und Vorrat noch mehr.

## Deckel als Kerzenhalter

Sammeln Sie die Deckel Ihrer leeren Kosmetikdosen und -flaschen. Sie dienen als dekorative und praktische Kerzenhalter, denn über den hohen Rand läuft das Wachs nicht hinaus. Besonders festlich glänzen goldene und silberne Deckel. Bestücken Sie sie mit einfachen weißen Kerzen.
Zusätzlicher Schmuck: selbstklebende Goldsterne.

## Das Christkind im Nußschalenbett

Wir brauchen dazu: Walnußschalen, farbiges Leinen, bunte Borte, einige Naturholzperlen, Baumwollgarn in Schwarz und Hellgelb, Pfeifenreiniger, Watte, Klebstoff (Pritt-Alleskleber)

Dieses winzige Etwas macht zwar ein bißchen mehr Arbeit, ist darum aber auch um so schöner und bereitet viel mehr Freude.
So machen wir es: Wir suchen die schönsten und größten Walnüsse aus und öffnen sie vorsichtig mit dem Messer. Dann lösen wir den Kern heraus und säubern innen die Schale.
Nun nähen wir aus Leinenresten und Borten das Bett. Das Kopfkissen ist etwa 2,5 x 2,5 cm groß, das Deckbett hat eine Größe von etwa 2,5 x 3 cm. Als Füllung nehmen wir Watte. Dann kleben wir das Kopfkissen in die Nußschale, und zwar an die breitere Seite; die Schmalseite ist das Fußende. Das Deckbett kleben wir vorsichtig mit den Seiten fest. Für das Christkind nehmen wir einen Pfeifenreiniger und schneiden ihn auf eine Länge von 2,5 cm. Darauf stecken wir die Naturholzperle und umwickeln sie, je nachdem, ob wir ein blondes oder ein dunkles Christkind wünschen, mit gelbem oder schwarzem Baumwollgarn, bis nur noch die Gesichtshälfte frei ist. Darauf malen wir Augen, Bäckchen und den Mund. Dann bestreichen wir das untere Ende des Pfeifenreinigerstückes mit Klebstoff und schieben es vorsichtig unter die Bettdecke, so daß nur noch der Kopf herausschaut.
Zum Aufhängen nimmt man am besten eine dünne Goldschnur, die man um die Mitte der Nußschale legt, dort festklebt und die Enden nach oben zieht und dort verknotet.

## Ein besonderes Prachtstück: die Weihnachtspyramide

Wir brauchen dazu: Styroporplatten, 1 cm dick und 50 x 100 cm groß, festen Karton, Metallklammern, ein scharfes Messer, Klebstoff (Ponal); außerdem Tannenzweige, künstliche Früchte, Goldketten, Sterne aus Goldfolie

Aus 40 Styroporscheiben basteln wir einen ungefähr 40 cm hohen Kegel, der die Grundlage der Weihnachtspyramide ist: Wir zeichnen auf ein Stück Karton einen Kreis mit einem Durchmesser von 26 cm und in diesen weitere Kreise, jeweils $^1/_2$ cm voneinander entfernt, bis wir insgesamt 40 Kreise gezeichnet haben, deren kleinster 6,5 cm im Durchmesser mißt. Nun schneiden wir die Scheibe aus und legen sie auf eine Styroporplatte, wo wir sie mit einem scharfen Messer ausstechen. Damit haben wir die erste Scheibe unserer Pyramide. Jetzt schneiden wir den äußersten Kreis vom Karton, also $^1/_2$ cm, legen ihn wieder auf eine Styroporplatte, schneiden bzw. stechen eine weitere Scheibe aus, und das wiederholen wir, bis alle 40 Scheiben vor uns liegen. Diese Scheiben kleben wir nun aufeinander – und fertig ist der Pyramiden-Rohbau. Jetzt schmücken wir diesen Kegel, indem wir ihn zuerst mit kleinen Tannenzweigen von oben nach unten dicht bedecken; zur Befestigung nehmen wir am besten Metallklammern. Sind wir damit fertig, verschönern wir die Pyramide mit Goldketten, künstlichen Früchten, goldenen Sternen. Hier sind unserer Fantasie keine Grenzen gesetzt.

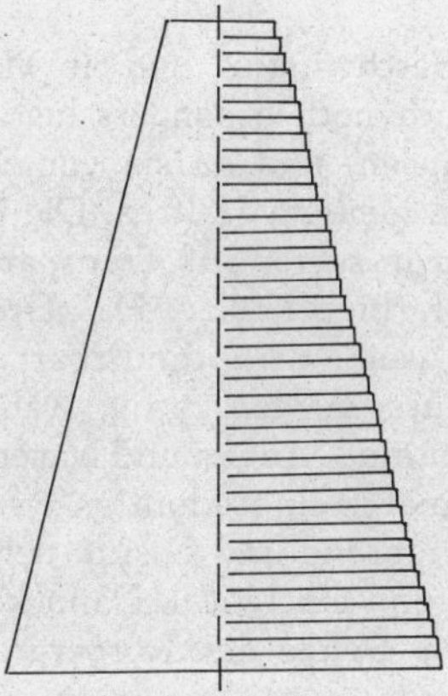

## Ein Mobile aus Nikoläusen

Wir brauchen dazu: schwarzes und rotes Tonpapier, Zeichenpapier, 6 kleine weiße Pompons, einen schwarzen Faden, Transparentpapier, Mobiledraht, Filzschreiber, Klebstoff (Pritt-Alleskleber)

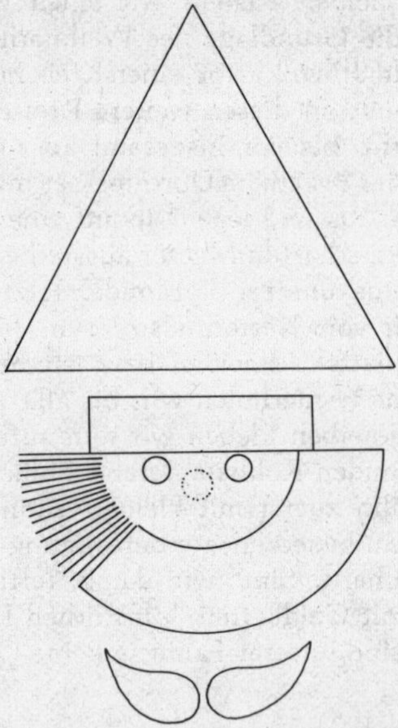

Ein Mobile hat immer etwas Beschwingtes, und ein Mobile aus lauter Nikoläusen ist dazu auch noch besonders lustig. Unser Mobile besteht aus 6 Nikoläusen, und da sie von vorn und hinten gleich sind, also aus 12 gleichen Hälften. Die Originalgröße und -form übertragen wir zuerst auf Transparent- und dann auf das entsprechende farbige Papier: Das Dreieck des Körpers ist rot, das Gesicht weiß, der Schnurrbart schwarz. Diese Teile sind mit dem Ausschneiden fertig, während am Gesicht noch gearbeitet werden muß. Augen und Nasen müssen aufgemalt und der Bart gleichmäßig eingeschnitten werden. Für die Trennlinien zwischen Mützenrand und Gesicht nehmen wir einen schwarzen Filzschreiber und ein Lineal. Dann kann alles zusammengeklebt werden. Die Spitze des Körperdreiecks ist

nun zur Mütze geworden. Hier zieht man einen schwarzen Faden ein und fädelt darauf den Pompon. Den Faden klebt man dann an der Kartonspitze fest.
Für das Mobile brauchen wir außerdem 5 Drahtstücke von unterschiedlicher Länge: 35, 30, 25, 20 und 15 cm. An jedes Drahtende hängt man einen Nikolaus, beim kürzesten, dem untersten, zwei. Am besten ist es, wenn man die Fadenenden, nachdem man sie verknotet hat, noch anklebt. Dann werden die einzelnen Drähte miteinander ebenfalls durch Fäden verbunden; wichtig ist dabei, daß der längste Draht von oben gesehen an die zweite Stelle kommt (also: 30, 35, 25, 20 und 15 cm).
Um das Mobile ins Gleichgewicht zu bringen, hängt man es am besten auf, verschiebt die Drähte so lange, bis das Mobile ausgewogen ist und die Nikoläuse beim Drehen nicht mehr aneinanderstoßen.

## Ein Mobile aus Sternen

Wir brauchen dazu: eine gebohrte Holzkugel, Goldfolie, 10 Schaschlikspießchen, Transparentpapier, eine spitze Nadel, weißen Faden, Sprühgold in der Dose, Klebstoff (Pattex)

Um sich mit diesem Sternenzauber die Weihnachtszeit zu verschönen, ist schon ein wenig Geduld erforderlich. Sind es doch insgesamt 105 Sterne, das heißt 210 Sternhälften, die ›verarbeitet‹ werden müssen. Und so geht es: Wir nehmen die zehn

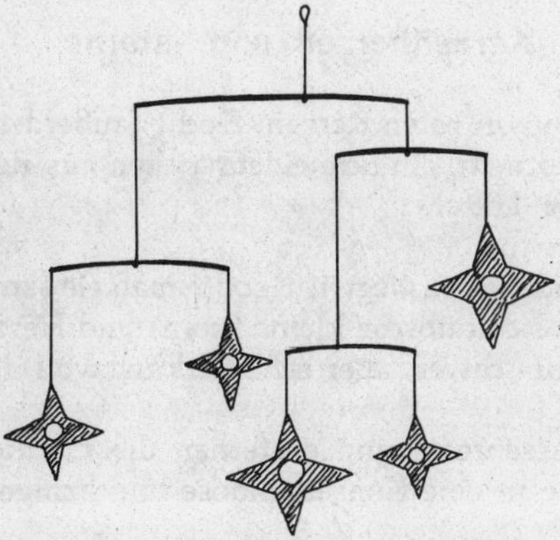

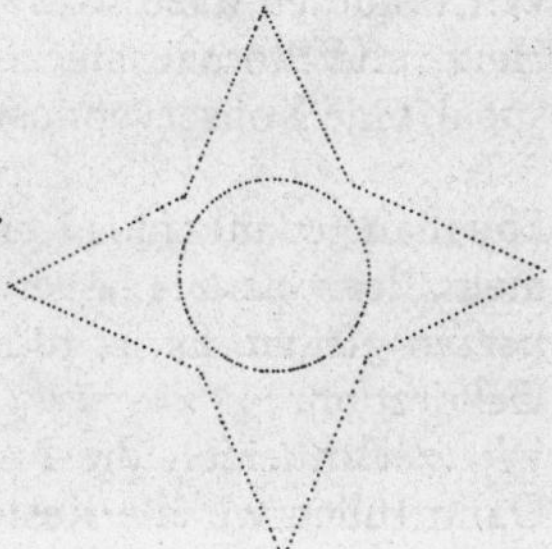

Schaschlikspießchen und kleben sie mit den stumpfen Enden in die Holzkugel, so daß sie wie ein Rad aussieht. Hieran werden später die fertigen Sterne gehängt, aber vorher besprühen wir die Spießchen mit der goldenen Farbe.
Dann nehmen wir Transparentpapier und zeichnen die Sternform nach. Als nächstes werden 5 Bogen der Folie übereinandergelegt und, damit sie nicht verrutschen, an den Enden mit Büroklammern zusammengehalten. Damit die Transparentvorlage festliegt, kann man sie leicht mit Tesafilm festkleben. Das alles legen wir nun auf eine weiche Unterlage — man nimmt dazu am besten ein paar Lagen Zeitungspapier — und fangen an, mit der Nadel Punkt für Punkt durchzustechen. Und damit haben wir die ersten 5 von insgesamt 210 Sternhälften. Die Sterne werden knapp außerhalb der Perforation ausgeschnitten.
Nun klebt man die Sterne paarweise über einen Faden in der Mitte zusammen, und zwar jeweils mit einem Abstand von zwei Zentimetern. Insgesamt brauchen wir 1 Kette mit 5 Sternen, je 10 Ketten mit 4, 3, 2 und einem Stern.
Zu beachten ist, daß der Faden lang genug zum Aufhängen an den Speichen ist. Die längste Kette, die aus den 5 Sternen, wird in der Mitte des Mobiles am unteren Bohrloch der Kugel befestigt.
Es wäre schwierig, das Mobile so auszuwiegen, daß man es an einem Faden aufhängen könnte, deshalb binden wir an jede zweite Speiche einen Faden, führen ihn nach oben und verknoten die fünf Fäden.

## Selbstgegossene Kerzenherzen und -sterne

Wir brauchen dazu: Reste von roten Kerzen, Docht; außerdem Herz- und Sternausstechformen, ein Schneidebrettchen aus Resopal, eine Konservendose, Löffel

Ehe man gedankenlos Kerzenreste wegwirft, sollte man sie sammeln, denn daraus lassen sich hübsche kleine Stern- und Herzkerzen gießen. Es ist nicht schwer, aber sehr wirkungsvoll als Dekoration.
Wir zerschneiden die Kerzenreste und entfernen die Dochte. Dann füllen wir die Reste in eine Konservendose und bringen

sie auf dem Ofen im Wasserbad zum Schmelzen. Achtung: Das Wachs darf nicht kochen! Die Metallausstechformen legen wir auf das Resopalbrettchen und drücken es fest auf die Unterlage. Gleichzeitig gießen wir mit einem Löffel etwas Wachs hinein und lassen es abkühlen, bis es fest genug ist und eine weitere Schicht folgen kann. Das wiederholt man so lange, bis die Form mit Wachs gefüllt ist. Der Docht, den wir in einer Kerzenzieherei besorgt haben, ist auf ungefähr 3,5 cm zugeschnitten. Er wird in die Mitte der Form in das noch weiche Wachs gesteckt und so lange gehalten, bis das Wachs hart genug ist, daß er nicht mehr verrutscht oder umfällt. Zum Erkalten stellen wir das Brettchen am besten in den Kühlschrank. Ist das Wachs ganz hart, lösen wir die Formen vorsichtig vom Brettchen und halten sie am Docht kurz in heißes Wasser. Die Form löst sich nun sehr leicht von der fertigen Kerze.

## Kerzen mit Ziermotiven

Wir brauchen dazu: einfarbige dicke Kerzen, Zierwachsblättchen in verschiedenen Farben; außerdem Ausstechformen, ein kleines Messer und ein Brettchen aus Resopal

Hübsch und einfach ist das Verzieren von Kerzen mit Motiven, die man aus fertigen Wachsblättchen aus der Kerzenzieherei aussticht. Dazu legt man das entsprechende Blättchen auf das Resopalbrettchen und nimmt zum Ausstechen eine Form aus der Backschublade in der Küche. Herzen, Sterne, Halbmonde, Kreise Tannenbäumchen bieten sich gerade in der Weihnachtszeit als Motive an.
Wer mutiger ist und begabter, wagt sich vielleicht auch an ein Christkind oder einen Nikolaus heran. Hier ist es zweckmäßig, eine Skizze anzufertigen und diese dann mit Transparentpapier auf die entsprechenden Wachsblättchen zu übertragen. Die Teile kann man leicht mit einem kleinen scharfen Messer ausschneiden. Nachdem die Probe ergeben hat, daß alles an seinem Platz ist, klebt man die Wachsteilchen auf die Kerze. Hierzu benutzen wir keinen Klebstoff, sondern legen die dünnen Blättchen einen Augenblick in die Handfläche. Durch die Körperwärme wird das Wachs geschmeidig und läßt sich auf die Kerze kleben.

## Festlicher Kerzenhalter

Wir brauchen dazu: Goldfolie, Transparentpapier, ungefähr 40 gelbe Glasperlen, 8 mm Durchmesser, Blumendraht, eine dicke honiggelbe Kerze, Klebstoff (Pritt-Alleskleber)

Den Kerzenhalter basteln wir folgendermaßen: Wir schneiden zwei Scheiben mit einem Durchmesser von je 8 cm aus der Goldfolie aus. Dann nehmen wir Transparentpapier und zeichnen dort ebenfalls einen Kreis von 8 cm Durchmesser auf und in diesen Kreis einen kleinen von 5 cm Durchmesser. Dann teilen wir die Scheibe in 8 gleichgroße Teile ein. Diese Einteilung übertragen wir auf eine Goldfolienscheibe und kleben dann beide Scheiben aufeinander.

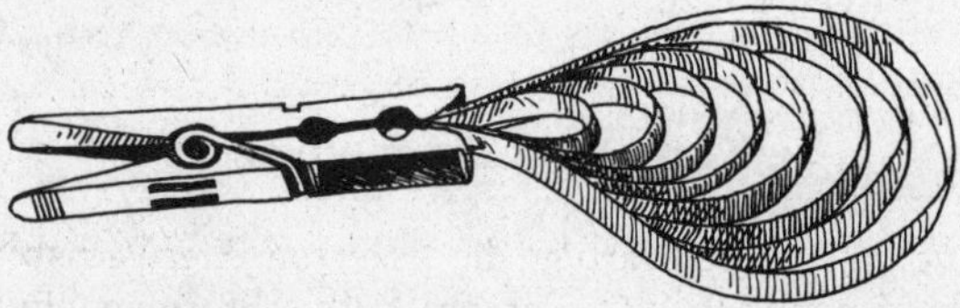

Als nächstes schneiden wir Streifen aus der Goldfolie, und zwar je 16 Streifen in den Längen 6, 8, 10, 12, 14, 16, 18 und 20 cm, alle 1 cm breit. Aus diesen Streifen basteln wir Ornamente, indem wir je einen Streifen in jeder Länge zusammennehmen – der längste außen, der kleinste innen – und an den Enden zusammenkleben. Damit der Klebstoff richtig fest werden kann, pressen wir die Enden mit einer Wäscheklammer zusammen. Durch die unterschiedliche Länge der einzelnen Streifen fächern sie sich auf und bilden stilisierte Blütenblätter.
Diese kleben wir nun auf die beiden Goldfolienscheiben, indem wir zuerst 8 Ornamente auf den Einteilungslinien befestigen, und zwar so, daß die Enden der Ornamente an die Linie des 5-cm-Kreises stoßen. Die übrigen 8 Ornamente kleben wir in die Zwischenräume. Um die Nahtstellen zu verdecken und um gleichzeitig einen Halt für die Kerze zu haben, ziehen wir die Glasperlen auf Blumendraht, so daß zwei Ringe entstehen: einmal mit 21 und einmal mit 18 Perlen. Diese beiden Ringe kleben wir in die Mitte des Kerzenhalters.

## Ein selbstgebastelter Weihnachtsengel aus Goldfolie

Wir brauchen dazu: weißen Plakatkarton, Folie in Gold, Silber, Rot, Blau und Grün, Transparentpapier, eine dicke spitze Nadel (Rouladennadel), Klebstoff (Pritt-Alleskleber)

Bei den vielen Einzelteilen der Engelsfigur ist eine Höhe von ungefähr 40 cm vorteilhaft. Der Engel wird auf einer Form von Plakatkarton aus verschiedenfarbigen Folienteilen zusammengesetzt.
Hier die Zusammenstellung der Farben: Gesicht und Hände sind aus Silber, Haare und Flügel aus Gold, Krone, Schultertuch und der obere Teil des Rockes sind aus roter, die Ärmel und der untere Rockteil aus blauer Folie. Stehen die aufgesetzten Blüten auf rotem Grund, haben sie blaue Blütenblätter mit gold-roter Mitte, stehen sie auf blauem Grund, sind die Blütenblätter rot und haben einen gold-blauen Mittelpunkt. Außerdem hat jede Blüte noch 4 grüne Blätter.
Zuerst zeichnen wir den Engel auf Transparentpapier und übertragen ihn dann auf den Plakatkarton. Dann wird die Grundform ausgeschnitten. Jetzt geht es an die Vorbereitung der einzelnen Folienteile.
Die einzelnen Flächen — es sind Halbkreise, die wir mit Hilfe eines Zirkels gezeichnet haben — werden auf einer weichen Unterlage (ein paar Lagen Zeitungspapier) mit der Nadel ein- oder mehrfach punktiert und dann knapp an den Umrißpunkten entlang ausgeschnitten.
Beim Aufkleben der Folienteile fängt man mit der untersten Schicht an, also zuerst mit den Flügeln, die schuppenförmig

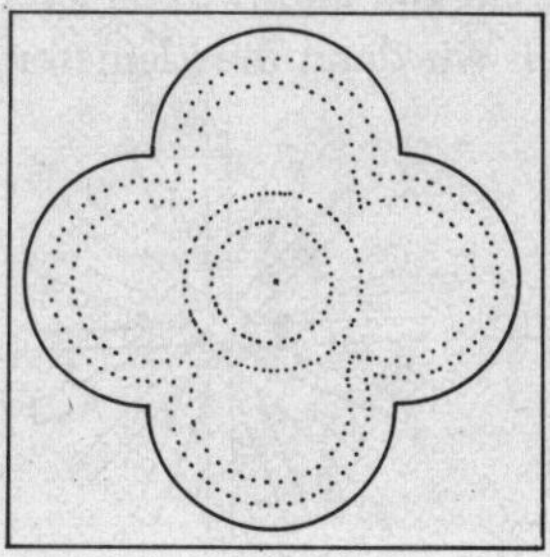

geklebt werden, dann erst den Körper. Die Blüten, die aus drei unterschiedlich großen, in der Form gleichen Blättern bestehen, setzt man erst zusammen und klebt sie dann als Ganzes auf die Figur.

## Großer Stern aus Strohhalmen

Wir brauchen dazu: Strohhalme zum Basteln, dünnen kräftigen weißen Bindfaden, Klebstoff (Pritt-Alleskleber)

Damit sich die Halme gut verarbeiten lassen und geschmeidig werden, tauchen wir sie kurz in warmes Wasser und legen sie dann zum Abtrocknen auf ein Handtuch. Für den großen Strohstern, den wir jetzt basteln wollen, brauchen wir einen 32strahligen und noch 16 kleinere Sterne mit je 16 Strahlen. Für den großen Stern schneiden wir 16 Halme auf 21 cm zu, für die kleineren Sterne 128 mit 11 cm Länge.
Und so machen wir den Stern: Wir legen zwei Halme kreuzförmig aufeinander und zwei wiederum kreuzförmig aufeinandergelegte Halme in die Zwischenräume. Dann verflechten wir alles mit einem Bindfaden. Wenn wir nun zwei solcher Sterne verschränkt übereinanderlegen und mit dem Bindfaden verflechten, erhalten wir einen Stern mit 16 Strahlen; wiederholen wir diesen Vorgang, haben wir einen 32strahligen Stern in Händen. Wenn wir alle Einzelsterne fertig haben, schneiden wir die Halmenden zackig ein, dadurch erhöht sich die Strahlenwirkung.
Nun geht es an die Montage: Wir schneiden je 8 Strohhalme in 5 und 14 cm Länge, die wir abwechselnd in jeden zweiten Strahl des großen Sterns stecken und festkleben. Auf diese überstehenden Zacken kleben wir dann die kleineren 16strahligen Sterne.

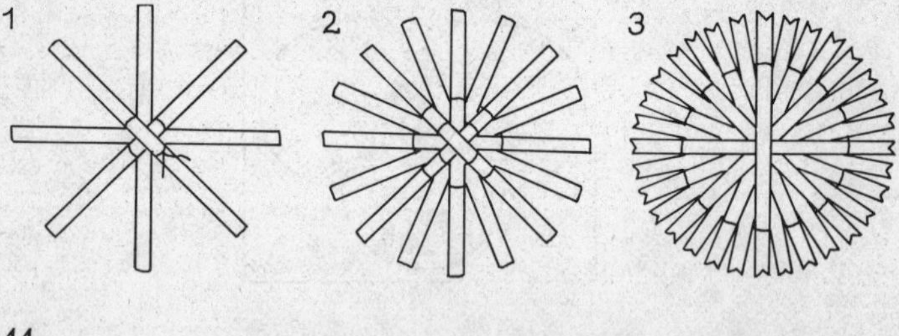

## Nikolaussocken

Wir brauchen dazu: pro Socken 40–60 cm Stoff, am besten Filz, gemustert oder einfarbig, 30 cm bunte oder gestickte Borte, einen Messingring mit einem Durchmesser von 3,5 cm

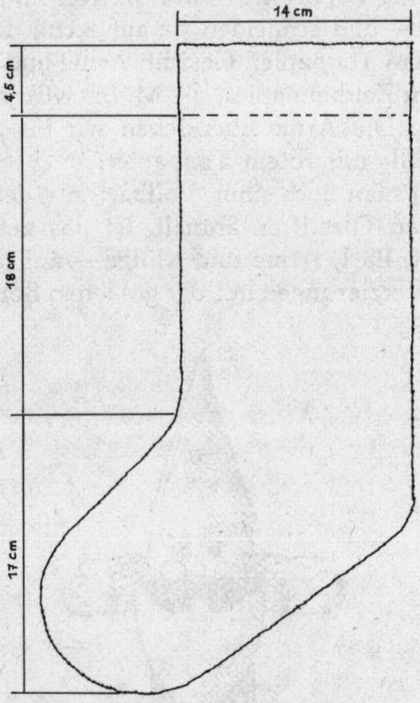


Auch Erwachsene werden am Nikolaustag gern wieder zu Kindern und freuen sich über einen gefüllten Nikolaussocken. Diesen Socken kann man ohne viel Mühe selbst nähen. Die hier angegebenen Maße übertragen wir auf Papier und schneiden dann, mit einer Nahtzugabe von 1 cm und von 4 cm am oberen Rand, den Stoff zu (Stoffbruch an der Fersenseite). Dann nähen wir den Socken, die Rundungen werden etwas eingeschnitten, und wenden das Ganze. Der obere Rand wird nach innen geschlagen und mit ein paar Stichen angeheftet. Wir nähen die Borte und den Messingring an, und nun kann der Socken zum Füllen an die Tür gehängt werden.

## Tischschmuck für die Adventszeit — ein Nikolaus

Wir brauchen dazu: eine Pappröhre, rotes Tonpapier, Zeichenpapier, goldene Papierborte, Filzschreiber, Klebstoff (Pritt-Alleskleber)

Wir nehmen eine Pappröhre – auf sie war einmal Haushaltsfolie gewickelt – und schneiden sie auf 8 cm, dann umwickeln wir sie mit rotem Tonpapier. Gesicht, Arme und Bart schneiden wir aus weißem Zeichenpapier, die Mütze wird aus rotem Tonpapier gedreht. Die Arme überkleben wir bis zu den weißen Händen ebenfalls mit rotem Tonpapier.
Dann schneidet man noch einen Vollbart aus, den man, wie das Gesicht, mit den Filzstiften anmalt. Ist das getan, klebt man alles – Gesicht, Bart, Arme und Mütze – auf die Röhre. Nun noch ein paar Verzierungen mit der goldenen Borte, und der Nikolaus ist fertig.

## Ein Prachtstern aus Reisstroh

Wir brauchen dazu: ein Bund Reisstroh, einen dünnen, kräftigen Bindfaden

Dieser Prachtstern hat einen Durchmesser von ungefähr 50 cm und besteht aus 6 Sternen mit jeweils 32 Strahlen in den Größen 50, 45, 40, 35, 30 und 25 cm.
Wir gehen von der einfachsten Grundform eines 8strahligen Sterns aus und erweitern ihn zu einem 32strahligen. Dann ver-

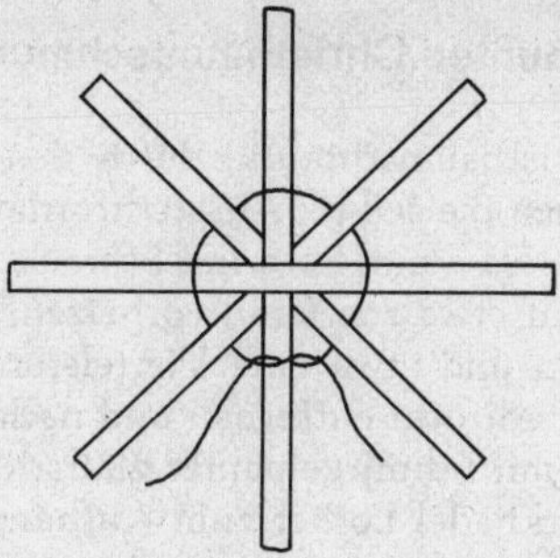

binden wir je zwei in der Größe aufeinanderfolgende Sterne zu einem 64strahligen, so daß wir insgesamt drei 64strahlige Sterne erhalten, die wir nun im Zentrum mit dem Bindfaden zusammenfügen; das geht am besten, wenn wir die einzelnen Strahlen richtig miteinander verweben oder vernähen.

# *Baumschmuck*

## Wachsschmuck für den Tannenbaum

Einfarbige Wachsreste, Ausstechformen für Plätzchen und Nylonband brauchen Sie für diese Tannenbaumanhänger. Erhitzen Sie jede Wachsfarbe für sich so lange im Wasserbad, bis das Wachs dünnflüssig ist. Keksformen auf eine Glasscheibe legen und das Wachs (3 bis 5 mm hoch) hineingießen. Etwas erstarren lassen und ein Loch für die Aufhängung bohren. In kaltes Wasser tauchen, dann das Wachs aus der Form lösen. An Nylonband aufhängen.

## Weihnachtssterne — wie Filigran

Zarte Filigransterne bestehen aus ein und demselben Element: einem etwa 1 cm breiten und 5 cm langen Streifen Goldfolie, dessen Enden man zu einer Schnecke rollt. Mehrere dieser Teile klebt man dann zu ganz verschiedenen Sternen zusammen.

## Bunter Christbaumschmuck

Den bunten Christbaumschmuck, durch den Kerzen so schön schimmern, machen Sie selbst: Ausstechformen auf ein Kuchenblech legen und etwa 2 mm hoch mit Schmelzolan auffüllen. Inzwischen Ofen auf etwa 200 Grad vorheizen, das Blech vorsichtig hineinschieben und etwa eine Viertelstunde backen lassen. Danach die Ausstechform entfernen und nach dem Erkalten die scharfen Ränder mit Schmirgelpapier glattschleifen. Zuletzt mit einer heißen Stricknadel Löcher zum Aufhängen hineinbohren.

## Goldnüsse für den Christbaum

Wir brauchen dazu: Walnüsse, dünne goldene Schnur, Sprühgold in der Dose, ein scharfes Messer, Klebstoff (Pritt-Alleskleber)

Wir suchen uns die schönsten und größten Walnüsse aus und öffnen sie vorsichtig. Dann nehmen wir die Frucht heraus und legen die Hälften paarweise auf Papier, wo wir sie mit dem Sprühgold färben. Zum Aufhängen schneiden wir die Goldschnur in ungefähr 20 cm lange Stücke und machen einen dicken Knoten. Dann bestreichen wir die Nußhälften mit Klebstoff, legen die Schnur mit dem Knoten in den Stengelansatz und pressen die beiden Hälften zusammen.

## Stroh- und Spansterne in vielen Formen

Wir brauchen dazu: Strohhalme zum Basteln, 7 mm breite Holzspanstreifen, dünnen kräftigen Bindfaden, Klebstoff (Ponal)

Zuerst binden wir einen 32strahligen Strohstern (Beschreibung Seite 46) aus normallangen Halmen. Dann schneiden wir die Halme in verschiedene Längen, und zwar – gemessen vom äußeren Bindfaden – 4, 5, 6 und 7 cm. Wir markieren diese Längen am besten mit einem weichen Bleistift auf dem Stroh und schneiden dann schräg von außen nach innen, so daß die Enden Spitzen bekommen.

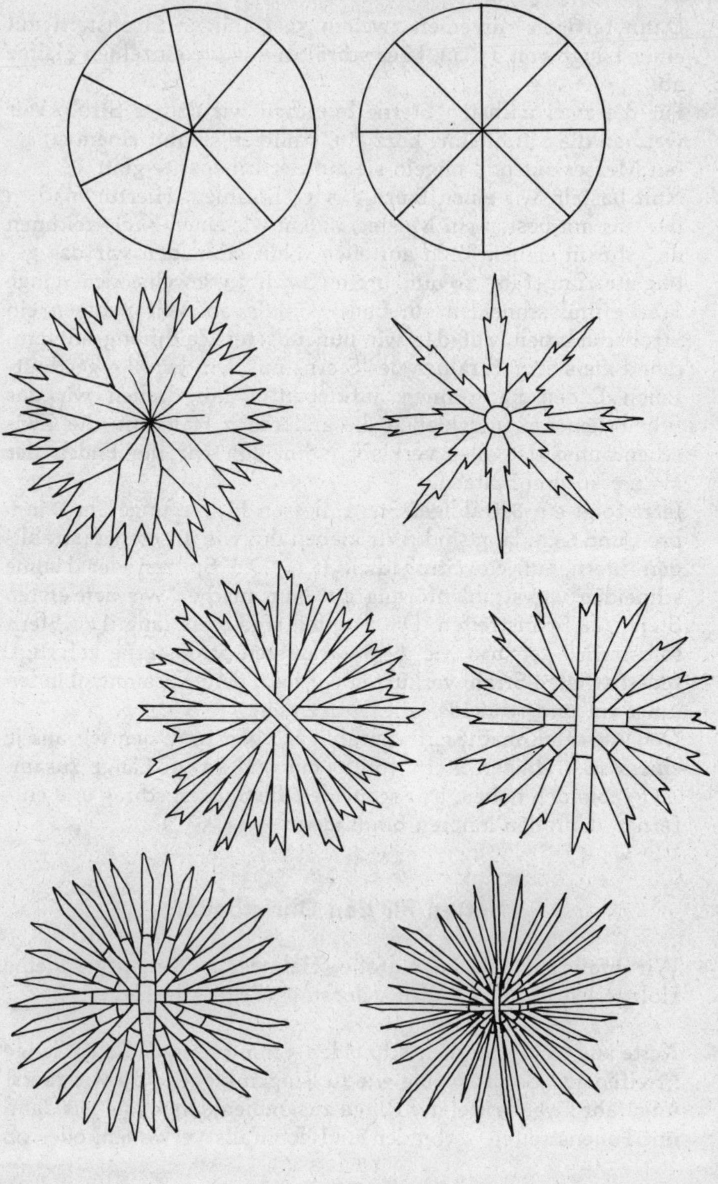

Dann fertigen wir einen zweiten 32strahligen Strohstern mit einer Länge von 15 cm. Hier schrägen wir die einzelnen Halme ab.
Für die zwei nächsten Sterne brauchen wir flaches Stroh. Wir weichen die Strohhalme kurz ein, schlitzen sie mit einem scharfen Messer auf und bügeln sie auf der Innenseite glatt.
Nun basteln wir einen Stern aus 14 Strahlen. Hierfür machen wir uns am besten ein Muster, indem wir einen Kreis zeichnen und ihn in sieben Teile aufteilen. Nun schneiden wir das gebügelte, ungefähr 10 mm breite Stroh in jeweils 4 cm lange Stücke und schneiden ein Ende winklig ab. Wir nehmen ein Strohscheibchen, auf das wir nun unserer Zeichnung entsprechend die sieben Strahlen des Sterns mit dem winklig geschnittenen Enden nach innen aufkleben. Dann drehen wir das Scheibchen um und kleben die anderen 7 Halme in die Zwischenräume. Ist alles verklebt, schneiden wir die Enden der Halme zu drei Spitzen.
Jetzt folgt ein 8strahliger Stern, dessen Halme ungefähr 8 mm breit und 6 cm lang sind. Wir kleben ihn wie unseren 14strahligen Stern auf ein Strohscheibchen. Die Spitzen der Halme schneiden wir strahlenförmig zu. Nun machen wir den ersten Stern aus Spanstreifen. Die Streifen sind 7 cm lang. Der Stern selbst wird genauso wie die 16strahligen Strohsterne gefertigt. Jeden zweiten Strahl verkürzen wir nach dem Zusammenbinden um 2 cm und schneiden die Spitzen ein.
Den Abschluß macht ein 32strahliger Spanstern, den wir aus je einem 16strahligen Stern von 14 cm und 12 cm Länge zusammengebunden haben. Wir schneiden die Spitzen schräg und entfernen dann den inneren Bindfaden.

## Ketten für den Christbaum

Wir brauchen dazu: Goldfolie, Halme aus Reisstroh, kleine Holzperlen, weißen Zwirn, Klebstoff (Pritt-Alleskleber)

Kette aus Goldfolie: Wir schneiden 5 mm breite und 4 cm lange Streifen aus Goldfolie, die wir zu Ringen kleben. Ob wir zuerst ungefähr zwei Drittel der Ringe zusammenkleben, die wir dann mit Folienstreifen verbinden und ebenfalls verkleben, oder ob

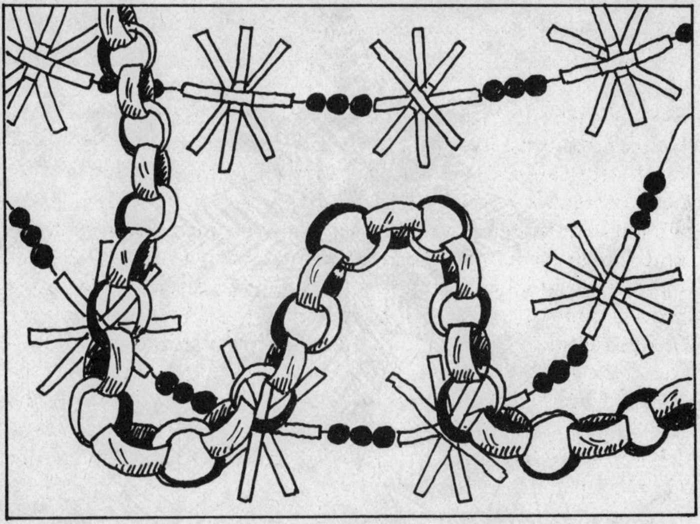

wir gleich einen Ring in den anderen fügen, ist gleich. Um eine Kette von einem Meter Länge zu erhalten, brauchen wir ungefähr 100 kleine Ringe.

Kette aus Strohsternchen und Perlen: Aus dem dünnen Reisstroh basteln wir kleine Sterne mit acht Strahlen. Dazu brauchen wir vier Halme von 3,5 cm Länge und verbinden sie. Für einen Meter Kette benötigen wir 22 Sterne und ungefähr 70 kleine Perlen, wobei rote Perlen besonders hübsch sind.
Auf einen weißen Zwirnfaden fädeln wir mit Hilfe einer Nadel abwechselnd 3 Perlen und einen Strohstern auf.

## Goldstern, einmal anders

Wir brauchen dazu: Goldfolie, Transparentpapier, eine dünne Goldschnur, Klebstoff (Pattex)

Diesen Stern basteln wir aus sechs einfachen Sternformen, wobei je zwei gleich sind. Er wird besonders schön durch die gerippten Zacken.

Wir übertragen die Sternformen mit den Rippungen auf Transparentpapier. Die Rippungen sind für alle drei Sternformen gleich. Dann zeichnen wir die Formen – am besten mit einer Stricknadel auf einer weichen Unterlage – auf die Goldfolie ein. Die Sternformen schneiden wir aus und kleben sie zu zwei gleichen Teilen verschränkt ineinander. Wir biegen die Zacken auf und kleben die beiden Sternhälften wieder verschränkt Rücken an Rücken zusammen.
Ob wir die Schnur zum Aufhängen mit einkleben oder durch einen Zacken ziehen, bleibt uns überlassen.

## Filigranstern aus Goldfolie

Wir brauchen dazu: Goldfolie, gelbe Trinkhalme aus Plastik, einige Ornamente von goldenen Papierborten oder Tortendeckchen, Klebstoff (Pattex)

Wir brauchen für jeden Stern zwei Scheiben mit einem Durchmesser von 2 cm, die wir aus der Folie ausschneiden.
Dann nehmen wir 6 Halme, von denen wir zwei kreuzförmig übereinander auf ein Scheibchen kleben, die restlichen vier Halme kommen in die Zwischenräume. Dann kleben wir das zweite Scheibchen auf und schneiden die Halme bündig ab.
Jetzt schneiden wir die 3 mm breiten Streifchen aus der Goldfolie, und zwar für jeden Stern jeweils 8 Streifen in folgenden Längen: 6, 8, 10, 12, 14 cm. Diese fünf verschieden langen Streifen kleben wir an den Enden so aneinander, daß der längste außen und der kleinste innen ist. Das Streifenbündel schieben wir in den Halm zwischen den beiden Scheibchen und kleben es dort fest. Um den Stern noch schöner zu machen, kleben wir auf die Mittelteile Goldornamente aus der Borte oder dem Tortendeckchen.

## Gefaltetes Goldherz

Wir brauchen dazu: Goldfolie, Zeichenkarton, 1 gelbe Tropfenperle, dünnen Goldfaden, Klebstoff (Pattex)

Um uns die Arbeit einfacher zu machen, zeichnen wir ein schönes Herz, Mittelachse ungefähr 4 cm, auf einen Karton und schneiden es aus. So haben wir eine Schablone. Wir schneiden das Herz sechsmal aus Folie und falzen es jeweils in der Mitte. Mit Pattex kleben wir die Rückseiten von je zwei Folienherzen bis zur Hälfte, also der Mittelachse, zusammen. Ehe wir die letzten Hälften zusammenkleben, fädeln wir auf die Goldschnur die Tropfenperle. Sie bildet die Herzspitze und sorgt dafür, daß das Herz schön gerade am Christbaum hängt. Wir lassen den Faden so lang, daß wir ihn zum Aufhängen verwenden können. Dann kleben wir den Faden an den Falzstellen fest und die beiden letzten Hälften zusammen.

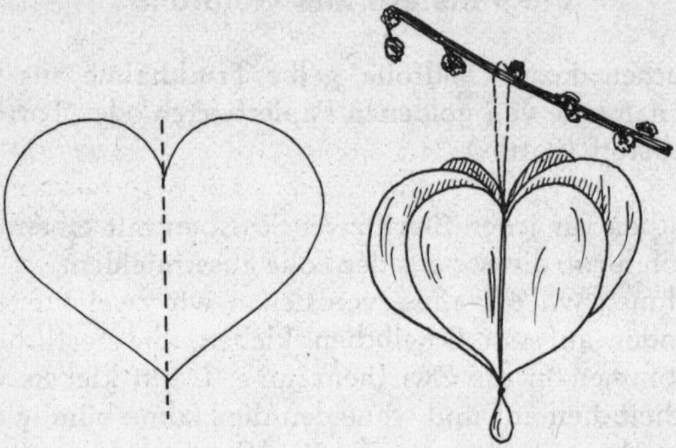

## Besonders schön: der Igelstern

Wir brauchen dazu: doppelseitige Goldfolie, Klebstoff; außerdem Zirkel, Schere, Lineal und Bleistift

Der Stern besteht aus acht Teilen, und dazu schneiden wir aus der Folie 8 Kreise mit einem Durchmesser von je 6 cm aus und unterteilen sie in 8 Abschnitte. Hier genügt es, wenn wir nur auf eine Scheibe diese Einteilung aufzeichnen und sie dann mit einer Nadel durch Punktieren der Linien auf die anderen Teile übertragen.
An den Trennungslinien schneiden wir die Scheiben so weit ein, daß noch ein innerer Kreis von ungefähr 1,5 cm bleibt.
Nun geht es ans Strahlendrehen: dazu brauchen wir einen nicht zu dicken, gut gespitzten Bleistift, um den wir die einzelnen Kreisteile mit der Spitze nach außen wickeln; hier nehmen wir zuerst die linke und dann die rechte Seite, so daß wir spitze Tütchen erhalten.

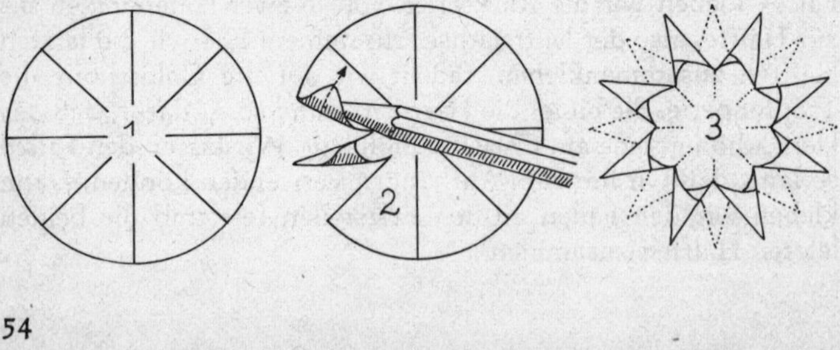

Je vier Sternteile kleben wir dann mit verschränkten Spitzen hintereinander. Dazu brauchen wir nur ein bißchen Klebstoff, und es genügt, wenn wir die Sternteile in der Mitte aufeinanderkleben.
Zum Schluß kleben wir die beiden vierteiligen Sternteile Rücken an Rücken zusammen, wodurch er seine igelige Form erhält. Es empfiehlt sich, zum Aufhängen einen dünnen doppelten Goldfaden mit einzukleben.

## Ringe aus Gold und Silber

Wir brauchen dazu: doppelseitige Gold- und Silberfolie; außerdem einen Zirkel, Lineal und Schere

Wir schneiden drei Ringe aus der Folie mit einem Durchmesser von je 6 cm und einer Breite von 1 cm. Einen Ring schneiden wir an vier gegenüberliegenden Stellen von außen bis zur Ringmitte ein, den zweiten Ring schneiden wir von innen nach außen ebenfalls bis zur Ringmitte ein, den dritten jeweils an den gegenüberliegenden Stellen einmal von innen nach außen und von außen nach innen.

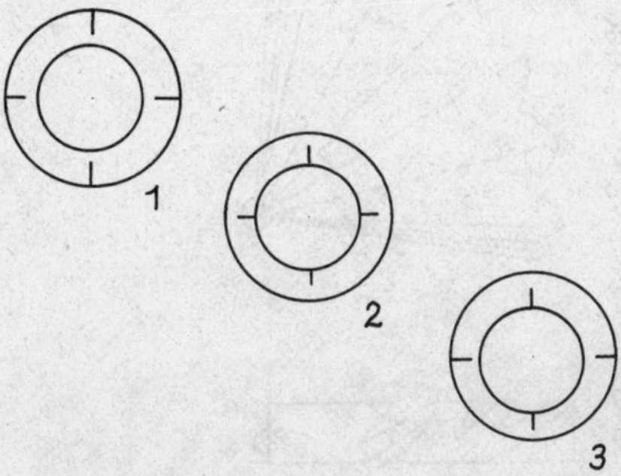


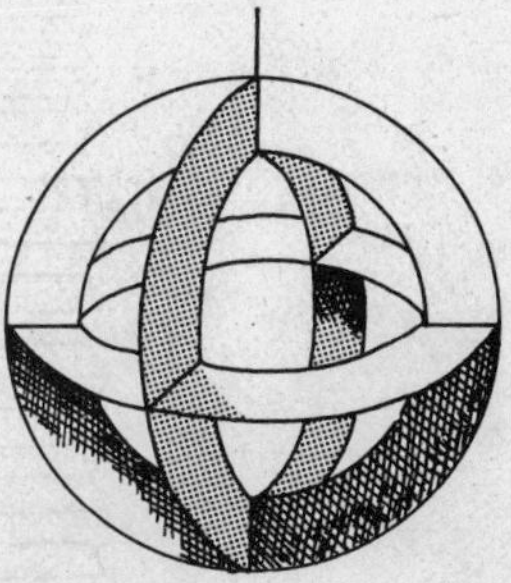

Zur Montage nehmen wir den ersten Ring, biegen ihn leicht und stecken ihn in den dritten, dann streifen wir vorsichtig den zweiten Ring darüber. Zum Aufhängen nehmen wir entsprechend der Folie entweder einen dünnen silbernen oder goldenen Faden.

## Sterne aus Gold und Silber

Wir brauchen dazu: Gold- und Silberfolie, Klebstoff (Pritt-Alleskleber); außerdem eine Schere und ein Lineal

Der schönste Schmuck für den Christbaum ist der selbstgebastelte. Und besonders schön sind die Gold- und Silbersterne. Wir schneiden einen 30 cm langen und ungefähr 4 cm breiten Streifen von der Folie, die wir in 1 cm breite Falten legen. Dann wird das Muster eingeschnitten. Je mehr Papier wir wegschneiden, um so leuchtender und zarter wird der Stern. Diese Muster schneiden wir faltenweise, das heißt, wir schneiden es durch jeweils drei oder vier Falten und benutzen die letzte geschnittene Falte dann als Schablone. Dann nehmen wir eine Nadel und ziehen durch das untere Ende der Ziehharmonika einen Faden und klappen sie auseinander. Die beiden Faltenenden kleben wir mit ein bißchen Leim aneinander. Zum Schluß verknoten wir den Faden. Zum Aufhängen nehmen wir je nachdem einen dünnen Gold- oder Silberfaden.

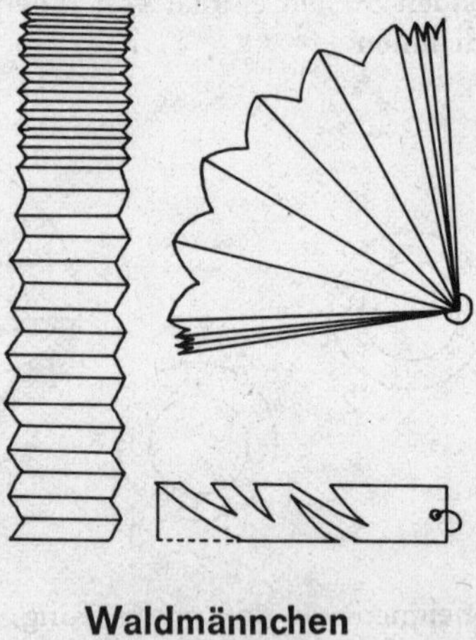

## Waldmännchen

Wir brauchen dazu: Kiefern- oder Lärchenzapfen, naturfarbene Holzperlen oder -kugeln, ein bißchen Filz, Farbstifte oder Farbe, Goldbronze, Klebstoff (Pritt-Alleskleber)

Diese lustigen Gesellen schmücken gleichermaßen den Weihnachtstisch wie den Christbaum.
Und so werden sie gemacht: Wir schneiden mit einem scharfen Messer die Stiele von den Zapfen und kleben auf die Schnittstelle die Holzkugel oder -perle als Kopf. Und damit das Männchen nicht kahl herumlaufen muß, kleben wir ihm noch ein paar Fädchen oder ein bißchen Bast auf den Kopf. Darauf kommt ein bunter Hut aus Filz. Wir schneiden einen kleinen Kreis aus dem Filz aus, und damit er auch eine Form bekommt, schneiden wir aus diesem Kreis ungefähr ein Viertel heraus.

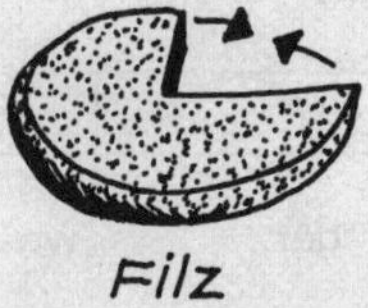


Die Enden kleben oder nähen wir zusammen. Der Hut wird dann auf die Perle bzw. den Knopf aufgeklebt. Nun bekommt das Männchen noch ein Gesicht, und damit es besonders festlich aussieht, bestreichen wir den Zapfen noch mit ein bißchen Goldbronze. Zum Aufhängen nehmen wir einen dünnen Goldfaden, den wir um den Hals des Waldmännchens schlingen.

# Adventslieder

## *Alle Jahre wieder*

*Melodie: Friedrich Silcher* *Text: Wilhelm Hey*

Kehrt mit seinem Segen
ein in jedes Haus,
geht auf allen Wegen
mit uns ein und aus.

Ist auch mir zur Seite
still und unerkannt,
daß es treu mich leite
an der lieben Hand.

## *Es kommt ein Schiff*

*Melodie aus dem 17. Jahrhundert*

Ein Schiff geht still im Triebe,
trägt eine teure Last;
das Segel ist die Liebe,
der Heilig Geist der Mast.

Der Anker haft' auf Erden
da ist das Schiff am Land.
Das Wort soll Fleisch uns werden,
der Sohn ist uns gesandt.

Zu Bethlehem geboren
im Stall ein Kindelein,
gibt sich für uns verloren;
gelobet muß es sein.

Und wer dies Kind mit Freuden
umfangen, küssen will,
muß vorher mit ihm leiden
groß Pein und Marter viel,

danach mit ihm auch sterben
und geistlich auferstehn,
das Leben zu ererben,
wie an ihm ist geschehn.

# Advent

*Text und Melodie: Hans Poser*

Der Schnee, der Schnee kommt von der Höh,
draußen im Wald der Tannenbaum
träumt schon seinen Weihnachtstraum.

Und huckepack mit seinem Sack
geht nun bald von Haus zu Haus
der gute alte Nikolaus.

# *Morgen, Kinder, wirds was geben*

**Melodie: Berlin 1811**

Wie wird dann die Stube glänzen
von der großen Lichterzahl!
Schöner als bei frohen Tänzen
ein geputzter Kronensaal.
Wißt ihr noch, wie's vorges Jahr
an dem heilgen Abend war?

Wißt ihr noch mein Räderpferdchen
Malchens nette Schäferin,
Jettchens Küche mit dem Herdchen
und dem blankgeputzten Zinn?
Heinrichs bunten Harlekin
mit der gelben Violin?

Wißt ihr noch den großen Wagen
und die schöne Jagd von Blei?
Unsre Kinderchen zum Tragen
und die viele Nascherei?
Meinen fleißgen Sägemann
mit der Kugel unten dran?

Was für wunderschöne Sachen
bringt euch dann der Weihnachtsmann!
Eure Freude, euer Lachen
klingt wie Engelsjubel dann.
Dem, der brav und dankbar ist
lächelt froh der heil'ge Christ.

Welch ein schöner Tag ist morgen!
Neue Freude hoffen wir.
Unsre guten Eltern sorgen
lange, lange schon dafür.
O gewiß, wer sie nicht ehrt,
ist die ganze Lust nicht wert!

# Nikolaus

## *Nikolausbräuche*

Wie wir schon im Kapitel ›Advent‹ hörten, gibt es in dieser Zeit einige Fest- und Feiertage, doch der hübscheste und beliebteste bei Kindern ist zweifellos der Nikolaustag.
Seit dem frühen Mittelalter gilt Nikolaus als der große Kinderfreund, der die Guten lobt und die Bösen bestraft. St. Nikolaus ist eigentlich Schutzpatron der Seeleute, und in Ländern wie Spanien und Holland kommt er noch heute mit einem Schiff.

Mit wieviel Herzklopfen wird der hl. Nikolaus von allen Kindern am 6. Dezember erwartet! Zwar gibt es für jedes Kind ein kleines Geschenk, doch ein strenger Brauch aus dem Mittelalter verlangt, daß dem Nikolaus Rede und Antwort gestanden

wird. Selbst in unserer aufgeklärten Zeit hat der Nikolaus nichts von seiner Mischung aus Zauber und Schrecken verloren. Ursprünglich wurde das strenge Examinieren der Kinder von den mittelalterlichen Vorstehern der Klosterschulen eingeführt. Und zu jener Zeit war die Rute nicht nur ein malerisches Beiwerk des gutmütigen Heiligen, sondern sie wurde recht ausgiebig benutzt.
Natürlich braucht der Nikolaus für seine schwere Arbeit einen Gehilfen, der je nach Landschaft einen anderen Namen und ein anderes Aussehen hat. In Süddeutschland ist der schwarze Krampus dabei, der fast wie ein Teufel aussieht und fürchterlich mit seinen Ketten rasselt. Auch der Knecht Ruprecht in seiner braunen Kutte ist eine Art Poltergeist, der dem Nikolaus untersteht.
Den Nikolaustag kann man natürlich auf die verschiedenste Weise feiern. In vielen Familien ist es Brauch, daß der Nikolaus gar nicht persönlich erscheint. Am Abend vor dem 6. Dezember stellen die Kinder ihre Schuhe oder Pantoffeln vor die Tür. Vorher haben sie diese schon mit etwas Weihnachtspapier ausgelegt. Am nächsten Morgen kommt dann die freudige Überraschung: Der Nikolaus hat kleine Geschenke, die ersten Lebkuchen, vielleicht ein grünes Tannenzweiglein und einige Süßigkeiten in den Schuh gelegt. Am beliebtesten ist aber wohl doch sein höchstpersönliches Erscheinen. Man kann die Stunden vor seiner Ankunft natürlich ein bißchen abkürzen, indem man die ersten Weihnachtsbäckereien auftischt und so mit dem Duft von Backwerk und mit Kerzenlicht einen Hauch von vorweihnachtlicher Atmosphäre ins Haus zaubert. Ein bißchen Angst haben ja auch heute noch die Kinder vor dem Nikolaus, und man sollte vielleicht nicht zu sehr nur die Schreckenswirkung hervorheben, sondern gerade in der heimlichen Stunde der hereinbrechenden Dämmerung auch ein wenig von dem ursprünglichen Sinn des Nikolausgedankens erzählen. Bitten Sie doch einen guten Freund aus der Nachbarschaft, die Rolle des Nikolaus zu übernehmen. Ihm können Sie dann die eine oder andere ›Tat‹ ihrer Kinder getrost anvertrauen, denn die Mentalität der kleinen Übeltäter wird ihm gewiß nicht fremd sein. Schließlich können wir auch aus dem Nikolaustag ein kleines vorweihnachtliches Fest machen. Wir brauchen dazu lediglich ein bißchen Fantasie.

# *Knecht Ruprecht*

Von drauß vom Walde komm' ich her;
Ich muß euch sagen, es weihnachtet sehr!
Allüberall auf den Tannenspitzen
Sah ich goldene Lichtlein sitzen;
Und droben aus dem Himmelstor
Sah mit großen Augen das Christkind hervor,
Und wie ich so strolcht' durch den finsteren Tann,
Da rief's mich mit heller Stimme an:
»Knecht Ruprecht«, rief es, »alter Gesell,
Hebe die Beine und spute dich schnell!
Die Kerzen fangen zu brennen an,
Das Himmelstor ist aufgetan,
Alt' und Junge sollen nun
Von der Jagd des Lebens einmal ruhn;
Und morgen flieg' ich hinab zur Erden,
Denn es soll wieder Weihnachten werden!«
Ich sprach: »O lieber Herre Christ,
Meine Reise fast zu Ende ist;
Ich soll nur noch in diese Stadt,
Wo's eitel gute Kinder hat.« –
»Hast denn das Säcklein auch bei dir?«
Ich sprach: »Das Säcklein, das ist hier;
Denn Äpfel, Nuß und Mandelkern
Essen fromme Kinder gern.« –
»Hast denn die Rute auch bei dir?«
Ich sprach: »Die Rute, die ist hier;
Doch für die Kinder nur, die schlechten,
Die trifft sie auf den Teil, den rechten.«
Christkindlein sprach: »So ist es recht;
So geh mit Gott, mein treuer Knecht!«
Von drauß vom Walde komm' ich her;
Ich muß euch sagen, es weihnachtet sehr!
Nun sprecht, wie ich's hierinnen find'!
Sind's gute Kind, sind's böse Kind?

*Theodor Storm*

# St. Nikolaus in Not

Es fielen noch ein paar mollige Flocken aus der wegziehenden Schneewolke, und da stand auf einmal auch schon der runde Mond leuchtend über dem weißen Turm.
Die beschneite Stadt wurde eine silberne Stadt.
Es war ein Abend von flaumweicher Stille und lilienreiner Friedsamkeit. Und wären die flimmernden Sterne herniedergesunken, um als Heilige in goldenen Meßgewändern durch die Straßen zu wandeln – niemand hätte sich gewundert.
Es war ein Abend, wie geschaffen für Wunder und Mirakel. Aber keiner sah die begnadete Schönheit des alten Städtchens unter dem mondbeschienenen Schnee.
Die Menschen schliefen.
Nur der Dichter Remoldus Keersmaeckers, der in allem das Schöne sah und darum lange Haare trug, saß noch bei Kerzenschein und Pfeifenrauch und reimte ein Gedicht auf die Götter des Olymps und die Herrlichkeit des griechischen Himmels, die er so innig auf Holzschnitten bewundert hatte.
Der Nachtwächter Dries Andijvel, der auf dem Turm die Wache hielt, huschte alle Viertelstunden hinaus, blies eilig drei Töne in die vier Windrichtungen, kroch dann zurück in die warme, holzgetäfelte Kammer zum bullernden Kanonenöfchen und las weiter in seinem Liederbüchlein: »Der flämische Barde, hundert Lieder für fünf Groschen«.
War eins dabei, von dem er die Weise kannte, dann kratzte er die auf einer alten Geige und sang das Lied durch seinen weißen Bart, daß es bis hoch ins rabenschwarze Gerüst des Turmes schallte. Ein kühles Gläschen Bier schmierte ihm jedesmal zur Belohnung die Kehle.
Trinchen Mutser aus dem ›Verzuckerten Nasenflügel‹ saß in der Küche und sah traurig durch das Kreuzfensterchen in ihren Laden.
Ihr Herz war in einen Dornbusch gefallen. Trinchen Mutsers Herz war ganz durchstochen und durchbohrt, nicht weil all ihr Zuckerzeug heut am Sankt-Nikolaus-Abend ausverkauft war – ach nein! weil das große Schokoladenschiff stehengeblieben war. Einen halben Meter war es hoch und so lang wie von hier bis dort! Wie wunderschön stand es da hinter den flaschengrünen Scheiben ihres Lädchens, lustig mit Silberpapier beklebt, ver-

ziert mit rosa Zuckerrosetten, mit Leiterchen aus weißem Zucker und mit Rauch in den Schornsteinen. Der Rauch war weiße Watte.
Das ganze Stück kostete so viel, wie all die kleinen Leckereien, die Pfefferkuchenhähne mit einem Federchen am Hintern, die Knusperchen, die Schaumflocken, die Zuckerbohnen und die Schokoladenplätzchen zusammen. Und wenn das Stück, das Schiff aus Schokolade, das sich in rosa Zuckerbuchstaben als die ›Kongo‹ auswies, nicht verkauft wurde, dann lag ihr ganzer Verdienst im Wasser, und sie verlor noch Geld obendrein.
Warum hat sie das auch kaufen müssen? Wo hat sie nur ihre Gedanken gehabt! So ein kostbares Stück für ihren bescheidenen kleinen Laden!
Wohl waren alle gekommen, um es sich anzusehen, Mütter und Kinder, sie hatte dadurch verkauft wie noch nie. Aber kein Mensch fragte nach dem Preis, und so blieb es stehen und rauchte immer noch seine weiße Watte, stumm wie ein toter Fisch.
Als Frau Doktor Vaes gekommen war, um Varenbergsche Hustenbonbons zu holen, da hatte Trinchen gesagt: »Sehen Sie nur mal, Frau Doktor Vaes, was für ein schönes Schiff! Wenn ich Sie wäre, dann würde ich Ihren Kindern nichts anderes zum St. Nikolaus schenken als dieses Schiff. Sie werden selig sein, wie im Himmel.«
»Ach«, sagte Frau Vaes abwehrend. »Sankt Nikolaus ist ein armer Mann. Die Kinder werden schon viel zu sehr verwöhnt, und außerdem gehen die Geschäfte von dem Herrn Doktor viel zu schlecht. Wissen Sie wohl, Trinchen, daß es in diesem Winter fast keine Kranken gibt? Wenn das nicht besser wird, weiß ich gar nicht, was wir anfangen sollen.« Und sie kaufte zwei Pfefferkuchenhähne auf einem Stäbchen und ließ sich tagelang nicht mehr sehen.
Und heute war Nikolausabend; aller Kleinkram war verkauft, nur die ›Kongo‹ stand noch da in ihrer braunen Kongofarbe und rauchte einsam und verlassen ihre weiße Watte. Zwanzig Franken Verlust! Der ganze Horizont war schwarz wie die ›Kongo‹ selber. Vielleicht könnte man sie stückweise verkaufen oder verlosen! Ach nein, das brachte noch nicht fünf Franken ein, und sie konnte das Ding doch nicht auf die Kommode stellen neben die anderen Nippsachen.

Ihr Herz war in einen Dornbusch gefallen. Sie zündete eine Kerze an für den heiligen Antonius und eine für Sankt Nikolaus und betete einen Rosenkranz, auf daß der Himmel sich des Schiffes annehmen und Gnade tauen möge. Sie wartete und wartete. Die Stille wanderte auf und ab.
Um zehn Uhr machte sie die Fensterläden zu und konnte in ihrem Bett vor Kummer nicht schlafen.
Und es gab noch ein viertes Wesen in dem verschneiten Städtchen, das nicht schlief. Das war ein kleines Kind, Cäcilie; es hatte ein seidig blondes Lockenköpfchen und war so arm, daß es sich nie mit Seife waschen konnte, und ein Hemdchen trug es, das nur noch einen Ärmel hatte und am Saum ausgefranst war wie Eiszapfen an der Dachrinne.
Die kleine Cäcilie saß, während ihre Eltern oben schliefen, unter dem Kamin und wartete, bis Sankt Nikolaus das Schokoladenschiff von Trinchen Mutser durch den Schornstein herunterwerfen würde. Sie wußte, es würde ihr gebracht werden; sie hatte es jede Nacht geträumt, und nun saß sie da und wartete voller Zuversicht und Geduld darauf; und weil sie fürchtete, das Schiff könne beim Fallen kaputtgehen, hatte sie ihr Kopfkissen auf den Arm gelegt, damit es weich wie eine Feder darauf niedersinken könnte.
Und während nun die vier wachenden Menschen im Städtchen: der Dichter, der Turmwächter, Trinchen Mutser und Cäcilie, ein jedes mit seiner Freude, seinem Kummer oder seiner Sehnsucht beschäftigt, nichts sahen von der Nacht, die war wie ein Palast, öffnete sich der Mond wie ein runder Ofen mit silberner runder Tür, und es stürzte aus der Mondhöhle eine solche strahlende Klarheit hernieder, daß sie sich auch mit goldener Feder nicht beschreiben ließe. – Einen Augenblick lang fiel das echte Licht aus dem wirklichen Himmel auf die Erde. Das geschah, um Sankt Nikolaus auf seinem weißen, schwer beladenen Eselchen und den schwarzen Knecht Ruprecht durchzulassen.
Aber wie kamen sie nun auf die Erde? Ganz einfach. Das Eselchen stellte sich auf einen Mondstrahl, stemmte die Beine steif und glitschte nur so hinunter, wie auf einer schrägen Eisbahn. Und der schlaue Knecht Ruprecht faßte den Schwanz vom Eselchen und ließ sich ganz behaglich mitziehen, auf den Fersen hockend. So kamen sie ins Städtchen, mitten auf den beschneiten Großen Markt.

In Körben, die zu beiden Seiten des Eselchens hingen, dufteten die bunten Leckereien, die Knecht Ruprecht unter Aufsicht von Sankt Nikolaus in der Konditorei des Himmels gebacken hatte. Und als man sah, daß es nicht reichte und der Zucker zu Ende ging, da hatte Knecht Ruprecht sich in Zivil geworfen, um unerkannt in den Läden, auch bei Trinchen Mutser, Süßigkeiten zu kaufen, von dem Geld aus den Sankt-Nikolaus-Opferstöcken, die er alle Jahre einmal in den Kirchen ausleeren durfte. Mit all den Leckereien war er an einem Mondstrahl in den schönen Himmel hinaufgeklettert, und nun mußte das alles verteilt werden an die kleinen Freunde von Sankt Nikolaus.
Sankt Nikolaus ritt durch die Straßen, und bei jedem Haus, in dem ein Kind wohnte, gab er je nach der Artigkeit des Kindes dem Knecht Ruprecht Leckereien, welche dieser, mit Katzengeschmeidigkeit an Regenkandeln und Dachrinnen entlang kletternd und über die Ziegel krabbelnd, zum Schornstein brachte; da ließ er sie dann vorsichtig hinunterfallen durch das kalte zugige Kaminloch gerade auf einen Teller oder in einen Holzschuh hinein, ohne die zerbrechlichen Köstlichkeiten auch nur etwas zu bestoßen oder zu schrammen.
Knecht Ruprecht verstand sich auf seine Sache, und Sankt Nikolaus liebte ihn wie seinen Augapfel.
So bearbeiteten sie das ganze Städtchen, warfen herab, wo zu werfen war, sogar hier und da eine harte Rute für rechte Taugenichtse.
»Da wären wir bis zum nächsten Jahr wieder mal fertig«, sagte der Knecht Ruprecht, als er die leeren Körbe sah. Er steckte sich sein Pfeifchen an und stieß einen erleichterten Seufzer aus, weil die Arbeit nun getan war.
»Was?« fragte Sankt Nikolaus beunruhigt, »ist nichts mehr drin? Und die kleine Cäcilie? Die brave kleine Cäcilie? Schscht!«
Sankt Nikolaus sah auf einmal, daß sie vor Cäciliens Haus standen, und legte mahnend den Finger auf den Mund. Doch das Kind hatte die warme, brummende Stimme gehört wie Hummelgesumm, machte große Augen unter dem goldenen Lockenkopf, glitt ans Fenster, schob die Gardinchen weg und sah Sankt Nikolaus, den wirklichen Sankt Nikolaus.
Das Kind stand mit offenem Mund staunend da. Und während es sich gar nicht fassen konnte über den goldenen Bischofsmantel, der funkelte von bunten Edelsteinen wie ein Garten,

über die Pracht der Mitra, worauf ein diamantenes Kreuz Licht in die Nacht hineinschnitt wie mit Messern, über den Reichtum der Ornamente am Krummstab, wo ein silberner Pelikan das Rubinenblut pickte für seine Jungen, während sie die feine Spitze besah, die über den purpurnen Mantel schleierte, und während sie Gefallen fand an dem guten weißen Eselchen, und während sie lachen mußte über die Grimassen von dem drolligen schwarzen Knecht, der die weißen Augen herumrollte, als ob sie lose wie Taubeneier in seinem Kopf lägen, während alledem hörte sie die zwei Männer also miteinander reden:
»Ist denn gar nichts mehr im Körbchen, lieber Ruprecht?«
»Nein, heiliger Herr, so wenig wie in meinem Geldsäckel.«
»Sieh noch einmal gut nach, Ruprecht!«
»Ja, heiliger Herr, und wenn ich die Körbe auch ausquetschte, so kommt doch nicht so viel heraus wie eine Stecknadel.«
Sankt Nikolaus strich kummervoll über seinen schneeweißen Lockenbart und zwinkerte mit seinen honiggelben Augen.

»Ach«, sagte der schwarze Knecht, »da ist nun doch nichts mehr zu machen, heiliger Herr. Schreib der kleinen Cäcilie, daß sie im kommenden Jahr doppelt und dreimal soviel kriegen soll.«
»Niemals! Ruprecht! Ich, der ich im Himmel wohnen darf, weil ich drei Kinder, die schon zerschnitten und eingepökelt waren, wieder zum Leben gebracht und ihrer Mutter zurückgegeben habe, ich sollte nun diese kleine Cäcilie, das bravste Kind der ganzen Welt, leer ausgehen lassen und ihm eine schlechte Meinung von mir beibringen! Nie, Ruprecht! Nie!«
Knecht Ruprecht rauchte heftig, das brachte auf gute Gedanken, und er sagte plötzlich: »Aber heiliger Herr, nun hört mal zu! Wir haben keine Zeit mehr, um noch einmal zum Himmel zurückzukehren. Ihr wißt, für Sankt Peter ist der Himmel kein Taubenschlag. Und außerdem, der Backofen ist kalt und der Zucker zu Ende. Und hier in der Stadt schläft alles, und es ist Euch sowohl wie mir verboten, Menschen zu wecken, und zudem sind auch alle Läden ausverkauft.«
Sankt Nikolaus strich nachdenklich über seine von vier Falten durchzogene Stirn, neben der schon Löckchen glänzten, denn sein Bart begann dicht unter dem Rande seines schönen Hutes.
Ich brauche euch nicht zu erzählen, wie Cäcilie langsam immer bekümmerter wurde von all den Worten. Das reiche Schiff sollte nicht bei ihr stranden! Und auf einmal schoß es leuchtend durch ihr Köpfchen. Sie machte die Tür auf und stand in ihrem zerschlissenen Hemdchen auf der Schwelle. Sankt Nikolaus und Knecht Ruprecht fuhren zusammen wie die Kaninchen. Doch Cäcilie schlug ehrerbietig ein Kreuz, stapfte mit ihren bloßen Füßchen in den Schnee und ging zu dem heiligen Kinderfreund.
»Guten Tag, lieber Sankt Nikolaus«, stammelte das Kind. »Alles ist noch nicht ausverkauft . . . bei Trinchen Mutser steht noch ein großes Schokoladenschiff vom Kongo . . . wie sie die Läden vorgehängt hat, stand es noch da. Ich hab' es gesehen!«
Von seinem Schreck sich erholend, rief Sankt Nikolaus erfreut: »Siehst du wohl, es ist noch nicht alles ausverkauft! Auf zu Trinchen Mutser! Zu Trinchen . . . aber ach!« . . . und seine Stimme zitterte verzweifelt, »wir dürfen niemand wecken.«
»Ich auch nicht, Sankt Nikolaus?« fragte das Kind.
»Bravo!« rief der Heilige, »wir sind gerettet, kommt!«
Und sie gingen mitten auf der Straße, die kleine Cäcilie mit ihren bloßen Füßen voran, gerade nach der Eierwaffelstraße, wo

Trinchen Mutser wohnte. In der Süßrahmbutterstraße wurde ihr Blick auf ein erleuchtetes Fenster gelenkt. Auf dem heruntergelassenen Vorhang sahen sie den Schatten von einem dürren, langhaarigen Menschen, der mit einem Büchlein und einer Pfeife in der Hand große Gebärden machte, und sein Mund ging dabei auf und zu. »Ein Dichter«, sagte Sankt Nikolaus und lächelte. Sie kamen vor Trinchen Mutsers Haus. Im Mondlicht konnten sie gut das Aushängeschild erkennen: ›Zum verzuckerten Nasenflügel‹.

»Weck sie rasch auf«, sagte Sankt Nikolaus. Und das Kindchen lehnte sich mit dem Rücken an die Tür und klopfte mit der Ferse gegen das Holz. Aber das klang leise wie ein Samthämmerchen. »Stärker«, sagte der schwarze Knecht. »Wenn ich noch stärker klopfe, wirds noch weniger gehen, denn mein Fuß tut mir weh«, sagte das Kind. »Mit den Fäusten«, sagte Knecht Ruprecht. Doch die Fäustchen waren noch leiser als die Fersen.

»Wart, ich werd meinen Schuh ausziehen, dann kannst du damit klopfen«, sagte Knecht Ruprecht.

»Nein«, gebot Sankt Nikolaus, »kein Drehn und Deuteln! Gott ist heller um uns als dieser Mondschein und duldet keine Advokatenkniffe.« Und doch hätte der gute Mann sich gern einen Finger abgebissen, um Cäcilie befriedigen zu können.

»Ach! Aber den Kerl mit den Affenhaaren auf dem Vorhang!« rief Knecht Ruprecht erfreut, »den darf ich rufen, der schläft nicht!«

»Der Dichter! Der Dichter!« lachte Sankt Nikolaus. Und nun gingen sie alle drei schnell zu dem Dichter Remoldus Keersmaeckers.

Und kurzerhand machte Knecht Ruprecht kleine Schneebälle, die er ans Fenster warf. Der Schatten stand still, das Fenster ging auf, und das lange Gestell des Dichters, der Verse von den Göttern und Göttinnen des Olymp hersagte, wurde im Mondschein sichtbar und fragte von oben: »Welche Muse kommt, um mir Heldengesänge zu diktieren?«

»Du sollst Trinchen Mutser für uns wecken«, rief Sankt Nikolaus, und er erzählte seine Not.

»Ja, bist du denn der wirkliche Sankt Nikolaus?« fragte Remoldus.

»Der bin ich!« Und darauf kam der Dichter erfreut herunter, jätete allen Dialekt aus seiner Sprache, machte Verbeugungen

und redete von Dante, Beatrice, Vondel, Milton und anderen Dichtergestalten, die er im Himmel glaubte. Dann stand er ihnen zu Diensten.
Sie kamen zu Trinchen Mutser, und der Dichter stampfte und rammelte mit so viel Temperament an der Tür, daß das Frauenzimmer holterdiepolter aus dem Bett stürmte und erschrocken das Fenster öffnete.
»Geht die Welt unter?«
»Wir kommen wegen dem großen Schokoladenschiff«, sagte Sankt Nikolaus, weiter konnte er ihr nicht erklären, denn sie war schon weg und kam wieder in ihrer lächerlichen Nachtkleidung, mit einem bloßen Fuß und einem Strumpf in der Hand, und machte die Tür auf.
Sie steckte die Lampe an und ging sofort hinter den Ladentisch, um zu bedienen. Sie dachte, es müsse der Bischof von Mecheln sein. »Herr Bischof«, sagte sie stotternd, »hier ist das Schiff aus bester Schokolade, und es kostet fünfundzwanzig Franken.« Der Preis war nur zwanzig Franken, aber ein Bischof kann ja gern fünf Franken mehr bezahlen.
Aber nun platzte die Bombe! Geld! Sankt Nikolaus hatte kein Geld, das hat man im Himmel nun einmal nicht nötig. Knecht Ruprecht hatte auch kein Geld, das Kind hatte nur ein zerschlissenes Hemdchen an, und der Dichter kaute an seinem langen Haupt- und Barthaar vor Hunger – er war vier Wochen Miete schuldig.
Niedergeschlagen sahen sie einander an.
»Es ist Gott zuliebe«, sagte Sankt Nikolaus. Gerne hätte er seine Mitra gegeben, aber alles das war ihm vom Himmel geliehen, und es wäre Heiligenschändung gewesen, es wegzugeben.
Trinchen Mutser rührte sich nicht und betrachtete sie finster.
»Tu es dem Himmel zuliebe«, sagte Knecht Ruprecht. »Nächstes Jahr will ich auch deinen ganzen Laden aufkaufen.«
»Tu es aus lauter Poesie«, sagte der Dichter theatralisch.
Aber Trinchen rührte sich nicht, sie fing an zu glauben, weil sie kein Geld hatten, daß es verkleidete Diebe seien.
»Schert euch raus! Hilfe!« schrie sie auf einmal. »Schert euch raus! Heiliger Antonius und Sankt Nikolaus, steht mir bei!«
»Aber ich bin doch selbst Sankt Nikolaus«, sagte der Heilige.
»So siehst du aus! Du hast nicht mal einen roten Heller aufzuweisen!«

»Ach, das Geld, das alle Bruderliebe vergiftet!« seufzte Sankt Nikolaus.
»Das Geld, das die edle Poesie verpfuscht!« seufzte der Dichter Keersmaeckers.
»Und die armen Leute arm macht«, schoß es der kleinen Cäcilie durch den Kopf.
»Und ein Schornsteinfegerherz doch nicht weiß klopfen machen kann«, lachte Knecht Ruprecht. Und sie gingen hinaus.
In der Mondnacht, die still war von Frosteskiarheit und Schnee, tönte das »Schlafet ruhig« hart und hell vom Turm.
»Noch einer, der nicht schläft«, rief Sankt Nikolaus erfreut, und sogleich steckte Knecht Ruprecht auch schon den Fuß zwischen die Tür, die Trinchen wütend zuschlagen wollte.
»Haltet ihr mir die Frau wach«, sagte der schwarze Knecht, »ich komme sofort zurück!« Und damit stieß er die Tür auf, und zwar so heftig, daß Trinchen sich plötzlich in einem Korb voll Zwiebeln wiederfand.
Und während die andern aufs neue hineingingen, sprang Knecht Ruprecht auf das Eselchen, sauste wie ein Sensenstrich durch die Straßen, hielt vor dem Turm, kletterte an Zinnen, Vorsprüngen und Zieraten, Schiefern und Heiligenbildern den Turm hinauf bis zu Dries Andijvel, der gerade »Es wollt ein Jäger früh aufstehn« auf seiner Geige kratzte.
Der Mann ließ Geige und Lied fallen, aber Knecht Ruprecht erzählte ihm alles.
»Erst sehen und dann glauben!« sagte Dries. Knecht Ruprecht kriegte ihn am Ende doch noch mit hinunter, und zu zweit rasten sie auf dem Eselchen durch die Straßen nach dem ›Verzuckerten Nasenflügel‹.
Sankt Nikolaus fiel vor dem Nachtwächter auf die Knie und flehte ihn an, doch die fünfundzwanzig Franken zu bezahlen, dann solle ihm auch alles Glück der Welt werden.
Der Mann war gerührt und sagte zu dem ungläubigen, hartherzigen Trinchen: »Ich weiß nicht, ob er lügt, aber so sieht Sankt Nikolaus doch aus in den Bilderbüchern von unseren Kindern und im Kirchenfenster über dem Taufstein. Und wenn er's nun wirklich ist! Gib ihm doch das Schiff! Morgen werde ich dir's bezahlen . . .!«
Trinchen hatte großes Vertrauen zu dem Nachtwächter, der aus ihrer Nachbarschaft war. Und Sankt Nikolaus bekam das Schiff.

»Jetzt geh schnell nach Hause und leg dich schlafen«, sagte Sankt Nikolaus zu Cäcilie. »Wir bringen gleich das Schiff.«
Das Kind ging nach Hause, aber es schlief nicht, es saß am Kamin mit dem Kissen auf den Ärmchen und wartete auf das Niedersinken des Schiffes.
Der Mond sah gerade in das armselig-traurige Kämmerchen.
Ach, was sah Cäcilie da auf einmal!
Dort auf einem glitzernden Mondstrahl kletterte das Eselchen in die Höhe mit Sankt Nikolaus auf seinem Rücken, und Knecht Ruprecht hielt sich am Schwanz fest und ließ sich mitschleifen. Der Mond öffnete sich; ein sanftes, großes Licht fiel in funkelnden Regenbogenfarben über die beschneite Welt. Sankt Nikolaus grüßte die Erde, trat hinein, und wieder war da das gewöhnliche grüne Mondlicht.
Die kleine Cäcilie wollte weinen. Knecht Ruprecht oder der gute Heilige hatten das Schiff nicht gebracht, es lag nicht auf dem Kissen.
Aber siehe! was für ein Glück, das Schiff, die ›Kongo‹, stand ja da, in der kalten Asche, ohne Delle, ohne Bruch, strahlend von Silber, und rauchte für mindestens zwei Groschen weiße Watte aus beiden Schornsteinen! Wie war das möglich! Wie konnte das so in aller Stille geschehen?
Ja, das weiß nun niemand, das ist die Findigkeit und die große Geschicklichkeit vom Knecht Ruprecht, und die gibt er niemand preis.

Felix Timmermans

*(Aus dem Flämischen von Anna Valeton-Hoos)*

## *Bratäpfel zur Dämmerstunde*

Bitten Sie an einem Sonntagnachmittag im Advent zum Bratäpfelessen. Unsere Vorschläge sind für sechs Leute gedacht. Je nach Appetit Ihrer Gäste können Sie auch vier oder acht einladen. Zu den Bratäpfeln gibt es warme oder kalte Vanille- und Schokoladensauce, als Gebäck Butterschleifen und dazu Punsch; als Vorspeise oder pikanten Abschluß: Bohnensalat mit Rindfleisch. Alles können Sie bequem am Vormittag vorbereiten.
Hübsch ist es, wenn Sie den Tisch farblich auf die Bratäpfel abstimmen. Wählen Sie die Kombination Rot/Grün/Schwarz. Das Tischtuch ist selbstgenäht aus dunklem Dekorationsstoff vom Meter. Auch die roten Leinenservietten können Sie selber machen. Papierservietten tun's aber genauso.

### So decken Sie den Tisch

Das Geschirr ist aus schwarzer Keramik. Jeder Gast bekommt ein Kaffeegedeck, der Punsch wird in den Tassen serviert. Dazu Messer und Gabel für die Bratäpfel und ein Kaffeelöffel für den Punsch. Für den Salat, der schon portionsweise auf den Tisch kommt, brauchen Sie eine weitere Gabel. Einen großen Löffel nicht vergessen, damit werden die heißen Äpfel von der Platte genommen. Für den Tischschmuck genügen zwei bis drei große Tannenzweige. Schneiden Sie die kleinen Zweige ab, und stekken Sie sie am Rand eines großen Tabletts ineinander, damit Sie die Tischdecke schonen. (Was übrigbleibt, kommt in eine Vase.)

Die Kerzen werden mit etwas Wachs auf einen Teller geklebt, der unter dem Tannengrün verschwindet. Stellen Sie sie nicht zu eng zusammen, sonst werden sie weich. Um den Punsch in der Kanne warm zu halten, stellen Sie ein Stövchen bereit. Daneben Zucker für Gäste, die nachsüßen wollen.

## Am Nachmittag keine Arbeit mehr

Am Sonntagvormittag bereiten Sie alles vor. Damit Sie nicht länger als sonst in der Küche stehen, frühstücken Sie später und ausgiebig, oder es gibt eine schnelle, tiefgekühlte Mahlzeit (selbstgekocht oder fertig gekauft). Die Bohnen für den Salat weichen Sie schon am Samstagabend ein. Sie können auch welche aus der Dose nehmen, das geht schneller. Am Sonntag vormittag machen Sie den Salat. Mit Folie abgedeckt, bleibt er im Kühlschrank frisch. Dann Vanille- und Schokoladensauce (aus Päckchen) kochen und zugedeckt abkühlen lassen. (Wenn Sie die Saucen warm servieren wollen, müssen Sie sie allerdings etwa eine halbe Stunde vorher zubereiten.) Anschließend die Butterschleifen backen und die Bratäpfel füllen.

## Bevor die Gäste kommen

Zwei Stunden vor dem Eintreffen der Gäste nehmen Sie den Salat aus dem Kühlschrank und verteilen die Portionen in Schälchen. Etwa eine halbe Stunde vorher schieben Sie die Bratäpfel in den vorgeheizten Ofen. Dann ist es auch Zeit für den Punsch. Weil Sie dafür Tee brauchen, bereiten Sie gleich mehr zu, falls jemand zuerst eine Tasse Tee trinken möchte. In einer Extrakanne servieren. Milch und Zitrone hinstellen. Der Punsch kommt in der großen Kanne auf den Tisch. Was nicht hineingeht, in der Küche warm halten. Wenn die Gäste da sind, stellen Sie die Bratäpfel (eine zweite Portion bleibt noch im Ofen), das Gebäck und die Krüge mit den Saucen auf das Tablett. Sie können dann in Ruhe sitzen bleiben und müssen nur die Salatschälchen wegräumen, den Punsch nachfüllen und den Rest Bratäpfel holen.

## Adventsrezepte

Hier die Rezepte für sechs Personen. Für die Bratäpfel haben wir Ihnen drei verschiedene Füllungen zur Auswahl vorgeschlagen, jede reicht für zwölf Äpfel. Wenn Sie nicht alle Äpfel mit einer Füllung zubereiten wollen, können Sie auch von zwei Rezepten je die Hälfte nehmen.

### Großmutters Bratäpfel

*12 säuerliche, feste Äpfel, 24 Stck. Würfelzucker, 50 Gramm Mandelblättchen, 50 Gramm Rosinen, 12 TL Himbeermarmelade, 2 EL Rum, 30 Gramm Butter*

Äpfel waschen, abtrocknen und mit einem Apfelausstecher (gibt es in Haushaltsgeschäften) das Kerngehäuse herausstechen. Je ein Stück Würfelzucker von unten in die Äpfel stecken. Mandelblättchen, Rosinen, Himbeermarmelade mit Rum vermischen. Äpfel damit füllen, restliche Zuckerstücke lose obenauf legen. Äpfel in eine mit 10 Gramm Butter gefettete flache Auflaufform setzen. Auf jeden Apfel ein kleines Butterflöckchen geben. Äpfel im vorgeheizten Backofen bei 200 Grad 45 Minuten backen lassen.
Dazu: warme oder kalte Vanille- und Schokoladensauce.

### Äpfel mit Schneehaube

*12 Äpfel, Saft von zwei Zitronen, 100 Gramm Marzipanrohmasse, 50 Gramm Korinthen, 50 Gramm Zitronat, 1–2 EL Rum, 1 EL Puderzucker, 30 Gramm Butter, 2 Eiweiß, 100 g Zucker*

Äpfel waschen, abtrocknen, das Kerngehäuse herausstechen. Äpfel mit Zitronensaft beträufeln. Marzipanrohmasse, Korinthen, feingehacktes Zitronat, Rum und Puderzucker verkneten. In die Äpfel füllen. In gebutterter Auflaufform 35 Minuten backen. Eiweiß zu steifem Schnee schlagen. Zucker löffelweise darunterschlagen. Diese Baisermasse als Haube auf die Äpfel verteilen und bei starker Hitze hellbraun überbacken.

## Schokoladenäpfel

*12 Äpfel,* Füllung: *12 TL Orangenmarmelade, 50 Gramm grobgehackte Haselnüsse, 50 Gramm Blockschokolade, 30 Gramm Butter*

Äpfel waschen, abtrocknen, Kerngehäuse ausstechen. Äpfel in eine gebutterte Auflaufform stellen. Mit einer Mischung aus Marmelade, Nüssen, geriebener Schokolade und Butter füllen. Im heißen Ofen etwa 45 Minuten backen.

## Burgunderpunsch

*Je 1 unbehandelte Zitrone und Orange, 1 Flasche roter Burgunder, 1/8 l Portwein, 1/4 l Weißwein, 4 Teebeutel, Zucker nach Geschmack*

Fein abgeriebene Zitronenschale mit halbierten Orangenscheiben, Burgunder, Portwein und Weißwein erhitzen, nicht kochen. Inzwischen 1/2 Liter starken Tee brühen. Zum Punsch gießen. Mit Zucker nach Geschmack süßen. Reicht für 12 normale Tassen.

## Bohnensalat mit Rindfleisch

*Je 125 Gramm rote und weiße Bohnen, 750 Gramm Rindfleisch zum Kochen, 1 Bund Suppenkraut, 1 Lorbeerblatt, 1 Dose Gemüsemais, 2 EL eingelegte Tomatenpaprikastreifen, Pfeffer, Cayennepfeffer, 1/2 TL Zucker, 1 TL Senf, 4–5 EL Essig, 3–4 EL Öl*

Bohnen über Nacht einweichen. Rindfleisch mit geputztem Suppenkraut, Salz und Lorbeerblatt eine Stunde in 1 l kochendem Wasser garen. Dann die Bohnen zugeben und noch eine Stunde weiterkochen. Fleisch aus der Brühe nehmen. Abgekühlt würfeln. Mit abgetropften Bohnen, Gemüsemais (mit Flüssigkeit) und kleingeschnittenem Tomatenpaprika mischen. 1/8 Liter Fleischbrühe mit Salz, Pfeffer, Cayennepfeffer, Zucker, Senf, Essig und Öl verrühren. Den Salat darin ziehen lassen. Nach einer Stunde nachwürzen.

### Butterschleifen

*150 Gramm Butter, 150 Gramm Zucker, 3 Eier, 1 EL Rum, Schale einer unbehandelten Zitrone, 600 Gramm Mehl, 2 TL Backpulver, Fett zum Ausbacken, 2 EL Puderzucker*

Butter, Zucker, Eier, Rum, abgeriebene Zitronenschale und gesiebtes, mit Backpulver vermischtes Mehl verkneten. Den Teig 30 Minuten kühl stellen, auf wenig Mehl etwa 1/2 Zentimeter dick ausrollen. Streifen von 15 Zentimeter Länge und zwei Zentimeter Breite schneiden. Diese Teigstreifen (geknotet oder ungeknotet) schwimmend in der Friteuse im heißen Fett bei 180 Grad goldbraun backen. Auf Küchenpapier abtropfen lassen. Mit Puderzucker bestreut servieren. (Ergibt etwa 40 Stück.)

# Weihnachtsbäckerei

## *Kleingebäck*

### Aachener Printen

*500 g Sirup, 200 g Zucker, 12 g Zimt, 15 g Anis, 9 g Nelken, etwas Salz, 7 g Hirschhornsalz, in etwas Wasser aufgelöst, 750 g Mehl.* Zum Bestreichen: *Wasser.* Zum Bestreuen: *Hagelzucker*

Sirup und Zucker aufkochen, die Gewürze dazugeben, vom Feuer nehmen und handwarm unter das Mehl rühren. Das aufgelöste Hirschhornsalz einarbeiten und den Teig nochmals gut durchkneten. Er muß ziemlich fest sein. Über Nacht ruhen lassen. Danach dünn ausrollen und 60—70 Printen ausschneiden. Diese auf ein gefettetes, leicht bemehltes Blech legen, mit Wasser bestreichen, mit Hagelzucker bestreuen und im vorgeheizten Rohr bei Mittelhitze backen.

## Pfefferkuchenhaus

*500 g Kunsthonig, 200 g Zucker, 2 TL Zimt, 1/2 TL Nelken, 1 kg Mehl, 2 Eier, 2 Päckchen Backpulver.* Zur Glasur: *6 Eiweiß, 600 g Puderzucker.* Zum Verzieren: *100 g Mandeln, 50 g Rosinen, 50 g Zitronat, 100 g Schokoladenplätzchen mit Buntzucker bestreut, 50 g gebrannte, verzuckerte Erdnüsse, 100 g Milchschokolade, 100 g Kokosflocken, 100 g bunte Zuckerkugeln*

Zum Aufstellen: *1 Rechteck aus Pappe mit weißer selbstklebender Plastikfolie bezogen in etwa der Größe 50x35 cm.* Zum Vorstechen: *Ein spitzer Gegenstand, eine dicke, stumpfe Nadel oder eine Stricknadel.* Zum Zusammenstekken: *Zahnstocher oder gespitzte Streichhölzer.* Als Fenster: *1 Blatt rote Gelatine*

*Teigbereitung:*
Den Kunsthonig an der Herdseite zerlaufen lassen, vom Feuer nehmen, erst Zucker, die Gewürze, dann die Eier und zum Schluß das mit dem Backpulver vermischte Mehl daruntergeben. Der Teig muß fest sein. 1/2 cm dick ausrollen und folgende Stücke ausschneiden: Längswände: 2 mal 25x15 1/2 cm. Seitenwände: 2 mal 17 cm breit, 16 cm hoch und der Giebel noch 9 1/2 cm bis zu Spitze. Dach: 2 mal 31x18 cm. Aus dem Restteig Fenster, Türe, Kamin, Zaun und Bäume schneiden.
Auf gut gefetteten Blechen die großen Stücke 25 Minuten, die kleinen 15–20 Minuten im vorgeheizten Rohr bei Mittelhitze backen. Die Hälfte der Glasur, 3 Eiweiß mit 300 g Puderzucker, zu Eis verrühren und diese Masse beim Zusammensetzen der völlig erkalteten Teigstücke verwenden. Die Unterseiten der Längs- und Seitenwände mit Zuckermasse bestreichen und in der Form des Hauses auf die vorbereitete Unterlage setzen. Mit Zahnstochern oder spitzen Hölzchen die Wände – mit einer dicken Nadel vorstechen – zusammensetzen. Über diese Stellen Zuckerglasur laufen lassen, damit es noch besser zusammenklebt. Dann das Dach darauf basteln, den Kamin aufsetzen, Fenster und Türen ankleben und das Pfefferkuchenhäuschen nach Belieben verzieren. Die restlichen 3 Eiweiß mit dem restlichen Puderzucker verrühren und diese Zuckermasse als Schnee verwenden.

## Elisenlebkuchen

*6 Eier, 500 g Zucker, abgeriebene Schale von 2 Zitronen, 35 g Zimt, 100 g fein gehacktes Zitronat, 500 g ungeschälte, geriebene Mandeln, mit 1 Msp Backpulver vermischt, mittelgroße, runde Oblaten.* Zum Überziehen: *250 g Puderzucker, 1 EL Eiweiß, etwas Wasser nach Bedarf.* Zum Bestreuen: *bunter Zucker*

Eier und Zucker eine halbe Stunde schaumig rühren, die übrigen Zutaten daruntermischen und die Masse kleinfingerdick auf die Oblaten streichen. Über Nacht stehen lassen. Am anderen Tag im vorgeheizten Rohr bei 160 Grad etwa 25 Minuten backen. Erkaltet mit Zuckerglasur überziehen und mit buntem Zucker bestreuen. Oder vor dem Backen jeden Elisenkuchen entweder mit einer halben, abgezogenen Mandel oder einem Zitronenstreifchen verzieren. Vierzehn Tage vor Gebrauch backen, dann erst haben sie richtige Beschaffenheit.

## Tannenbäumchen aus Lebkuchen

*250 g Kunsthonig, 80 g Zucker, 1 TL Zimt, 1 Msp Nelken, 1 Ei, 500 g Mehl, 1 Päckchen Backpulver.* Zum Verzieren: *Eiweißglasur von 2 Eiweiß, etwa 200 g Puderzucker.* Zum Ausstechen: *1 Stern von etwa 13 cm Durchmesser, 1 Stern von etwa 11 cm Durchmesser, je 1 Stern von etwa 8½, etwa 4½ und etwa 3½ cm Durchmesser und 1 rundes Plätzchen von etwa 2½ cm Durchmesser. Für ein Bäumchen benötigt man von jeder Größe einen Stern und 5 kleine Plätzchen (die Sternformen kann man sich aus Pappdeckel selbst zurechtschneiden), für jedes Bäumchen 1 Holzstäbchen*

Kunsthonig auf kleiner Flamme flüssig werden lassen, vom Feuer nehmen. Nach und nach den Zucker, die Gewürze, das Ei unterrühren und zum Schluß zwei Drittel von dem mit dem Backpulver vermischten Mehl daruntergeben. Das restliche Mehl auf ein Brett sieben und unter gutem Kneten in den Teig einarbeiten. Der Teig muß fest sein! ½ cm dick ausrollen, Sterne und Plätzchen ausstechen und auf einem gut gefetteten Blech bei Mittelhitze backen. Noch heiß vorsichtig vom Blech lösen und in die Mitte jedes Sternes und Plätzchens mit einem Holzstäbchen stechen. Die Sterne der Größe nach auf ein Holzstäbchen stecken, zwischen jeden Stern ein Plätzchen stecken, so daß ein Bäumchen entsteht. Auf die Spitze eine Kugel aus Marzipan oder Schokolade oder auch aus Christbaumschmuck setzen, das Bäumchen mit Eiweißglasur betropfen (dafür Puderzucker sieben und mit dem Eiweiß 15 Minuten gut rühren), dann trocknen lassen.

## Springerle

*500 g Puderzucker, 4 Eier, abgeriebene Schale 1 Zitrone, 1 EL Arrak, 500 g trockenes, leicht vorgewärmtes Mehl*

Zucker und Eier eine Stunde schaumig rühren, dann die Geschmackszutaten beigeben und das Mehl einarbeiten. Danach den Teig auf dem Brett gut verkneten, 2 cm dick ausrollen, die Teigplatte mit Mehl einreiben, Stücke abschneiden und mit dem

Handballen in ein bemehltes Springerlemodel drücken. Die Ränder abschneiden oder abradeln und die Teigfläche glätten, das Mehl abpinseln. Die Springerle auf ein gewachstes Blech legen und 24 Stunden in einem warmen Raum trocknen lassen. Danach das Gebäck im vorgeheizten Rohr bei 120 Grad, zugedeckt mit Papier, backen. Backzeit etwa 30 Minuten. 20 Minuten das Rohr nicht öffnen! Die Oberfläche der Springerle muß weich, doch unten der Boden soll goldgelb sein. Sie sollen nicht hohl sein, sondern gleichmäßige Füßchen haben. Damit sie bei Gebrauch weich sind, ist es gut, die Springerle 2–3 Wochen vorher zu backen. Aufbewahren muß man sie offen an einem kühlen Ort.

## Spekulatius

*500 g Mehl, 250 g Butter, 500 g Zucker, 3 Eier, abgeriebene Schale von 1 Zitrone, 2 g Zimt, 1 Prise Nelken, 1 TL Backpulver*

Mehl und Butter am Brett abbröseln – etwas Mehl zurücklassen – dann Zucker, Eier und Gewürze einarbeiten. Über Nacht ruhen lassen. Am anderen Tag das restliche, mit dem Backpulver vermischte Mehl einkneten, den Teig messerrückendick ausrollen, beliebige Formen ausstechen, auf ein leicht gefettetes Blech legen und im vorgeheizten Rohr bei mäßiger Hitze backen.

## Moppen oder Pflastersteine

*300 g Mehl, 250 g Zucker, 2 Eier, je 1 Prise Zimt und Nelken, 10 g Pottasche, in 2 EL Milch aufgelöst.* Zum Verzieren: *50 g Haselnüsse oder Mandeln*

Eier und Zucker schaumig rühren, die übrigen Zutaten daruntergeben. Aus dem Teig nußgroße, gleichmäßige Kugeln formen, diese auf ein gefettetes, bemehltes Blech setzen, etwas flachdrücken und mit einer halben Nuß oder geschälten Mandeln belegen. Die Plätzchen nicht zu eng setzen, da sie etwas auseinanderlaufen. Im vorgeheizten Rohr bei Mittelhitze backen.

## Braune Weihnachtskuchen
(Lübecker Rezept)

*1 1/4 kg Mehl, 250 g Zucker, 1 Msp Hirschhornsalz, 25 g Pottasche, 1 gestrichener EL Zimt, 1 gestrichener TL Nelken, 180 g mit der Schale geriebene Mandeln, abgeriebene Schale von 3 Zitronen, je 50 g kleingeschnittenes Zitronat und Orangeat, je 1 EL Rosen- und Pfirsichwasser, 1 1/4 kg Sirup, 375 g Butter, 25 g in etwas warmem Rosenwasser aufgelöste Pottasche.* Zum Bestreuen: *geschälte, gehackte Mandeln*

In ein tiefes Gefäß Mehl geben und in die Mitte eine Grube drücken. Dahinein gibt man den Zucker, Hirschhornsalz, Pottasche, Zimt, Nelken, Mandeln, Zitronenschale, Zitronat, Orangeat und Rosen- oder Pfirsichwasser. Den Sirup läßt man erwärmen, ohne ihn kochen zu lassen, und gibt die Butter und die aufgelöste Pottasche hinein. Diese Flüssigkeit gießt man langsam auf Mehl, Gewürze und Geschmackszutaten, vermischt alles sehr gut und arbeitet den Teig tüchtig ab. Er muß 3–4 Tage ruhen. Danach rollt man ihn dünn aus, sticht runde Plätzchen aus, bestreut sie mit gehackten Mandeln. Auf einem gefetteten Blech werden sie in der vorgeheizten Röhre bei Mittelhitze gebacken und noch heiß vom Blech gelöst.

## Nürnberger Lebkuchen
(Originalrezept)

*a) 4 Eier, 500 g Zucker, je 10 g Zimt, Nelken und Kardamom, 1 Msp Pfeffer, 50 g würfelig geschnittenes Zitronat, 1 TL Hirschhornsalz, aufgelöst mit 2 EL Likör, 500 g Mehl*

Eier und Zucker eine Stunde schaumig rühren, die vorbereiteten Gewürze, das aufgelöste Hirschhornsalz und das Mehl unterrühren. Den Teig auf dem Brett verkneten, er muß fest und glatt sein. Große Plätzchen – wie Elisenlebkuchen – ausstechen, auf ein gefettetes Backblech legen, über Nacht stehen lassen und am anderen Tag im vorgeheizten Rohr bei mäßiger Hitze backen.

*b) 4 Eiweiß, 250 g Puderzucker, je 50 g feingeschnittenes Orangeat und Zitronat, 125 g geschälte, geriebene und 125 g geschälte, gestiftelte Mandeln, je eine Msp Zimt und Nelken, kleine runde Oblaten.* Zum Verzieren: *kleine geschnittene Sternchen aus Zitronat und halbierte Mandeln*

Eiweiß und Zucker eine halbe Stunde rühren, die übrigen Zutaten untermischen und von der Masse kleine Häufchen auf Oblaten setzen. Im vorgeheizten Rohr bei 120 Grad leicht backen.

*c) 280 g Zucker, 5 Eier getrennt, je 3 g Zimt und Nelken, Saft 1/2 Zitrone, 140 g feingemahlene Mandeln, 140 g geschälte, gestiftelte Mandeln, 50 g feinnudelig geschnittenes Zitronat, 25 g feingehacktes Orangeat, 50 g erweichte Schokolade, je 70 g Weizen- und Kartoffelmehl, mittelgroße runde Oblaten.* Zum Verzieren: *geschnittenes Zitronat und Orangeat*

Zucker und Eigelb eine halbe Stunde schaumig schlagen, Gewürze und Geschmackszutaten dazugeben, ebenso das Mehl und zum Schluß den Eischnee unterziehen. Die Masse fingerdick auf Oblaten streichen, beliebig verzieren und bei 180 Grad backen.

## Zimtsterne

*3–4 Eiweiß, 250 g Puderzucker, etwa 300 g gemahlene Mandeln (hängt von der Größe der Eiweiß ab), 1 TL Zimt.* Zum Ausrollen: *Grießzucker*

Die Eiweiß zu sehr steifem Schnee schlagen. Nach und nach den gesiebten Puderzucker darunterschlagen. Von der Masse 3 EL für die Glasur wegnehmen und Mandeln und Zimt einrühren. Den Teig auf das mit Zucker bestreute Brett geben, etwa 1/2 cm dick ausrollen und Sterne ausstechen. Diese auf ein mit gut gefettetem Pergamentpapier belegtes Blech legen, mit der zurückbehaltenen Eiweißmasse sorgfältig glasieren und in der vorgeheizten Röhre, bei knapp 150 Grad etwa 40 Minuten backen. (Stückzahl: etwa 35.)
Beim Herausnehmen sind die Zimtsterne noch etwas weich. Nach dem Erkalten in Blechdosen aufbewahren.

## Russische Pfefferkuchen

*10 Eigelb, 5 Eier, 600 g Honig, 1/2 TL gestoßener Ingwer, 500 g Mehl.* Zum Bestreuen: *geschälte Mandeln*

Eigelb und Eier zu einer schaumigen, weißen Masse rühren. Den mit Ingwer verrührten Honig allmählich darunterschlagen. Nach und nach das Mehl einrühren und den Teig so lange schlagen, bis er Blasen wirft. Man gibt ihn in steife Papierformen und bestreut ihn mit geschnittenen Mandeln. In der vorgeheizten Röhre bei Mittelhitze backen. Noch heiß aus den Formen lösen.

## Westfälische Eisenkuchen (Iserkauken)

Dies sind Waffeln, die zu Weihnachten und Neujahr von Männern gebacken werden, weil die riesigen Waffeleisen schwer zu bedienen sind. Die Sitte stammt aus dem 15. Jahrhundert, und es gibt heute noch alteingesessene Familien in Westfalen, die diese Kucheneisen besitzen und den Brauch beibehalten haben.

*200 g Kandiszucker, 3/5 l kochendes Wasser, 200 g zerlassene Butter, 2 Eier, abgeriebene Schale 1 Zitrone, 1/2 TL Zimt, etwas Anis, 500 g Mehl*

Den Zucker im kochenden Wasser auflösen und erkalten lassen. Danach alle angegebenen Zutaten der Reihe nach einrühren und den Teig über Nacht stehen lassen. Das Waffeleisen mit einer Speckschwarte ausreiben und mit dem dünnflüssigen Teig füllen. Über dem Herdfeuer backen. Die Kuchen noch heiß – sie müssen noch weiß sein – aus den Eisenplatten lösen und zu einer Tüte rollen. Erkaltet ist das Gebäck knusprig und sehr schmackhaft. Vor jedem Backvorgang das Eisen neu fetten!

## Vanillebutter

*2 Eigelb, 50 g mit Vanille gewürzter, sehr fein gesiebter Puderzucker*

Eigelb und Zucker 20 Minuten gut verrühren. Zwischen gefaltetes Papier, etwa 2 1/2 cm breite Falten, streichen und sehr langsam an einem warmen Ort trocknen lassen. (Nicht im Rohr trocknen!) Die Vanillebutter vor dem Gebrauch vorsichtig aus den Papierfalten lösen.

## Vanillekipferl

*250 g Mehl, 125 g Butter, 70 g Zucker, 180 g geschälte, geriebene Mandeln, 2 Eigelb.* Zum Einwickeln: *Puderzucker, mit Vanille gewürzt*

Rasch am Brett einen Teig arbeiten und 20 Minuten kalt stellen. Danach aus dem Teig eine dünne Rolle formen, etwa 1 cm breite Stücke abschneiden, aus diesen kleine Kipfelchen rollen und formen und in der vorgeheizten Röhre bei Mittelhitze hellgelb backen. Vorsichtig vom Blech lösen und noch heiß in Vanillezucker einwickeln.

## Kletskoppen — Schwatzköpfe
(holländisch)

*35 g Mandeln, 40 g Butter, 125 g brauner Rohzucker, 50 g Mehl, 1/2 TL Zimt, evtl. 1–2 EL Wasser*

Mandeln aufkochen, abschrecken, schälen waschen, trocknen, schnitzeln. Butter und Zucker schaumig rühren, Mehl, Zimt und Mandeln dazugeben. Wenn der Teig nicht weich genug ist, noch etwas Wasser. Aus dem Teig Kügelchen formen, in Abständen von 8 cm auf ein gefettetes Blech setzen. Gebäck oben im Rohr bei 220° backen. Das Gebäck muß in ca. 5–7 Minuten ausgelaufen und gebacken sein. Auf dem Blech etwas abkühlen lassen, mit Pfannkuchenmesser vom Blech heben, flach hinlegen und auskühlen lassen. Falls das Gebäck am Blech festklebt, nochmals schnell ins Rohr schieben und erhitzen, damit es wieder weich wird.

## Früchtebrot

*250 g Roggenmehl, 1 Päckchen Backpulver, 125 g Zucker, 5 Stück Würfelzucker, 1/8 l heißes Wasser, abgeriebene Schale 1 Zitrone, etwas Anis, 300 g gekochte, kleingeschnittene Trockenfrüchte*

Mehl und Backpulver vermischen und in eine tiefe Schüssel geben. Würfelzucker bräunen, mit heißem Wasser aufgießen und erkalten lassen. Dann mit dem Zucker und den Gewürzen zum Mehl geben und einen Teig arbeiten. In diesen die Trockenfrüchte gut hineinkneten. Den fertigen Teig in eine gefettete, mit Mehl ausgestäubte Form füllen und in der vorgeheizten Röhre bei Mittelhitze etwa 45 Minuten backen.

## Hutzel- oder Kletzenbrot

*1 1/2 kg Roggenmehl, 1/4 l lauwarmes Wasser, 40 g Hefe, 1 TL Salz, 750 g Kletzen (Birnenschnitze) und 500 g getrocknete Zwetschgen, über Nacht in 1 1/2 l Wasser eingeweicht und dann mit 300 g Zucker gekocht, je 150 g Korinthen und Sultaninen, 250 g kleingeschnittene Haselnüsse, je 80 g in kleine Würfel geschnittenes Zitronat und Orangeat, 250 g in kleine Würfel geschnittene Feigen, 1 gestrichener TL Zimt, 1 TL Nelken, 1 Msp Pfeffer, etwas feiner Anis, 1/8 l Kirschwasser oder Rum*

Mehl sieben, mit Hefe und lauwarmem Wasser einen Vorteig bereiten. Gekochtes Obst auf ein Sieb legen und mit dem abgetropften Obstsaft einen Brotteig zubereiten, der sehr gut abgeschlagen werden muß (45 Minuten!). Nun arbeitet man alle angegebenen Zutaten in den Teig ein, knetet ihn gut und formt längliche Brotlaibe daraus. Diese läßt man über Nacht gehen. Am anderen Tag setzt man sie auf ein gefettetes Blech, bestreicht sie mit Obstbrühe und bäckt sie bei mäßiger Hitze in der vorgeheizten Röhre etwa 1 1/2 Stunden. Bevor man das Früchtebrot aus dem Ofen nimmt, wird es nochmals mit Obstbrühe bestrichen. Hutzelbrot mindestens 8 Tage liegen lassen, damit es gut durchziehen kann.

## Früchtebrot ohne Mehl

*250 g Kletzen (getrocknete Birnen), 250 g Dörrzwetschgen, 250 g Feigen, 125 g Datteln, 125 g Weinbeeren, 125 g geriebene Haselnüsse, abgeriebene Schale 1/2 Zitrone, 1 TL Zimt, 1 Msp Nelken, etwas Farinzucker, etwas Rum oder Arrak.* Zum Bestreichen: *1 Eigelb*

Trockenobst über Nacht in wenig Wasser einweichen (nicht kochen). Am anderen Tag alle Früchte durch die Fleischmaschine drehen, mit den Gewürzen und etwas Zucker vermischen und mit Rum oder Arrak befeuchten. Aus der Masse ein längliches Brot formen, auf ein gefettetes, mit Mehl bestäubtes Blech legen und mit Eigelb bestreichen. In der vorgeheizten Röhre bei schwacher Hitze etwa 1 1/4 Stunden backen.
Dieses Früchtebrot kann man auch in einen Hefeteig wickeln und langsam backen.

## Früchtebrot mit Backpulverteig

*125 g Butter, 125 g Zucker, 4 Eier, getrennt, je 125 g Weizen- und Roggenmehl, 1 Päckchen Backpulver, 300 g Backobst (nicht eingeweicht), je 125 g Sultaninen und Korinthen, abgeriebene Schale 1/2 Zitrone und 1/2 Orange, 1 Msp gemahlener Ingwer*

Butter, Zucker und Eigelb schaumig rühren, nach und nach das mit dem Backpulver vermischte Mehl einrühren und den steifen Eischnee unterziehen. Zum Schluß das gewaschene, in kleine Würfel geschnittene Backobst, gewaschene und getrocknete Sultaninen und Korinthen und die Gewürze leicht unterrühren. Den Teig in eine ausgefettete, mit Mehl ausgestreute Form füllen und erst bei schwacher, dann bei Mittelhitze etwa 70 Minuten backen.

Daß Marzipan nicht aus Lübeck stammt, wissen wir; aber daß es in Lübeck und in Königsberg/Ostpreußen in besonderer Güte hergestellt wird, darüber besteht kein Zweifel. Königsberger unterscheidet sich vom Lübecker Marzipan dadurch, daß es überbacken wird. Es ist dadurch besonders haltbar.
Formen Sie selbst, ganz nach Begabung und Fantasie, aus den unten angegebenen Marzipanmassen kleine Figuren, Brote oder Schnitten, die Sie dann beliebig glasieren oder auch mit kandierten Früchten verzieren können.

## Marzipanmasse

*a) 150 g geschälte, geriebene Mandeln, 300 g Puderzucker, etwas Rosenwasser*

Die Mandeln mit dem Zucker im Mörser ganz fein stoßen und auf einem mit Zucker bestreuten Brett unter Zugabe von etwas Rosenwasser zu einer glatten Masse verarbeiten.

*b) 500 g süße und 5 bittere Mandeln, geschält, 500 g Puderzucker, 1 Eigelb, 3–4 EL Rosenwasser*

Die geschälten Mandeln gut trocknen, zweimal mit dem Zucker zusammen durch die Mandelmühle drehen. Auf einem mit Puderzucker bestreuten Brett mit den übrigen Zutaten gut verkneten.

*c) 125 g süße und 2 bittere Mandeln, geschält, 125 g Puderzucker, etwas Rosenwasser*

Die geschälten Mandeln gut trocknen lassen, fein im Mörser stoßen und mit dem Zucker und Rosenwasser tüchtig verarbeiten. Die Masse über Nacht stehen lassen und am anderen Tage zu beliebigem Konfekt formen.

*d) 100 g Mandeln, 100 g Puderzucker, 1 kleines oder 1/2 großes Eiweiß, etwas Zitronensaft*

Die Mandeln zweimal durch die Mandelmühle drehen und mit den übrigen Zutaten weiter zu einer geschmeidigen Masse verarbeiten.

## Marzipan nach Königsberger Art

*Eine beliebige Marzipanmasse, 1 Eigelb*

Aus der Marzipanmasse kleine gleichmäßige Brezeln und Schnecken formen. Diese mit Eigelb bepinseln und mit einem erhitzten Marzipaneisen überbacken.

## Marzipanmasse besonders fein

*500 g Mandeln, davon einige bittere, 500 g Puderzucker, etwas Rosenwasser*

Man verwendet hierfür große Mandeln, die man 24 Stunden in kaltes Wasser legt, dann läßt sich die Haut gut abschälen und sie bleiben schön weiß. Nach dem Schälen legt man sie wieder in kaltes Wasser, das man öfters wechseln muß. Danach werden sie gut abgetrocknet, durch eine saubere Mandelmühle gedreht und im Mörser so fein wie möglich gestoßen. Dann gibt man die Mandeln, 300 g Zucker und das Rosenwasser in einen Kupferkessel. Die Masse nun mit einem neuen Holzlöffel auf dem Herd abrühren, bis sich ein Kloß zusammenballt. Diesen gibt man auf ein Brett und knetet den restlichen Zucker darunter.

## Marzipanpralinen

*250 g gekauftes Marzipan, 125 g Puderzucker, etwas Kirsch- oder Aprikosenlikör.* Zum Überziehen: *Kuvertüre*

Marzipan mit dem gesiebten Puderzucker vermischen und mit beliebigem Likör abschmecken. Auf einem mit Puderzucker bestreuten Brett ausrollen und runde oder eckige Scheiben ausstechen. Mit Kuvertüre überziehen und trocknen lassen.

## Quittenkonfekt

*250 g dick eingekochte Quittenkonfitüre, 50 g feingeschnittenes Orangeat, 50 g geschälte und grobgehackte Mandeln.* Zum Überziehen: *Kuvertüre*

Unter die Quittenkonfitüre die Geschmackszutaten mengen und die Masse auf eine geölte Porzellanplatte streichen. Einige Tage an einen warmen Ort stellen, bis die Masse trocken ist. Danach in beliebige Formen schneiden oder ausstechen und mit Kuvertüre überziehen.

## Schokoladen-Rumkugeln

*100 g geriebene Schokolade, 100 g Puderzucker, 50 g geriebene Mandeln, 1 Eiweiß.* Zur Fülle: *1 EL Rum, 20 g Butter, 1 hartgekochtes, passiertes Eigelb, etwas Vanillezucker.* Zum Einwickeln: *Krümelschokolade*

Schokolade, Zucker, Mandeln und Eiweiß zu einer glatten Masse verarbeiten und eine dicke Wurst daraus formen. Von dieser gleichmäßige Scheiben abschneiden und etwas glattdrücken. Zur Fülle die Butter schaumig rühren und die übrigen Zutaten daruntermischen. Diese Creme auf die Scheiben verteilen, die Scheiben zu Kugeln drehen und in Krümelschokolade einhüllen.

## Mohrenkugeln

*100 g geriebene Nüsse oder Mandeln, 100 g Zucker, 1 Eigelb, 1 EL Stärkemehl, etwas Rum.* Zum Überziehen: *50 g erweichte, mit etwas Wasser verdünnte Schokolade.* Zum Einwickeln: *Hagelzucker*

Alle Zutaten gut verrühren und aus der festen Masse kleine, gleichmäßige Kugeln formen. Diese in die erweichte Schokolade tauchen und in Hagelzucker drehen. Auf ein Gitter zum Trocknen legen. Danach in Bonbonkapseln anrichten.

## Ingwerstäbchen

*Einige Ingwerknollen.* Zum Überziehen: *Kuvertüre*

Ingwerknollen in etwa 4 cm lange – nicht zu dicke – Stäbchen schneiden und in Kuvertüre tauchen. Auf einem Pergamentpapier trocknen lassen.

## Nußkipferl

Für den Teig: *225 g Mehl, 1 Ei, 60 g Zucker, 1 Päckchen Vanillezucker, 1 Prise Salz, 150 g Butter oder Margarine.* Für die Füllung: *50 g geriebene Haselnüsse, 50 g geriebene Walnüsse, 75 g Zucker, abgeriebene Schale einer halben Zitrone, 1 Glas (2 cl) Rum, knapp 1/8 l Milch.* Außerdem: *Mehl zum Ausrollen, 75 g Kuvertüre*

*Zubereitung:* Häufen Sie das Mehl auf ein Backbrett oder auf die Arbeitsplatte. Drücken Sie in die Mitte eine Vertiefung, und geben Sie in diese Mulde die restlichen Teigzutaten. Verkneten Sie alles zu einem geschmeidigen Teig. Lassen Sie ihn mit einem Küchentuch zugedeckt im Kühlschrank etwa 30 Minuten ruhen. Inzwischen vermischen Sie die geriebenen Nüsse mit dem Zucker, der abgeriebenen Zitronenschale und dem Rum. Geben Sie die kochendheiße Milch über dieses Gemisch. Lassen Sie es zehn Minuten lang quellen. Verrühren Sie dann alles gut miteinander.
Heizen Sie den Backofen auf 200 Grad vor. Bestäuben Sie die Arbeitsfläche gut mit Mehl. Und rollen Sie den Teig darauf etwa drei Zentimeter dick aus. Radeln Sie mit einem Teigrädchen Dreiecke mit einer Seitenlänge von etwa 5 Zentimeter aus. Und geben Sie einen Teelöffel von der Füllmasse darauf. Rollen Sie die Dreiecke von der breiten Seite her auf, und formen Sie sie zu einem kleinen Hörnchen. Bedecken Sie ein Backblech mit einem ausreichend großen Stück Alu- oder Backfolie. Legen Sie die Hörnchen darauf. Lassen Sie sie im vorgeheizten Backofen in etwa 15 Minuten gleichmäßig braun werden. Abkühlen lassen. Die Kuvertüre im Wasserbad schmelzen lassen und die Hörnchen damit bestreichen.

## Mandeltaschen

*100 g Kartoffelmehl, 400 g Weizenmehl, 75 g Zucker, 1 Päckchen Vanillezucker, 1 Ei, 200 g Butter oder Margarine, 3 Tropfen Bittermandelöl, Mehl zum Ausrollen, 50 g abgezogene, halbierte Mandeln, 1 Eiweiß, 50 g gehackte Mandeln*

*Zubereitung:* Kartoffelmehl, Mehl, Zucker, Vanillinzucker, Ei, Butter oder Margarine und Bittermandelöl mit den Knetspiralen eines elektrischen Handrührgeräts oder in der Küchenmaschine zu einem Teig verkneten. Mit einem Baumwolltuch zudecken und im Kühlschrank 30 Minuten ruhen lassen. Backofen auf 175 Grad vorheizen. Den Teig auf einer bemehlten Arbeitsfläche 2 mm dick ausrollen. Kreise von 6 cm Durchmesser ausstechen. Wenn Sie keine runden Ausstechförmchen haben, können Sie auch ein passendes Glas zum Ausstechen benutzen. Auf eine Kreishälfte je eine halbe Mandel legen. Die andere Teighälfte darüberklappen. Die Teigtaschen mit Eiweiß bepinseln und mit grob gehackten Mandeln bestreuen. Auf ein mit Alufolie oder Backpapier ausgelegtes Backblech setzen und in zehn Minuten im vorgeheizten Backofen (175°) hellgelb backen. In gut schließenden Dosen aufbewahren.

## Vanille-Zitronenschnitten

*250 g Butter oder Margarine, 105 g Zucker, 4 Eigelb, 2 EL saurer Rahm, 375 g Mehl, etwas Mehl zum Ausrollen, 4 Eiweiß, 250 g Zucker, 250 g abgezogene, geriebene Mandeln, 4 Päckchen Vanillezucker, abgeriebene Schale einer Zitrone*

*Zubereitung:* Die Butter oder Margarine rechtzeitig aus dem Kühlschrank nehmen, damit sie weich wird. (Auf keinen Fall durch Erhitzen weich werden lassen.) Zusammen mit dem Zukker unter Zuhilfenahme eines Handmixers oder Schneebesens schaumig rühren. Die vier Eigelb und den sauren Rahm hinzufügen. Nach und nach das Mehl unterrühren, bis ein geschmeidiger, aber fester Teig entsteht. Die Arbeitsplatte gründlich mit Mehl bestäuben und den Teig auf der Arbeitsfläche ausrollen. Mit einem scharfen Küchenmesser in viereckige Schnitten von etwa vier Zentimeter Kantenlänge schneiden. Auf ein mit Alufolie ausgelegtes Backblech legen und über Nacht stehen lassen. Am anderen Tag den Backofen auf 175 Grad vorheizen. Eiweiß zu steifem Schnee schlagen. Zucker, Mandeln, Vanillezucker und Zitronenschale darunterheben. Die Teigschnitten mit dieser Masse bestreichen. In den Backofen auf die mittlere Schiene schieben und in ungefähr 10 bis 15 Minuten hellgelb backen.

## Anisplätzchen

*5 Eier, 500 g Puderzucker, 1 EL Kirschwasser, 1 1/2 EL Anispulver, 1 Msp Salz, 500 g Mehl, etwas Mehl zum Ausrollen und Bestäuben, Butter oder Margarine zum Einfetten*

*Zubereitung:* Schlagen Sie die Eier einzeln über einer Tasse auf, und geben Sie sie dann in eine Schüssel. Sieben Sie den Puderzucker dazu, und schlagen Sie beides schaumig. Rühren Sie Kirschwasser, Anispulver und Salz unter die Masse. Fügen Sie dann nach und nach das Mehl dazu, und verarbeiten Sie die Zutaten zu einem geschmeidigen Teig. Rollen Sie den Teig auf einer bemehlten Arbeitsfläche etwa 1 cm dick aus. Bereiten Sie dann Teigmodel aus Holz (gibt's in Kaufhäusern und Cook-Shops) vor, indem Sie sie innen dünn mit Mehl ausstreuen; überschüssiges Mehl wieder abschütteln. Drücken Sie die Model fest in den Teig, und radeln sie die Motive anschließend mit einem Teigrädchen aus. (Es gibt übrigens Nudelhölzer mit rundherum eingeschnitzten Model-Motiven; damit können Sie die Motive gleich serienweise ausrollen.) Pinseln Sie ein Backblech mit Butter oder Margarine ein. Legen Sie die ausgeradelten Teigstücke darauf, und lassen Sie sie mindestens 24 Stunden ruhen. Zum Backen müssen Sie den Ofen auf 150 bis 175 Grad vorheizen. Schieben Sie das Blech mit den Anisplätzchen in die untere Schiene, und backen Sie sie 15 bis 20 Minuten; sie sollen weiß bleiben. Am besten schmecken diese Plätzchen, wenn sie mindestens vier Wochen kühl und nicht zu trocken gelagert werden – in einer luftdicht schließenden Blechdose.

## Nuß-Marzipantaler

Für den Teig: *150 g Mehl, 1/2 gestrichener TL Backpulver, 75 g Zucker, 1 Päckchen Vanillezucker, 2 EL Wasser, 125 g Butter oder Margarine, 150 g gemahlene Haselnußkerne.* Für den Belag: *250 g Marzipanrohmasse, 150 g gesiebter Puderzucker, gesiebter Puderzucker zum Ausrollen, etwas Johannisbeergelee, 100 g Puderzucker, 2—3 EL Rum, halbierte Pistazien oder kandierte Kirschen zum Verzieren*

*Zubereitung:* Das Mehl auf ein Backbrett häufen. Eine Vertiefung eindrücken. In die Mulde die restlichen Teigzutaten geben. Alles gut verkneten. Falls der Teig kleben sollte, ihn eine Zeitlang in den Kühlschrank stellen. Backofen auf 175 bis 200 Grad vorheizen. Den Teig in kleinen Mengen 1/2 cm dick ausrollen und runde Plätzchen von 4 cm Durchmesser ausstechen. Diese auf ein mit Alufolie bedecktes Backblech legen und acht bis zehn Minuten backen. Auskühlen lassen. Die Marzipanrohmasse mit Puderzucker verkneten und dünn auf gesiebtem Puderzucker ausrollen. Plättchen in der Größe der Nußplätzchen ausstechen. Die Nußplätzchen in der Mitte dünn mit Johannisbeergelee bestreichen und mit einem Marzipanplättchen belegen. Puderzucker sieben und mit Rum glattrühren. Die Plätzchen damit bestreichen und mit Pistazien oder Kirschen garnieren.

## Dattelberge

*200 g Puderzucker, 3 Eiweiß, 250 g Datteln, 125 g süße Mandeln, 125 g Walnußkerne, Oblaten*

*Zubereitung:* Sieben Sie den Puderzucker in eine Schüssel. Fügen Sie das Eiweiß hinzu, und verrühren Sie beides mit einem Schneebesen. Lassen Sie die Masse dann 30 Minuten stehen; in dieser Zeit bekommt sie genau die richtige, klebrig-dicke Beschaffenheit. Inzwischen entsteinen Sie die Datteln und schneiden sie in gleichmäßige kleine Stifte. Überbrühen Sie dann die Mandeln mit kochendem Wasser, und schrecken Sie sie mit kaltem Wasser ab. Dann können Sie die braune Schale ganz leicht abziehen. Schneiden Sie die geschälten Mandeln ebenfalls in Stifte. Hacken Sie die Walnußkerne grob. Mischen Sie nun die zerkleinerten Datteln, Mandeln und Walnüsse, und geben Sie sie zu der Eiweiß-Zucker-Masse. Verrühren Sie alles gut mit einem Teiglöffel oder mit dem elektrischen Handrührgerät auf kleinster Schaltstufe. Heizen Sie den Backofen auf 175 Grad vor. Legen Sie ein Backblech mit Oblaten (Durchmesser 4 cm) aus. Setzen Sie mit zwei Teelöffeln kleine Häufchen der Teigmasse darauf. Backen Sie die Dattelberge dann in 15 bis 20 Minuten goldbraun.

## Sternkuchen

*250 g gemahlene Haselnußkerne, 150 g Zucker, 1 Päckchen Vanillezucker, 2 Tropfen Bittermandelöl, 250 g Mehl, 4 gestrichene TL Backpulver, 2 Eier, 1/8 l Milch, 250 g Puderzucker, 1 Eiweiß, 100 g Schokoladenkaffeebohnen, 9 rosa Bonbons, 7 grüne Bonbons, grüne Speisefarbe, 8 kleine Lebkuchenherzen*

Haselnüsse mit Zucker, Vanillezucker, Bittermandelöl, Mehl und gesiebtem Backpulver mischen. Dann nach und nach Eier und Milch unterrühren. Der Teig muß schwer reißend vom Löffel fallen. Den Teig in eine mit Pergament ausgelegte Kuchenform (27 cm Durchmesser) geben. Bei Mittelhitze 25 bis 30 Minuten backen. Garprobe mit einem Holzspießchen machen: Klebt nichts mehr am Spieß, ist der Kuchen gar. Den Kuchen auf ein Kuchengitter stürzen und abkühlen lassen. — Aus Pappe einen Stern mit acht Zacken von 27 Zentimeter Durchmesser ausschneiden. Die Schablone auf den Nußkuchen legen und mit einem Messer den Stern ausschneiden. Puderzucker mit dem etwas verrührten Eiweiß und etwas heißem Wasser zu einem glatten Guß verrühren. Den Sternkuchen damit überziehen (Rest aufbewahren). Den Kuchen wie auf der Abbildung mit Schokoladenkaffeebohnen verzieren und auf eine runde Platte geben. Den noch übrigen Zuckerguß grün färben. Die Lebkuchenherzen damit überziehen und um den Sternkuchen legen.

## *Der Christstollen*

Seit dem 14. Jahrhundert wird eigens für Weihnachten Gebäck angefertigt. Das können Weihnachtssemmeln oder -wecken sein, doch das berühmteste Backwerk bis zum heutigen Tag ist der Dresdner Stollen, der erstmals 1329 in einer Chronik auftaucht. Fast genauso beliebt ist der Nürnberger Lebkuchen, von dem man annimmt, daß Mönche seine Erfinder waren. Die unbedingt zum Backen notwendigen Gewürze bezog man früher aus Venedig, das weltberühmt für seine Spezereien war.

### Hefeteig, Grundrezept für Christstollen

*500 g Mehl, 25 g Hefe, knapp 1/4 l lauwarme Milch, 50–80 g Zucker, 50–80 g Fett, 1 Prise Salz, 1 Ei, abgeriebene Schale 1 ungespritzten Zitrone*

Die Hefe muß frisch und alle anderen Zutaten müssen handwarm sein. Bei schweren Teigen (mit viel Fett, Mandeln usw.) rechnet man, je nachdem, 30–50 g Hefe.

Sieben Sie das Mehl in eine nicht zu kleine Schüssel, in die Mitte drücken Sie eine Vertiefung, bröckeln die Hefe hinein, bestreuen sie mit etwas Zucker, verrühren sie mit einigen Löffeln lauwarmer Milch und nehmen von dem Mehlrand etwas Mehl dazu. Sie können auch in einem kleinen Töpfchen die zerbröckelte Hefe mit Zucker und lauwarmer Milch verrühren und in die Mehlgrube gießen und mit etwas Mehl verrühren. (Diesen Ansatz nennt man Hefestück, Dampferl, Teiglein oder Vorteig.)

Nun decken Sie die Schüssel mit einem sauberen Tuch zu und stellen sie an einen warmen Ort.
Der Teig muß sowohl vor Hitze (besonders von unten) und vor Zugluft geschützt werden. Sobald sich in dem Hefestück kleine Bläschen bilden, in etwa 3–5 Minuten, können Sie den Teig weiter verarbeiten. Sie geben nach und nach die übrigen Zutaten unter das Mehl – die Butter in weichem oder flüssigem, aber nicht heißem Zustand – und schlagen den Teig so lange, bis er Blasen wirft und sich von der Schüssel löst. Hierauf bedecken Sie den Teig wiederum mit einem Tuch, stellen ihn wieder an einen warmen Ort und lassen ihn gehen, bis er sich verdoppelt hat. Danach verarbeiten Sie ihn weiter, je nach Rezept, und lassen ihn geformt auf dem gefetteten Blech nochmals einige Minuten gehen. Dann backen Sie ihn bei Mittelhitze in der vorgeheizten Röhre.

## Stollen aus Knetteig

*500 g Mehl, 1 Päckchen Backpulver, 200 g Zucker, das Ausgeschabte einer Vanilleschote, etwas Salz, etwas Bittermandelöl, 2 EL Rum, Schale 1/2 ungespritzten Zitrone, 1 Msp Kardamom, 1 Msp Muskatblüte, 2 Eier, 125 g Butter, 50 g Rinderfett, 250 g trockener Quark, 125 g Korinthen, 125 g Rosinen, 125 g gemahlene Mandeln, 40 g feingehacktes Zitronat.* Zum Bestreichen: *50 g Butter.* Zum Bestreuen: *50 g Puderzucker*

Mehl und Backpulver mischen und auf ein Brett sieben. In die Mitte eine Vertiefung drücken, Zucker, Gewürze und Eier hineingeben und mit einem Teil des Mehls zu einem dicken Brei verarbeiten. Die in Stücke geschnittene kalte Butter, das feingehackte Rinderfett, den durch ein Sieb gestrichenen Quark, Korinthen, Rosinen, gemahlene Mandeln und feingehacktes Zitronat hinzufügen. Mit Mehl bedecken und alle Zutaten zu einem glatten Teig verkneten. Falls er klebt, noch etwas Mehl dazugeben. Zu einem Stollen formen, auf ein gefettetes Pergamentpapier oder ›Blechrein‹ belegtes Bachblech geben. Nach dem Backen mit zerlassener Butter bestreichen und dick mit Puderzucker bedecken.
Backhitze: 200 Grad, Backzeit: 60–70 Minuten

## Stollen, einfach

*1 kg Mehl, 80 g Hefe, etwa 1/4 l Milch, 180 g Zucker, 125 g Margarine, 125 g Schmalz, 1 Msp Salz, 250 g Rosinen, 150 g in kleine Würfel geschnittenes Zitronat, 125 g geschälte, gestiftelte Mandeln (Fertigprodukt).* Zum Bestreichen: *50 g zerlassene Butter.* Zum Bestreuen: *Puderzucker*

Nach Vorschrift einen Hefeteig bereiten und nach dem Abschlagen die Rosinen, Zitronat und Mandeln einarbeiten. Den Teig gehen lassen, einen Stollen formen, diesen auf das gefettete Backblech legen und nochmals kurze Zeit gehen lassen. Mit lauwarmer Butter bestreichen und im vorgeheizten Rohr schön goldbraun backen. Danach dick mit Puderzucker bestreuen.
Backhitze: 200 Grad, Backzeit: 70 Minuten

## Dresdner Weihnachtsstollen

*1 kg Mehl, 100 g Hefe, 1/4 l Milch, 200 g Zucker, 375 g Butter, 2 Eier, 200 g geschälte, gemahlene süße Mandeln, 25 g geschälte, gemahlene bittere Mandeln oder 1 Flasche Bittermandelöl, je 180 g Rosinen und Korinthen, je 80 g kleingeschnittenes Orangeat und Zitronat, abgeriebene Schale 1 ungespritzten Zitrone, 2 EL Rum, etwas Salz, 1 TL Zimt, 1 Msp Kardamom, 1 Msp Nelkenpulver.* Zum Bestreichen: *125 g zerlassene Butter.* Zum Bestreuen: *mit Vanille gewürzter Puderzucker*

Einen Hefeteig herstellen, am Brett sehr gut durcharbeiten, bis er ganz glatt und geschmeidig ist. Dann erst Mandeln, Rosinen, Korinthen, Zitronat, Orangeat und Gewürze einarbeiten. Den Teig schon wie einen Stollen formen, mit einem Tuch bedecken und an einem warmen Ort 30 Minuten gehen lassen. Danach die Teigrolle mit dem Nudelholz in der Mitte gut eindrücken, so daß zwei nur durch eine dünne Teigschicht verbundene Hälften entstehen. Die eine Seite über die andere schlagen, nach innen einrollen, damit der Stollen an dieser Seite hoch, an der Umbruchseite niedrig ist. Den so geformten Stollen auf ein gefettetes, mit Mehl bestäubtes Blech setzen, nochmals gehen lassen, dann reichlich mit zerlassener Butter bestreichen und im

vorgeheizten Rohr backen. Nach dem Backen, noch heiß, wiederum mit Butter bestreichen, mit Puderzucker bestreuen; das Bestreichen mit Butter und Zucker öfters wiederholen.
Backhitze: 190 Grad, Backzeit: ca. 80 Minuten

## Rosinenstollen

*500 g Mehl, 40 g Hefe, knapp 1/4 l Milch, 80 g Zucker, 200 g Butter, 350 g in einem Tuch abgeriebene, mit 3 EL Rum getränkte Sultaninen, 30 g feingehacktes Zitronat, einige Tropfen Bittermandelöl, 1 Prise Salz.* Zum Bestreichen: *50 g zerlassene Butter.* Zum Bestreuen: *Puderzucker*

Aus den Zutaten einen gut durchgearbeiteten Hefeteig herstellen und an einem warmen Ort gehen lassen. Wenn sich der Teig verdoppelt hat, einen Stollen oder einen geflochtenen Striezel formen. Diesen auf ein gefettetes Blech setzen, nochmals gehen lassen, mit zerlassener Butter bestreichen und im vorgeheizten Rohr zu schöner brauner Farbe backen. Während des Backens öfters mit Butter bestreichen. Noch heiß dick mit Puderzucker bestreuen.
Backhitze: 200 Grad, Backzeit: ca. 55 Minuten

## Mandelstollen

*500 g Mehl, 50 g Hefe, knapp 1/4 l Milch, 150 g Zucker, 250 g Butter, 2 Eigelb, 250 g geschälte, geriebene Mandeln, einige Tropfen Bittermandelöl, 1 Prise Salz, 1 EL Rum.* Zum Bestreichen: *50 g zerlassene Butter.* Zum Bestreuen: *50 g geschälte, blättrig geschnittene Mandeln und Puderzucker*

Den Hefeteig wie üblich herstellen, gut durcharbeiten und an einem warmen Ort etwa 30 Minuten gehen lassen. Danach auf einem bemehlten Brett einen Stollen formen, auf ein gefettetes Blech legen und nochmals zugedeckt gehen lassen. Bevor der Stollen in den vorgeheizten Ofen kommt, mit zerlassener Butter bestreichen und mit blättrig geschnittenen Mandeln bestreuen. Noch heiß dick mit Puderzucker bestreuen.
Backhitze: 200 Grad, Backzeit: ca. 55 Minuten

## Quarkstollen

*500 g Mehl, 1 Päckchen Backpulver, 200 g Zucker, 1 Päckchen Vanillezucker, 1/2 TL Salz, abgeriebene Schale je 1/2 ungespritzten Zitrone und Orange, je 1 Msp Muskat, Zimt und Kardamom, 2 Eier, 200 g Butter, 250 g Quark, je 125 g gewaschene, getrocknete Rosinen und Korinthen, 125 g geschälte, gemahlene Mandeln, je 50 g in kleine Würfel geschnittenes Zitronat und Orangeat, 2 EL Rum.* Zum Bestreichen: *50 g Butter.* Zum Bestreuen: *Puderzucker*

Mehl mit dem Backpulver mischen und auf ein Brett sieben. In die Mitte eine Grube drücken. Zucker, Vanillezucker, Gewürze und Eier hineingeben. Diese Zutaten mit einem Messer zusammen verarbeiten. Über das Gemenge die in Stückchen geschnittene Butter und den Quark verteilen, die übrigen Zutaten darüberstreuen und alles zu einem glatten Teig verarbeiten. Wenn nötig, noch etwas Mehl zugeben. Aus dem Teig einen Stollen formen, ihn auf ein mit gefettetem Pergamentpapier belegtes Blech legen und im vorgeheizten Rohr schön hellbraun backen. Mit zerlassener Butter bestreichen und dick mit Puderzucker bestreuen.
Backhitze: 180 Grad, Backzeit: ca. 60 Minuten

## Böhmischer Weihnachtsstriezel

*1 kg Mehl, 60 g Hefe, 250 g Zucker, 1/3–1/2 l Milch, 250 g Butter, 2 Eigelb, 100 g Rosinen, 100 g geschälte, dünn geschnittene Mandeln, 70 g feingeschnittenes Zitronat, 1 Flasche Bittermandelöl oder einige geschälte, dünn geschnittene bittere Mandeln, 1/2 TL Salz, etwas Anis, etwas Muskatgewürz, abgeriebene Schale 1 Zitrone.* Zum Bestreichen: *etwa 80 g zerlassene Butter.* Zum Bestreuen: *Puderzucker*

Aus den angegebenen Zutaten einen Hefeteig bereiten und diesen gut aufgehen lassen. Darauf den Teig in 9 gleiche Stücke teilen und jedes zu einer langen Rolle formen. Aus 4 Rollen auf einem gefetteten Blech die Unterlage des Striezels flechten, aus

3 Rollen die mittlere Lage und aus 2 Rollen den obersten Teil. Die Enden des obersten Teiles fest andrücken und unter den untersten Teil stecken. Den Striezel mit zerlassener Butter bestreichen, an einem warmen Ort zugedeckt etwa 1/2 Stunde gehen lassen und dann im vorgeheizten Rohr langsam backen. Ist der Striezel fertig, nochmals mit Butter bestreichen und dick mit Puderzucker bestreuen.
Backhitze: 200 Grad, Backzeit: ca. 1 Stunde

## Stollen aus Hefeblätterteig

*500 g Mehl, 40 g Hefe, knapp 1/4 l Milch, 50 g Zucker, 50 g Butter, 2 Eigelb, 1/2 TL Salz, abgeriebene Schale 1/2 ungespritzten Zitrone.* Zum Belegen: *200 g kalte Butter.* Zur Fülle: *125 g geschälte, gehackte Mandeln, 125 g Rosinen, 50 g Zucker.* Zum Bestreichen: *1 Eigelb, 60 g zerlassene Butter.* Zum Bestreuen: *Puderzucker*

Aus den Zutaten einen mittelfesten Hefeteig zubereiten und diesen an einem warmen Ort aufgehen lassen, bis er sich fast verdoppelt hat. Dann an einem kühlen Ort rasten lassen, bis er steif geworden ist (nicht im Keller und nicht im Kühlschrank). Danach den Teig zu einem 1 cm dicken Rechteck ausrollen. Die eine Teighälfte mit dünnen Butterscheiben belegen, die andere Teighälfte darüberschlagen. Ränder leicht andrücken und nach der offenen Seite hin wieder zu einem 1 cm dicken Rechteck ausrollen. Wieder zusammenlegen, nochmals ausrollen und nochmals zusammenlegen. Daraufhin den Teig 10 Minuten rasten lassen (nicht warm stellen!). Wieder zweimal ausrollen, zusammenlegen und rasten lassen. Diesen Vorgang noch ein drittes Mal wiederholen. Nun den Teig dünn ausrollen, mit zerlassener Butter bepinseln, mit Mandeln, Rosinen und Zucker bestreuen, zusammenrollen und auf ein mit kaltem Wasser bespritztes Blech legen. An einem warmen Ort aufgehen lassen, mit verquirltem Eigelb bestreichen und im vorgeheizten Rohr hellbraun backen. Den noch warmen Stollen mit zerlassener Butter bestreichen und mit Puderzucker bestreuen.
Backhitze: 220 Grad, Backzeit: ca. 40 Minuten
Dieser Stollen schmeckt frisch am besten.

## Wiener Mohnstrudel

*250 g Mehl, 25 g Hefe, 1/8 l lauwarme Milch, 80 g Butter, 50 g Zucker, 1 Ei, 1 Msp Salz, abgeriebene Schale 1/2 Zitrone.* Zum Bestreichen: *50 g Butter.* Zur Fülle: *250 g gemahlener Mohn, 100 g Zucker, 1 EL Honig, 1/4 l Milch, 40 g Semmelbrösel, 1/2 TL Zimt, 1 TL Rum.* Zum Bestreichen: *1 verquirltes Eigelb.* Zum Bestreuen: *Puderzucker*

Aus den angegebenen Zutaten einen mittelfesten Hefeteig herstellen und gehen lassen. Danach auf einem bemehlten Brett 1 cm dick ausrollen, mit zerlassener Butter bepinseln und mit Mohnfülle – einen 2 cm breiten Streifen am Rand frei lassen – dick bestreichen. Für die Fülle alle Zutaten mischen und fast bis zum Kochpunkt erhitzen. Die Fülle darf nicht zu weich, sie muß nur streichfähig sein. Den Teig zusammenrollen, auf ein gefettetes Blech legen und zugedeckt nochmals gehen lassen. Danach mit zerlassener Butter bestreichen und im vorgeheizten Rohr goldbraun backen. Wenn der Strudel aus dem Rohr kommt, wieder mit Butter bestreichen und Puderzucker bestreuen.
Backhitze: 200 Grad, Backzeit: ca. 30 Minuten

## Ungarischer Mohnstrudel
(6 Personen)

*250 g trockenes Mehl, 1 Msp Salz, 1 Eigelb, 20 g Fett, 1/10 l lauwarmes Wasser, knapp 1/10 l saure Sahne.* Zur Fülle: *300 g gemahlener Mohn, 200 g Zucker, knapp 1/4 l Milch, 1 geschälter, geriebener Apfel, 50 g Rosinen, abgeriebene Schale 1/2 Zitrone.* Zum Bestreuen: *Puderzucker*

Das Mehl auf ein Brett sieben, in die Mitte eine Grube machen, da hinein alle übrigen Zutaten geben und mit Hilfe eines Messers alles gut vermischen. Den Teig mit den Händen so lange abarbeiten, bis sich keine Blasen mehr bilden und er sich von Fingern und Brett völlig löst. Dann den Teig mit einer vorgewärmten Schüssel zudecken und 20 Minuten ruhen lassen. Inzwischen für die Fülle Mohn, Zucker und Milch aufkochen las-

sen und kalt stellen. Erkaltet mit geriebenem Apfel, Rosinen und Zitronenschale vermischen. Den Teig auf ein bemehltes Tuch legen, mit dem Nudelholz leicht etwas flachdrücken, dann den Teig von der Mitte aus mit den Fingern so dünn als möglich ausziehen. Er darf dabei keine Löcher bekommen. Den dikken Rand dieses papierdünnen Teiges schneidet man ab. Die Teigplatte mit flüssigem Fett bespritzen, die Mohnfülle darauf verteilen und mit Hilfe des Tuches zusammenrollen. Den Strudel auf ein gefettetes Blech legen, mit flüssigem Fett oder einem verquirlten Eigelb bestreichen und im vorgeheizten Rohr bräunlich backen.
Backhitze: 200 Grad, Backzeit: ca. 25 Minuten

# Vorkochen für Weihnachten

*Diese Weihnachtsmenüs können Sie einfrieren

**I. Mittagessen**

*Suppeneintopf mit Brötchen

**Abendessen**

Belegte Brote

**II. Mittagessen**

Spaghetti mit
*Fleischsauce
Endiviensalat

**Abendessen**

Karpfen blau
*Sahnemeerrettich
Petersilienkartoffeln
*(Petersilie)
Heiße Sauerkirsche mit
*Vanilleeis

### III. Mittagessen

Gänsebraten mit
*Leberfüllung
*Rotkohl
*Klöße
*Quark-Zitronen-Creme mit Mandarinen

### Abendessen

Geflügelsalat mit Gemüse (Dose),
Toast und Butter

### IV. Mittagessen

*Überbackenes Rindfleisch
Erbsen- und Möhrengemüse
(Dose oder tiefgekühlt)
Kartoffelbrei
*Weincreme

### Abendessen

Käseplatte, Birnen, Walnüsse,
Butter und Brot

## Arbeitsplan

I. Suppeneintopf auftauen. – Die vorbestellte Gans von 2 bis 2½ kg abholen. Im Kühlschrank tauen lassen. – Karpfen von 1,5 bis 1,6 kg kaufen. Im Kühlschrank zugedeckt aufheben.
II. Mittags Fleischsauce antauen und erhitzen. – Spaghetti kochen, mit Reibkäse vermischen. – Endiviensalat zubereiten. – Kartoffeln fürs Abendessen schälen. Abends Karpfen zubereiten. – Kartoffeln kochen. – 1 Glas Sauerkirschen mit Zucker und etwas Rum erhitzen.
III. Gänsefüllung und Quarkcreme auftauen. – Klöße unaufgetaut in kochendes Wasser geben. – Creme mit Madarinen garnieren. – Gänsesauce bereiten. Für abends Salat aus Gänsebratenresten und Gemüse bereiten.
IV. Mittags Fleischscheiben auftauen und überbacken. – Gemüse und Kartoffelbrei zubereiten. Abends Käsesorten anrichten, mit geschälten Birnen und Walnußhälften garnieren.
Diese Gerichte können Sie jetzt oder im Laufe der nächsten Wochen zubereiten und einfrieren (Rezepte für 4 Personen):

## Suppeneintopf

*1,5 kg nicht zu fettes Rindfleisch zum Kochen (ein gleichmäßiges Stück aussuchen, damit Sie später schöne Scheiben daraus schneiden können), Salz, 1 Bund Suppenkraut, 1 Zwiebel, 1 Lorbeerblatt, 6 Pfefferkörner, 2 Pakete tiefgekühltes Suppengemüse (oder 750 g Porree, Möhren, Wirsing und Sellerie), Pfeffer, Curry, Muskat*

Rindfleisch in zwei Liter kochendes Salzwasser legen und eineinhalb Stunden garen lassen. Nach 30 Minuten geputztes Suppenkraut, Zwiebeln, Lorbeerblatt und Pfefferkörner zugeben. Das Fleisch aus der Brühe nehmen. Acht Scheiben davon abschneiden (für das überbackene Rindfleisch). Das restliche Fleisch würfeln. Tiefgekühltes oder geputztes kleingeschnittenes Suppengemüse in der durchgesiebten Fleischbrühe knapp gar kochen. Mit Salz, Pfeffer, Curry und Muskat würzen. Das gewürfelte Fleisch zugeben. Erkalten lassen. Einfrieren.

## Fleischsauce (für Spaghetti)

*250 g Beefsteakhackfleisch, 125 g gemischtes Hackfleisch, 3 EL Öl, 3 Zwiebeln, 1 Stück abgeschälte Zitronenschale, 1 mittlere Dose Tomatenmark, 3/8 l Fleischbrühe (Würfel), Salz, Pfeffer, Thymian, Rosmarin, Basilikum*

Beefsteakhackfleisch und gemischtes Hackfleisch in Öl anbraten. Zwiebelwürfel fünf Minuten mitrösten. Zitronenschale, Tomatenmark und Fleischbrühe zugeben. Aufkochen lassen. Mit Salz, Pfeffer, Thymian, Rosmarin und Basilikum kräftig würzen. Die Sauce 45 Minuten auf kleiner Flamme einkochen lassen. In ein Gefriergefäß füllen und erkaltet einfrieren.

## Sahnemeerrettich (für den Karpfen)

*1/4 Stange Meerrettich, 2–3 EL Weinessig, Salz, 1/2–1 TL Zucker, 1/4 l steifgeschlagene Sahne*

Meerrettich schälen, fein raffeln und mit Weinessig, Salz und Zucker würzen. Alles unter die Sahne heben. Sahnemeerrettich in vier kleine Förmchen füllen. Einfrieren.

## Leberfüllung (für den Gänsebraten)

*250 g Rinderleber, 250 g Bratwurstfülle, 1 Zwiebel. 125 g gehackte Mandeln, 1 Ei, 1 eingeweichtes Brötchen, Salz, Pfeffer, Majoran, 1 Bund Petersilie*

Rinderleber ganz fein hacken oder durch den Fleischwolf drehen. Mit Bratwurstfülle, geriebener Zwiebel, Mandeln, Ei, Brötchen, Salz, Pfeffer, Majoran und gehackter Petersilie vermischen. Einfrieren.

## Kartoffelklöße

Klöße aus Pulver oder frischen Zutaten formen, nebeneinander auf einem Küchenbrett eine Stunde vorfrieren lassen, dann schnell in Plastikbeutel füllen, verschließen, wieder ins Tiefkühlgerät legen.

## Quark-Zitronencreme

*250 g Magerquark, 125 g Sahnequark, 2 Päckchen Vanillezucker, Saft von 2 Zitronen, Zucker, eventuell etwas Milch*

Quark, Vanillezucker, Zitronensaft und Zucker nach Geschmack verrühren. Ist die Creme zu fest, noch etwas Milch unterrühren. In Portionsschälchen einfrieren.

## Weincreme

*³/₈ l Weißwein, etwas Zimt, 1 Nelke, 1 Streifen Zitronenschale, 4 Eier, 3 EL Zucker, 4 Blatt Gelatine*

Wein mit Zimt, Nelke und Zitronenschale auf kleiner Hitze ziehen lassen, durchseihen, auskühlen. Eigelb mit Zucker und ausgekühltem Wein im Wasserbad unter Rühren dicklich werden lassen, nicht kochen. Aufgelöste Gelatine unterrühren, steifgeschlagenes Eiweiß unterheben. In eine Form füllen, erstarren lassen, einfrieren.

### Überbackenes Rindfleisch

*8 Scheiben gekochtes Rindfleisch (vom Suppentopf), 100 g durchwachsener Speck, 2 Zwiebeln, 1 Bund Petersilie, 4 EL Semmelbrösel, 100 g Reibkäse, Salz, Pfeffer, Zitronensaft, je 1/4 TL getrocknetes Basilikum und Thymian*

Rindfleischscheiben nebeneinander auf eine große oder zwei kleine Aluminiumschalen legen. Sehr fein geschnittene Speckwürfel ausbraten. Geriebene Zwiebeln zwei Minuten mitdünsten. Semmelbrösel zugeben, kurz durchrösten und in eine Schüssel füllen, Käse darunterrühren und alles mit Salz, Pfeffer, Zitronensaft und getrockneten Kräutern kräftig würzen. Die Masse auf die Fleischscheiben streichen. Schalen verschließen und einfrieren.

# Geschenkvorbereitungen

## *Geschenke zum Selbermachen*

### Apfelkörbchen

Kleinigkeiten sind es meist, die einen einfachen Gegenstand in ein hübsches Geschenk verwandeln, hier zum Beispiel ein Weidenkörbchen. Wir füllen es mit roten Äpfeln, die wir auf dem Markt oder im Obstgeschäft gekauft haben, und die auf Hochglanz poliert worden sind. Aus rotem Seidenband machen wir große Schleifen, die wir an den beiden Henkeln befestigen. So ›verpackt‹ wird dieses brauchbare Geschenk noch einmal soviel Freude bereiten.

## Frühstücksbrettchen mit Stern

Wir brauchen dazu: ein Holzbrettchen, Holzperlen in zwei Größen, 12 und 4 mm, einen Messingring, 18–20 mm Durchmesser, ein Seidenband und Klebstoff (Pattex)

Das Frühstücksbrettchen ist schnell gekauft, und fast so schnell ist der Strahlenstern gemacht. Das geht folgendermaßen:
Wir nehmen den Bindfaden und befestigen eine kleine Perle, dann ziehen wir vier große auf, und fertig ist der erste Strahl des Sterns. Der Bindfaden wird am Messingring befestigt, und wenn wir acht Strahlen fertig haben, fädeln wir für die Mitte kleine Perlen auf, die wir dann mit Pattex auf den Messingring kleben. Ganz in die Mitte kommt noch eine große Perle, die wir ebenfalls aufkleben.
Um den Stern leicht wieder vom Brettchen lösen zu können, befestigen wir ihn am besten mit einem beidseitig klebenden Tesaband. Dann kommt eine Schleife an den Griff des Brettchens, und das Geschenk ist fertig.

## Kerzen einmal anders

Wir brauchen dazu: einfarbige, gleich dicke Wachskerzen, 18–20 cm lang, ein paar Gummiringe, eine breite Borte

Hieraus machen wir ein Geschenk, das besonders Liebhabern von Kerzenlicht sehr gefallen wird: Wir nehmen 7 Kerzen, die wir mit den Gummiringen in der Mitte zusammenhalten. Darüber kommt eine breite Borte, die nicht nur die Aufgabe hat, die Gummiringe zu verdecken, sondern dem Kerzenbündel die besondere schmückende Note zu geben. Die Borte nähen wir mit ein paar Stichen zusammen. Ob wir verschiedenfarbige Kerzen oder Kerzen einer Farbe wählen, bleibt uns ebenso überlassen wie die Wahl der Borte. Handarbeits- und Kurzwarengeschäfte bieten eine große Auswahl.

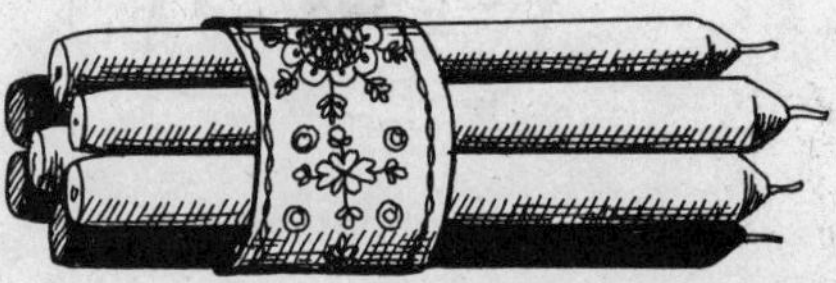

## Geschenkanhänger

Geschenkanhänger aus farbigem Karton ausschneiden und mit vorgestanztem, gummiertem Buntpapier bekleben.

## Topfhandschuhente

Die Topfhandschuhente wird aus farbigem Filz zugeschnitten, die äußeren Kanten werden erst zusammengeklebt und dann umnäht. Als Füllung Watte.

## Weihnachtsstrauß

Ein Weihnachtsstrauß welkt nicht, wenn er aus getrockneten Pflanzen besteht. Farnblätter, Mohnkapseln und Trockenblumen mit Bronze- und Kupferlack besprühen.

## Lustige Kissen

Aus festem Futterstoff in verschiedenen Farben werden lustige Kissen genäht. Auf die Streifen, aus denen später Früchte und Blätter ausgeschnitten werden, vorher Vlieseline aufbügeln. Die Applikationen werden mit Zickzackstichen aufgenäht.

## Kissen mit Blumenmotiv

Mit wenig Geld und Mühe erzielt man einen großen Effekt. Auf Kissen aus einfachem Baumwollstoff werden gehäkelte Blumenmotive appliziert. Je nach Vorrat und Geschmack benutzt man bunte Reste Lurex- oder Baumwollgarn.

## Nelkenorange

Wie rundum aufgeplusterte Igel wirken originelle Nelkenorangen. Frische Orangen werden möglichst dicht mit Nelken gespickt. Man kann sie aufbewahren, sie werden nicht schlecht.

## Hübsche Kleinigkeit

Auch nicht so begabte Selbermacher können sich dieses Geschenk zutrauen: Auf fertig gekaufte Geschirrtücher werden die Monogramme und ganz unregelmäßig Herzen oder andere Motive gemalt. Es geht auch mit Kartoffeldruck. Natürlich können Sie auch Leinen kaufen und die Tücher selbst nähen.

## Weihnachtskarten

Als ganz persönliche Weihnachtskarte dienen exotische Trockenblätter, die es beim Floristenbedarf gibt. Wichtig: In Seidenpapier verpacken. Dazu: gleichfarbige Kuverts. Darauf: dunkelbraune Schrift.

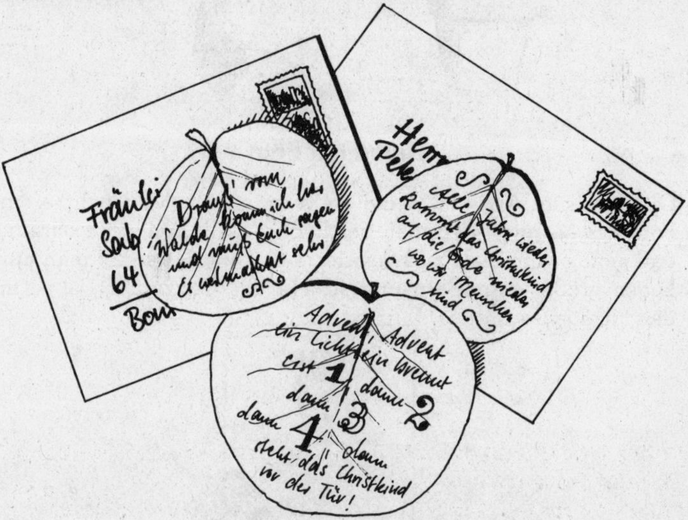


## Bemalte Glassachen

Glas sollte nur bemalt werden, wenn es eine glatte Oberfläche hat. Zunächst Schmutz und Fett mit Nagellackentferner beseitigen. Vorsicht: Malen auf gewölbter Oberfläche ist nicht einfach. Man benutzt dazu Glas- oder Dekomalfarbe. Bei 120 Grad werden Glasteile im Ofen gebrannt.

## Nadelkaktus

Praktisch für Stecknadeln ist dieser gehäkelte Kaktus. Aus festen Maschen wird eine Kugel gehäkelt, mit Watte ausgestopft, Blüte und Trieb angeheftet. In Gips pflanzen.

## Hemd mit Foto

Die witzigste Art, ein Hemd zu verschenken. Man nehme ein Foto des Mannes, den man beschenken will, und achte darauf, daß genug vom Hals zu sehen ist. Kopf und Hals läßt man auf Lebensgröße vergrößern und schiebt das Ganze auf Pappe in den Hemdausschnitt.

## Geschenktüte

Alle geheimen Weihnachtswünsche haben in dieser Tüte Platz. Sie ist aus Packpapier und wird weihnachtlich beklebt.

## Bunte Gewürzbeutel

Für Amateurköche, für die ein reichlicher Gewürzvorrat wesentlicher Bestandteil ihrer Ausrüstung ist, sind diese bunten Gewürzbeutel das passende Geschenk. Die länglichen Beutel entstehen aus Stoffresten, Schnupftüchern oder bunten Geschirrtüchern. Oben werden sie zusammengezogen und mit langen Bändern zum Aufhängen versehen. Unter dem Weihnachtsbaum sollten die Säckchen prall mit Gewürzen gefüllt sein. Am Adventskranzständer aufhängen.

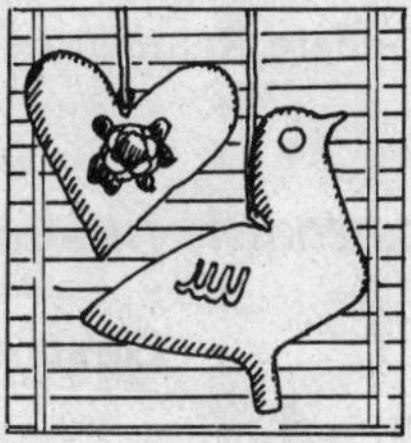

## Arbeiten mit Formmasse

Brennbare Formmasse, das Material für einen preiswerten Anhänger, gibt es in zehn verschiedenen Farben. Herz und Vogel werden mit Backförmchen ausgestochen, bemalt und dann im Backofen gebrannt. Weil die Masse nach dem Brennen matt ist, wird sie mit Klarlack übersprüht. Loch für die Kette nicht vergessen!

## Matte aus Stoffresten

Aus Stoffstreifen können Sie einen bunten Badezimmerteppich flechten. Jeweils drei verschiedenfarbige Streifen (3 cm breit) zu Zöpfen flechten und zu einem Kreis zusammennähen.

## Strickgemüse

Wenn Sie einen Korb, Teller oder ein Tablett verschenken wollen, ist buntes Strickgemüse eine gelungene Dekoration. Man kann es sowohl stricken als auch häkeln. Aus bunten Wollresten entstehen im Handumdrehen Lauch, Blumenkohl, Radieschen, Karotten.

## Fotos am laufenden Band

Ein ideales Geschenk für Verwandte und liebe Freunde: Kleben Sie viele große und kleine Fotos von sich – Kinderbilder, Hochzeitsfotos, Urlaubserinnerungen – dicht nebeneinander auf einen Bogen Papier, so daß ein Bild entsteht. Das Ganze wirkt sehr dekorativ in einem Glaswechselrahmen. Natürlich können Sie auch andere Rahmen nehmen.

# *Checkliste für Geschenke bis 100 DM*

## Geschenke für Sie

Sofakissen
Garderobenbügel
Körbe und Korbteller
Flechtsets
Platzdeckchen
Untersetzer
Blumenvase
Handtücher
Gästehandtücher
Vorratsdosen
in verschiedenen Farben
Käseglocke
Toaster
Eierkocher
Eieruhr
Briefpapier
Fotorähmchen
Küchenwecker
Küchenkalender
Kalorienzähler
Kochbücher
Pillendöschen
kleiner Rasierapparat
Frisierset
Trockenhaube
Morgenrock (Kimono)
Pantoffeln
Seidentuch
Gürtel
Regenschirm
Modeschmuck
Schlittschuhe
Bücher
Gemälde

Nähkästchen
Kanarienvogel
Schallplatten

moderne Graphik
Abonnement für Theaterbesuch oder ein Essen im Restaurant

## Geschenke für Ihn

Manschettenknöpfe
Krawatte
Hemden
Morgenmantel
Gürtel
Handschuhe
Aktentasche
Armbanduhr
Pfeife
Rasierwasser
Portemonnaie
Briefpapier
Namensstempel
Schlüsselanhänger
Schreibtischgarnitur

Briefpapier
Briefbeschwerer
Zigarettenspitze
Feuerzeug
Kalender
Taschenrechner
Taschenmesser
Lupe
Fernglas
Schachspiel
Flachmann
Papierkorb
Gutschein für ein schönes Essen
Gutschein für einen Theaterbesuch
Abonnement für eine Zeitung

## Geschenke für Es

Kanarienvogel
Fotoapparat
Tagebuch
Briefpapier
Puppenkleider
Puppe
Wunderknäuel
Märchenschallplatten
Baukasten
Holzspielzeug
Puppenstube
Rollschuhe
Bocciaspiel
Medizinkoffer
Kasperltheater
Fingerpuppen

Tuschkasten
Stempelkasten
Webrahmen
Bücher
Bilderbücher
Hampelmann
Farben, Pinsel, Papier
Schere
Taschenmesser
Perlen (zum Auffädeln)
Kette mit Medaillon
Korallenkette
Puzzle
Bauklötze
Steckenpferd
Schaukelpferd

## Nußmakronen

*3 Eiweiß, 200 g Puderzucker, 1 Päckchen Vanillezucker, 350 g gemahlene Haselnüsse, 50 g geriebene Zartbitterschokolade, 1 TL Pulverkaffee, Backoblaten von 3 cm Durchmesser, Margarine, Kirschmarmelade*

Eiweiß sehr steif schlagen. Puderzucker und Vanillezucker zugeben. Unterrühren. Haselnüsse, Schokolade und Kaffee zugeben. Zu einem Teig verarbeiten. Mit feuchten Händen aus dem Teig kleine Kugeln formen. Auf Oblaten setzen und in die Mitte jeder Kugel eine kleine Vertiefung drücken. Die Nußmakronen bei schwacher Mittelhitze 40 Minuten backen. In die Vertiefungen nach dem Backen etwas Marmelade füllen.

## Heidelbeermarmelade

*900 g tiefgekühlte, ungezuckerte Heidelbeeren, Saft von 1 Zitrone, 1 kg Gelierzucker*

Heidelbeeren antauen lassen. Mit Zitronensaft und Gelierzucker in einen großen Topf geben. Der Topf darf nur zu $^{2}/_{3}$ gefüllt sein. Unter Rühren zum Kochen bringen. 4 Minuten sprudelnd kochen lassen. In Gläser füllen, mit Einmachhaut verschließen.

## Dominosteine aus Marzipan

*200 g Marzipanrohmasse, 125 g Puderzucker, 65 g gehackte Mandeln, 2 TL Pulverkaffee, 1 EL Rum, 200 g Kuvertüre*

Marzipanrohmasse mit Puderzucker, Mandeln, Kaffeepulver und Rum verkneten. Teig auf etwas Puderzucker zwei Zentimeter dick ausrollen. Teigplatte in 2x2 cm große Stücke schneiden. Würfel in aufgelöste Kuvertüre tauchen und auf einem Kuchengitter trocknen lassen.

## Eiergrog

*Pro Person: 1 Ei, 1 EL Zucker, 1 Gläschen Rum*

Das ganze Ei mit Zucker schaumig rühren. Leicht angewärmten Rum zugeben und mit heißem Wasser auffüllen.

## Schmalz

*200 g Flomen (Liesen), 250 g Schweinerückenfett, 2 Zwiebeln, 1 Apfel, 1 Msp getrockneter Majoran*

Flomen und Rückenfett im Topf ausschmelzen. Grieben herausfischen. Zwiebelwürfel 5–8 Minuten mitrösten. Kleine geschälte Apfelwürfel 3 Minuten garen. Majoran zugeben. Schmalz etwas abgekühlt in Gläser füllen.

## Clown und Honigkuchenherz

*350 g heller Honig, 100 g Margarine, 125 g Zucker, 500–600 g Mehl, 1 Backpulver, 1 Päckchen Lebkuchengewürz, 2 Eier, abgeriebene Schale 1/2 Zitrone, 65 g gemahlene Mandeln, 65 g feingehacktes Zitronat, 3 EL Rum, Mehl zum Ausrollen, 250 g Puderzucker, 1 Eiweiß, grüne Speisefarbe.*
Zum Verzieren: *Liebesperlen, bunte Schokolinsen, Bonbons und Mokkabohnen*

Honig, Margarine, Zucker erhitzen. Mehl, Backpulver und Lebkuchengewürz mischen. Der abgekühlten Zuckermasse nach und nach das Mehlgemisch, Eier, Zitronenschale, Mandeln, Zitronat und Rum zugeben. Alle Zutaten gut verkneten. Eventuell noch etwas Mehl unterkneten. Teig auf Mehl ausrollen und je zwei Herzen und Clowns ausschneiden. Figuren nacheinander auf gefettetem, bemehltem Blech im heißen Ofen etwa 15 bis 20 Minuten bei Mittelhitze backen. Puderzucker sieben, mit Eiweiß verrühren. Der Guß muß zum Aufkleben der Bonbons und Liebesperlen dickflüssig sein. Für die Herzen einen halben Eßlöffel Zuckerguß mit grüner Speisefarbe färben. Herzen und Clowns mit Zuckerguß, Liebesperlen und Bonbons verzieren.

## Pfefferkuchen

und Weihnachtsmänner und Herzen

*500 g Zucker, 500 g Sirup, 1,6 kg Mehl, 3 Eier, 125 g Butter, 10 g Hirschhornsalz, 20 g Natron, 1 Päckchen Lebkuchengewürz, je 2 Messerspitzen gemahlener Zimt und gemahlene Nelken, 250 g Puderzucker, 1 Eiweiß*

Zucker mit Sirup und 1/4 Liter Wasser erhitzen. Abkühlen lassen. Mehl, Eier, weiche Butter, in etwas Wasser aufgelöstes Hirschhornsalz, Natron zugeben. Gut verkneten und den Teig über Nacht im Kühlschrank ruhen lassen. Auf Mehl ausrollen und verschiedene Figuren ausstechen. Auf einem gefetteten, bemehlten Backblech im heißen Ofen bei Mittelhitze etwa 10 Minuten backen. Den Puderzucker mit Eiweiß und eventuell einigen Tropfen heißem Wasser zu dickflüssigem Guß verrühren. Aus festem Plastik (Deckel von Aktenhüllen) eine Tüte mit einer feinen Öffnung kleben. Tortenspritzen mit ganz feiner Öffnung gehen auch. Guß hineingeben und die großen Pfefferkuchen damit wie auf dem Foto verzieren. Die Teigmenge reicht für 5–6 Bleche Lebkuchen.

## Marzipanfrüchte und Tannenbaum

*750 g Marzinpanrohmasse (fertig gekauft), 850 g Puderzucker, 1 Eiweiß, Speisefarben in Rot, Gelb und Grün, 1 EL aufgelöste Schokoladenkuvertüre, Bonbons, Silbersalmis und Liebesperlen*

Marzipanrohmasse mit 600 Gramm gesiebtem Puderzucker verkneten. Die Hälfte der Marzipanmasse auf Puderzucker ausrollen und ein Dreieck (in Form eines Tannenbaumes) daraus ausschneiden. Aus der restlichen Marzipanmasse verschiedene Früchte formen (Bananen, Äpfel, Pfirsiche, Erdbeeren, Birnen usw.). Die Früchte mit in Wasser verdünnter Speisefarbe und aufgelöster Kuvertüre bemalen. Restlichen Puderzucker mit Eiweiß zu einem dicken Guß verrühren. Guß mit grüner Speisefarbe färben. Das Marzipandreieck damit überziehen und sofort mit reichlich Bonbons, Silbersalmis und Liebesperlen verzieren.

## Tannenbaum

*250 g Butter, 250 g Zucker, 1 Päckchen Vanillezucker, 3 Eier, 1 Prise Salz, 375 g Mehl, 1 Päckchen Backpulver, 1/8 l Milch, 1 Gläschen Rum (2 cl), 1 TL Margarine, 1 EL Semmelbrösel, 250 g Puderzucker, 3—4 EL Zitronensaft, einige Tropfen grüne Speisefarbe; etwas Puderzucker zum Bestäuben*

Weiche Butter mit Zucker und Vanillezucker schaumig rühren. Nach und nach die Eier und Salz zugeben. Mehl mit dem Backpulver sieben und abwechselnd mit der Milch unter die Schaummasse rühren. Zum Schluß den Rum untermischen. Den Teig in die gefettete, mit Semmelbröseln ausgestreute Form füllen und im vorgeheizten Backofen bei 175 Grad 50 bis 60 Minuten backen. Den Kuchen auf ein Kuchengitter stürzen und abkühlen lassen. Puderzucker sieben und mit dem Zitronensaft dickflüssig verrühren. So viel Speisefarbe unterrühren, bis die Masse hellgrün ist. Den Baum damit überziehen und trocknen lassen. Baum mit der Spitze nach oben halten und Puderzucker dagegenstäuben. (Insgesamt ca. 6025 Kalorien)

## Rosinentörtchen

*50 g Rosinen, 2 EL Rum, 250 g Butter, 250 g Zucker, 1 Päckchen Vanillezucker, 4 Eier, 1 Prise Salz, 375 g Mehl, 125 g Stärkepuder, 1 Päckchen Backpulver, 1/8 l Milch, abgeriebene Schale 1 Zitrone, 50 g gehackte Mandeln, 10 g Margarine, 2 EL Semmelbrösel; eventuell Schokoladenkuvertüre und Puderzucker*

Gewaschene Rosinen über Nacht in Rum einweichen. Die weiche Butter mit dem Zucker und dem Vanillezucker schaumig rühren. Nach und nach die Eier unterrühren, Salz zugeben. Das Mehl mit dem Stärkepuder und dem Backpulver sieben und abwechselnd mit der Milch unter die Schaummasse rühren. Zitronenschale, mit Mehl bestäubte Rosinen und Mandeln zum Schluß untermischen. Förmchen mit Margarine ausfetten, mit Bröseln ausstreuen. Halb mit Teig füllen und bei Mittelhitze 35 bis 40 Minuten backen. Abgekühlt eventuell mit Kuvertüre überziehen oder mit Puderzucker bestäuben.

## Hefeteigherzen

*50 g Hefe, 1/4 l Milch, 1 kg Weizenmehl, 1 EL Salz, 2 Eigelb, 4 EL Dosenmilch*

Die Hefe in die lauwarme Milch bröckeln und verrühren. Das Mehl in die Rührschüssel einer Küchenmaschine geben. Hefe-Milch-Gemisch, 1/4 Liter lauwarmes Wasser und Salz zugeben. Alle Zutaten gut verkneten und den Teig zugedeckt an einem warmen Ort etwa 30 Minuten gehen lassen. Noch einmal durchkneten und aus dem Teig drei verschieden große Herzen formen: dafür aus Pappe Herzen in drei Größen ausschneiden. Für jedes Herz aus dem Hefeteig drei dünne Rollen formen. Zöpfe daraus flechten. Die Zöpfe auf die Pappherzen legen. Die Enden gut zusammendrücken. Das Eigelb mit der Dosenmilch verquirlen und die Herzen damit bestreichen. Auf der Pappe im vorgeheizten Backofen bei 200 Grad 25 bis 30 Minuten backen. (Insgesamt ca. 4040 Kalorien)

## Orangenmarmelade

Waschen Sie ein Kilo Orangen gründlich unter heißem Wasser. Schälen Sie die Schale so dünn ab, daß Sie nichts von der weißen Haut mit entfernen. Schneiden Sie die Schale in feine Streifen. Ziehen Sie dann die weiße Haut von den Orangen ab. Zerkleinern Sie das Fruchtfleisch, entfernen Sie die Kerne, und fangen

Sie den austretenden Saft auf. Bringen Sie Fruchtfleisch und -saft mit den Schalen und einem Gelierzucker unter Rühren zum Kochen. Lassen Sie die Marmelade noch einige Minuten leicht kochen, dann in vorbereitete Gläser füllen.

## Eingelegte Heringe

Wässern Sie ein Kilo Salzheringe über Nacht, und schneiden Sie sie in mundgerechte Stücke. Kochen Sie eine halbe Tasse Weinessig, eine Tasse Wasser, einen Teelöffel Zucker, etwas Salz, sechs Pfefferkörner, sechs Pimentkörner, zwei Lorbeerblätter und zwei in Ringe geschnittene Zwiebeln zehn Minuten lang. Rühren Sie unter den abgekühlten Sud drei Eßlöffel Öl. Schichten Sie die Heringsstücke mit geschnittenen Karotten und Zwiebelringen in ein Glas, und gießen Sie mit der Marinade auf.

## Ziegenkäse in Olivenöl

Schaben Sie von fünf kleinen Ziegenkäsen das Äußere ab. Schichten Sie den Käse in ein Glasgefäß, und verteilen Sie dazwischen Thymian, Salbei, Rosmarin, Lorbeerblätter, Pfefferkörner. Gießen Sie mit so viel Olivenöl auf, daß der Käse vollkommen bedeckt ist.

## Soleier

Zwanzig Eier zehn Minuten lang kochen, dann kalt abschrecken. Die Schale rundherum etwas anknicken. In ein geräumiges Glas schichten. Drei Liter Wasser mit 200 Gramm Kochsalz aufkochen. Abgekühlt über die Eier gießen.

## Essig und Öl

Kräuteressig: Geben Sie frische Kräuter (Estragon, Basilikum, Thymian, Zitronenmelisse) in eine Flasche, und gießen Sie mit Weinessig oder verdünnter Essigessenz auf. Gut durchziehen lassen. Rosmarinöl: Stecken Sie einen Bund Rosmarinzweige in eine dekorative Flasche. Gießen Sie mit Olivenöl auf, und verkorken Sie die Flasche sorgfältig.

## Selbstgemachtes Konfekt

Kandierte Walnüsse: 150 Gramm Zucker in einer Kasserolle langsam schmelzen lassen. 40 Walnußhälften darin wenden. Abkühlen lassen. Marzipankartoffeln: Aus Marzipanrohmasse (vom Lebensmittelhändler oder Bäcker) etwa walnußgroße Kugeln formen. In Kakaopulver wälzen.

## Eierlikör

Rühren Sie 15 Eidotter, ein Kilo Zucker und zwei Päckchen Vanillezucker schaumig. Dann nach und nach zwei große Dosen Kondensmilch und zuletzt 1/4 Liter 90%igen Alkohol daruntermischen.

## Pflaumen in Armagnac

Stechen Sie ein Kilo Pflaumen rundherum ein. Geben Sie sie mit dem Inhalt dreier zerstoßener Kerne und einem Kilo Einmachraffinade in ein Glas. Füllen Sie mit 1 Liter Armagnac auf.

## Früchtebrot

Schlagen Sie drei Eier mit 125 Gramm Zucker sehr schaumig. Rühren Sie die abgeriebene Schale einer Zitrone, einen Teelöffel Zimt und sechs Eßlöffel Rum darunter. Hacken Sie je 65 Gramm Haselnüsse, Mandeln und Paranüsse grob. Schneiden Sie je 65 Gramm Datteln, Feigen und Kurpflaumen in große Stücke. Würfeln Sie 100 Gramm gemischte Sukkade. Geben Sie alles zusammen in die Schaummasse. Rühren Sie 125 Gramm Mehl und einen gestrichenen Teelöffel Backpulver darunter. Füllen Sie die Teigmasse in eine gut gefettete Form, und backen Sie das Früchtebrot im vorgeheizten Backofen bei 150 bis 175 Grad und 65 bis 75 Minuten lang.

## Leberpastete

500 Gramm Schweineleber und 100 Gramm durchwachsenen Speck durch die feine Scheibe des Fleischwolfes drehen. Eine Zwiebel fein würfeln und hellbraun dünsten. Zusammen mit

zwei weiteren zerkleinerten Zwiebeln ebenfalls durch den Fleischwolf geben. Vier Eigelb, 1/8 Liter süße Sahne und zwei gewässerte, fein geschnittene Anchovisfilets darunterrühren. Je einen Eßlöffel Stärkemehl und Mehl daruntermischen. Die Masse salzen und pfeffern. Vier steif geschlagene Eiweiß darunterheben. Eine ofenfeste Terrine mit frischen Speckscheiben ausschlagen. Den Fleischteig einfüllen. Mit den Speckscheiben abdecken. Obenauf Lorbeerblätter legen. Die Pastete im Wasserbad in der Fettpfanne 1 1/2 Stunden bei etwa 200 Grad im Backofen garen.

## Fleischtopf ›Gargantua‹

Schneiden Sie 500 Gramm durchwachsenes Schweinefleisch (vom Hals) und 500 Gramm enthäutete Gänsebrust in etwa drei Zentimeter große Würfel. Geben Sie sie in eine Kasserolle, die Sie bis zu drei Viertel mit Wasser füllen. Salzen und pfeffern. Füllen Sie je einen Teelöffel Thymian und Bohnenkraut, zwei Salbei- und zwei Lorbeerblätter in ein Mullbeutelchen, und fügen Sie es hinzu. Lassen Sie alles drei bis vier Stunden leise kochen – bis das Fleisch zu Mus zerkocht ist. Nehmen Sie den Gewürzbeutel wieder heraus. Füllen Sie das Fleischmus in ein Steingutgefäß.

## *Geschenke, liebevoll verpackt*

### Wunderknäuel

nannte man schon 1830 in einem Prospekt so ein Wollknäuel, in dem ein Geschenk steckte. Für Leute, die gern handarbeiten, ist diese Verpackung sicher auch heute noch so originell und spannend wie damals.

### Karierte Hunde trinken auch Schnaps

Eine ideale Verpackung für Flaschen!

Material: 1 lange Pappschachtel, 1 Bogen Geschenkpapier, 1 Strang dicke Baumwolle, Filzreste für Ohren, Nase und Augen. Die Schachtel mit dem Geschenkpapier umwickeln. Oben an der Öffnung Papier in Klappenlänge überstehen lassen, die Hundeschnauze wird aus den Verschlußkappen herausgearbeitet. Baumwolle als Schwanz und Kopfhaar anleimen. Ohren, Augen und Nase zuschneiden und aufkleben.

### Geschenkschachteln

So werden sie gemacht: Aus Buntpapier Quadrate ausschneiden, beide Diagonalen falten und wieder auseinanderklappen. Die Spitzen zum Mittelpunkt falten. Bei dem jetzt entstandenen kleinen Quadrat die Seitenkanten zur Mittellinie falten. Das Blatt wieder auseinanderfalten und an zwei Ecken je zwei Schnitte anbringen. Die anderen Ecken als Seitenwände hochklappen, Spitzen nach innen falten. Zipfel als Wände zusammenschieben und die beiden letzten Ecken darüber nach innen falten. Die Deckel müssen etwas größer sein.

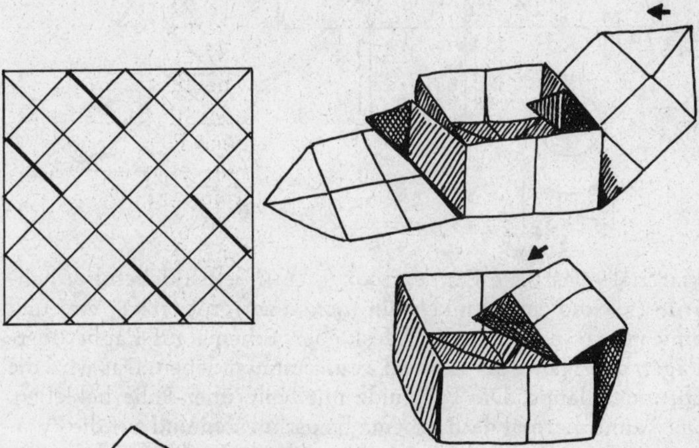

**Von diesem Bäumchen können Sie nicht genug ›liefern‹**

Wer diesen Baum bekommt, wird ihn bestimmt als Dekoration fürs nächste Jahr aufheben! Gefüllt wird er durch eine Bodenklappe.

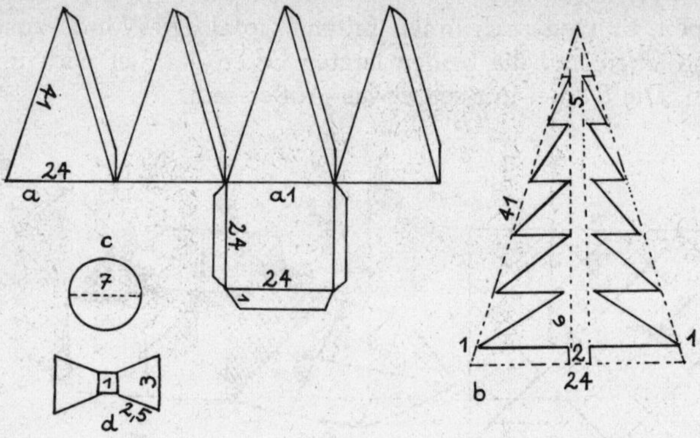


Material: elastische Pappe (100x75 cm), Selbstklebefolie: hellgrün (200x50 cm), dunkelgrün (90x50 cm), rot (10x25 cm) und pink (10x25 cm), 1 Tube Alleskleber. Schema auf Pappe übertragen und Nähte bis auf Teil a1 zusammenkleben. Das wird die Öffnungsklappe. Die Pyramide mit hellgrüner Folie bekleben. Die Tanne viermal nach Schema b zuschneiden und auf die Pyramide kleben. Kugeln und Schleifen je zwölfmal zuschneiden, je drei so auf eine Tanne kleben, daß die Schleife auf der Kugel sitzt.

## Dosendamen: einzeln oder als Set zu verschenken

Eine originelle Verpackung für ein winziges Geschenk: Platz ist nur in der kleinsten Dosenfrau. Denn die wird in die nächstgrößere gesteckt — usw.

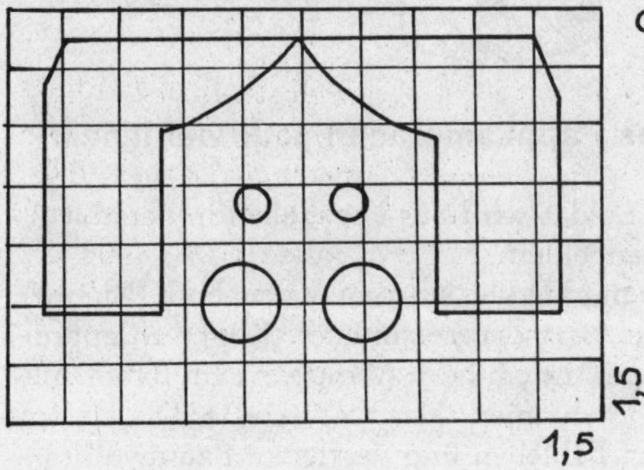


a

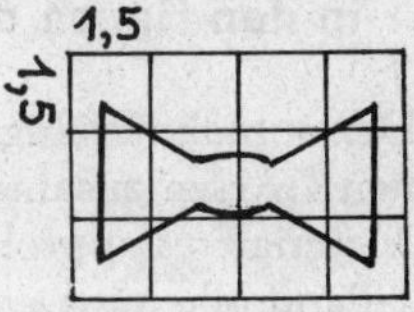


b

Material: Papprollen mit Deckel: 1. ø 13 cm, 17 cm hoch; 2. ø 11 cm, 15 cm hoch; 3. ø 9 cm, 13 cm hoch; 4. ø 6 cm, 11 cm hoch; 5. ø 4 cm, 9 cm hoch. Glanzpapier in Braun, Lila, Pink, Rot, Weiß, Schwarz; Einwickelpapier. Zu lange Papprollen kann man mit einer Haushaltssäge zurechtstutzen. Die Rollen mit Einwickelpapier bekleben und Gesicht, Haare, Augen, Backen (alles Schema a) und Schleifen (Schema b) aufkleben. Je kleiner die Damen werden, desto kleiner wird auch beim Übertragen die Seitenlänge des Schemaquadrats.

## Selbstgemacht und eingewickelt

wird ein individuelles Geschenk, das nicht zu teuer ist: ein Glas mit möglichst originellem Inhalt, verpackt in ein Bauerntaschentuch, das um 3 Mark kostet und seinen Dienst später auch als Hals- oder Kopftuch tut.

## In den Bauch des Pappkameraden paßt viel hinein

Der aufnahmefähige Soldat wird aus Papprollen in verschiedenen Größen zusammengeklebt.
Material: 1 Papprolle mit Deckel, ø 20 cm, 32 cm hoch (Rumpf), 1 Papprolle mit Deckel, ø 13 cm, 16 cm hoch (Kopf), 2 Papprollen mit Deckel, ø 8,6 cm, 13 cm hoch (Arme), 75 cm Baumwollfransen, buntes Einwickelpapier, Glanzpapierreste. Die Papierrollen nach Abbildung bekleben und verzieren. Baumwollfransen um Hals und Arme kleben. Den Kopf auf den Rumpf leimen. Die Arme mit Kleber bestreichen und an den Rumpf pressen.

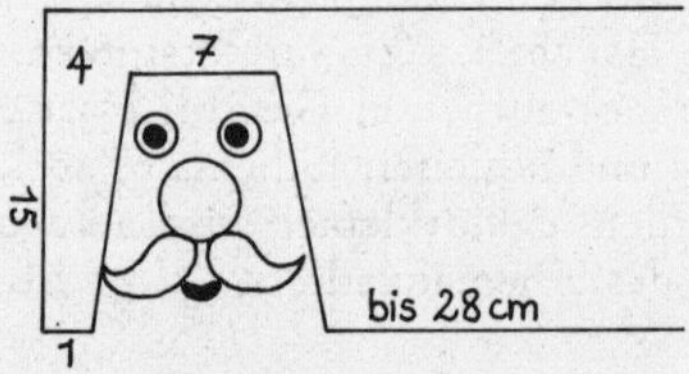


## Eingesackt: die Heiligen Drei Könige

In selbstgenähten Säcken aus Rupfen lassen sich üppige Textilien wie Pullover oder Jacken gut verschenken. Als Verzierung: die Heiligen Drei Könige.

Material: pro Sack 50x130 cm Rupfen; Filzreste in vielen Farben; selbstklebende Goldborte; Baumwollband; Schnur; Pattex. Filzteile zuschneiden. Alle Teile mit Pattex auf den fertigen Rupfensack kleben. Dazu ein gefaltetes Stück Zeitung in den Sack schieben, damit er nicht zusammenklebt. Zum Zubinden wird oben an die Kante ein 3 cm breites Bauwollband gesteppt und die Schnur durchgezogen.

## Das Weihnachtshäuschen kann beleuchtet werden

Material: elastische Pappe (90x130 cm); selbstklebende Silberfolie; 1 Bogen Ultraphan-Folie; selbstklebende Transparentfolie in vielen Farben; 2,60 m selbstklebende Goldborte; Silberband. Schema aus Pappe zuschneiden, Fenster einschneiden, das Haus mit Silberfolie beziehen. Aus Ultraphan 16 Fenster zuschneiden, mit Motiven aus Transparentfolie verzieren, mit Tesafilm hinter die Fenster kleben. Die Dachgiebel mit Ziegel (Schema b) aus roter Transparentfolie verzieren. Zuletzt das Haus zusammenkleben. (Siehe Abb. Seite 29.)

## Süße Namen

für Kindergeschenke: Kleben Sie die Namen des Kindes aus Weingummibuchstaben mit Eiweiß oder Zuckerguß auf das Einwickelpapier. Auch für große Kinder geeignet!

1 Papier im Jugendstilmuster und schwarze Kordel machen diese Geschenke zu etwas Besonderem. Auch hier helfen mit Namen beschriftete Anhänger, das richtige Geschenk aus dem Korb zu fischen. Als Anhänger Bierdeckel oder Pappscheiben nehmen und passend zum Papier anmalen.

2 Blau und grün eingewickelte Geschenke in blauen Wäschebeuteln aus Plastik (Waschsalons!). Der aufgeklebte Silberpunkt und der Stern aus Aluminiumfolie machen sie weihnachtlich. Der blaue Punktrahmen und die grünen Sternschatten passen wieder zu den Paketen. Mehr auf Seite 137.

3 Welche Geschenke gehören welchem Familienmitglied? Der große Buchstabe auf der runden Plakette verrät es. Sie ist aus Pappe geschnitten, mit Plakafarbe passend zum Papier angemalt und mit dem gleichen Band, wie die Pakete verschnürt sind, an das unterste Geschenk gebunden. Der Buchstabe (Letraset) ist aufgerieben.

Z
M
T

Tonangebend in diesem Paketberg ist das türkischgemusterte Seidenpapier: Die Verpackungen der anderen Geschenke sind in den Farben darauf abgestimmt – auch die Bänder.

## Spanschachtel als festliche Verpackung

Wir brauchen dazu: eine große runde Spanschachtel, Plakafarbe in Rot, Klarlack, weiße Selbstklebefolie, Strohblumen, Ziergräser, Ruscuszweige, ein paar Holzperlen, Sprühgold, Klebstoff (Ponal)

Wertvolle Geschenke sollten besonders liebevoll verpackt werden, und eine hübsche Spanschachtel ist das ideale Behältnis für Schmuckgegenstände.
Im Hobbygeschäft kaufen wir eine naturfarbene Spanschachtel, deren Boden und Deckel wir außen mit roter Plakafarbe bemalen und dann mit Klarlack überziehen, damit sie nicht abfärbt. Den unteren Rand des Deckels überziehen wir mit der weißen

Selbstklebefolie. Auf ein großes Stück Papier legen wir dann die Strohblumen, Ziergräser, Ruscuszweige, Holzperlen, also alles, womit wir die Schachtel schmücken wollen, und besprühen es mehrere Male mit dem Gold aus der Sprühdose, bis die gewünschte Goldtönung erreicht ist. Anschließend arrangieren wir alles auf dem Deckel der Schachtel. Gefällt uns der goldene Strauß so, wie er ist, dann betupfen wir jedes einzelne Stück mit Ponal und kleben es vorsichtig auf.

## Geschenke — aufgehängt

An die Leine genommen sind all die blau eingehüllten Päckchen und Pakete. Sie hängen mit dicken Schnüren an einer Kordel, die über den Gabentisch gespannt ist. Am Ende jeder Schnur klebt ein (blaues!) Schildchen mit dem Namen des Empfängers, der nun den Schnüren entlang nach seiner Gabe angeln muß. Natürlich kann man auch mehrere Päckchen mit einem Schild versehen.

## Schachtel oder Dose mit Blüten verziert

Wir brauchen dazu: einfarbiges Einwickelpapier, goldenes und grünes Kreppapier, Origamipapier, Blumendraht, Goldglaskugeln auf Draht, Holzperlen, Klebstoff (Pritt-Alleskleber)

Weil Rot und Gold besonders festliche Farben sind, überziehen wir die Dose zuerst einmal mit rotem Papier und schmücken sie dann mit einer goldenen Blume, die wir folgendermaßen basteln: Wir schneiden aus dem goldenen Kreppapier jeweils acht Blütenblätter in drei Größen, das mittlere Blatt sollte ungefähr 6 cm groß sein. Dann schneiden wir Blumendraht zurecht und kleben ihn als Stiel auf die Mitte des Blattes. Damit dieser Draht nicht sichtbar ist, kleben wir noch einmal alles auf Kreppapier und schneiden die Blätter nach. Nun nehmen wir ein paar Goldglaskugeln, ordnen die kleinen Blätter um sie herum und drehen die Drahtstiele zusammen. Dann kommen die mittleren Blätter, zum Schluß die großen. Den Draht verstecken wir unter einem Kreppapierstreifen, den wir darum wickeln. Die Goldblume befestigen wir mit ein paar Stichen auf dem Deckel.

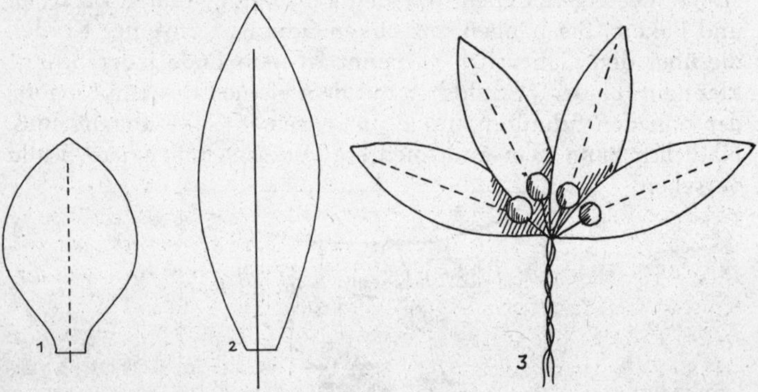


Die Schachtel haben wir in grünes Papier eingewickelt, und wir wollen sie mit Blüten des Weihnachtssterns schmücken. Dazu schneiden wir ungefähr zehn lanzenförmige Blätter in etwa 9 cm Länge aus dem Origamipapier aus. Den Stiel aus Blumendraht und die Rückseite basteln wir wie bei der Goldblume. Für den Blütenkern nehmen wir Holzperlen, die wir auf Draht befestigt haben. Um ihn herum ordnen wir die Blütenblätter an und drehen die Stiele zusammen, die dann mit Kreppapierstreifen umwickelt werden. Besonders hübsch sieht es aus, wenn wir um die grüne Schachtel ein rotes Band legen und die Stiele der Blütensterne darunterstecken.

## Die schöne Verpackung: Goldfolie und Farbpapier

Wir brauchen dazu: einfarbiges Einwickelpapier, Origamipapier, farbigen Karton, Goldfolie, Klebstoff (Pritt-Alleskleber)

Die abgebildete Schachtel haben wir mit einem violetten Papier eingewickelt und mit zwei Vögeln aus Goldfolie und Origamipapier verziert. Der Körper wurde aus der Folie geschnitten, Schwanzfedern, Füße, Schnabel und Augen sind aus Origamipapier.
Bevor wir die Vögel aufkleben, ordnen wir sie erst einmal zur Probe an. Und nun machen wir eine Schachtel selbst, die wir nach einem Grundschnitt, der beliebig zu vergrößern ist, aus Karton ausschneiden. Wir haben hier einen roten, durchgefärbten Karton genommen. Die Falzlinien der Schachtel machen wir vorsichtig mit einem spitzen Messer auf der Außenseite, während wir die dreieckigen Laschen innen leicht anritzen. Dadurch läßt sich der Karton dann leicht falten. Die Außenseiten können wir mit Goldherzen bekleben und die Laschen mit Goldblättchen. Aber hier sind unserer Fantasie keine Grenzen gesetzt. Diese Schachteln sind besonders hübsch zum Verpacken von Weihnachtsgebäck.

## Vielseitige Tortendeckchen

Wir brauchen dazu: einfarbiges Einwickelpapier, farbigen Karton, Tortendeckchen aus Goldpapier, Klebstoff (Pritt-Alleskleber)

Wir wickeln eine quadratische Schachtel in einfarbiges, zum Beispiel grünes Papier und kleben auf die Oberseite ein goldenes Tortendeckchen. Da wir die Deckchen in verschiedenen Größen in Papier- und Schreibwarengeschäften bekommen können, steht es in unserem Belieben, wieviel der grünen Fläche wir an den Rändern hervorschauen lassen wollen.
Können wir für ein Geschenk nicht die richtige Schachtel finden, machen wir sie uns selbst (siehe Schnittmuster). Bei der Wahl des Kartons sollten wir überlegen, welche Farbe besonders gut mit Gold harmoniert. Sehr hübsch sind zur Verzierung Borten und einzelne Ornamente, die wir aus dem Tortendeckchen herausschneiden und aufkleben.

## Warum nicht einmal Geld verschenken?

Geld als Geschenk – das ist jedem lieber als der dritte Küchenwecker oder eine Allerweltskrawatte, die auf Nimmerwiedersehen im Kleiderschrank verschwindet. Ganz zu Unrecht gilt es allerdings bisweilen noch immer als Verstoß gegen gutes Benehmen, jemanden mit einem knisternden Schein zu beglücken. Zugegeben – in letzter Minute zwanzig Mark aus dem Portemonnaie zu nehmen und einfach weiterzureichen – das macht keine Freude. Aber hübsch verpackt stößt ein Geldgeschenk immer auf Gegenliebe!
Hier einige Anregungen, Geld originell und als echte Überraschung zu verschenken:
Unter einer harten Schale ein kostbarer Kern: Öffnen Sie einige Walnüsse mit einem spitzen Messer, heben Sie den Kern heraus und drücken Sie gefaltete Geldscheine hinein. Dann die beiden Nußhälften verkleben und unter die übrigen ›tauben‹ Nüsse mischen.
Soll die nächste Reise Ihrer Freunde oder Verwandten ins Ausland gehen? Dann wechseln Sie den Geschenkbetrag in die

fremde Währung um (in möglichst große, prächtige Scheine!) und klemmen die Banknoten hinter einen Bilderrahmen.
Für Kinder das Richtige: kleine bemalte Spanschachteln mit bunter Holzwolle oder Seidenpapier ausstaffieren und Fünfmarkstücke in beliebiger Anzahl hineinlegen.
Backen Sie Ihr Geldgeschenk (natürlich Hartgeld!) in einen Kuchen ein. Die Münzen sind besser zu erkennen, wenn Sie sie fest in Alufolie einwickeln.
Nähen Sie ein Geldsäckchen aus mehreren farbigen Stoffresten oder einem gemusterten Rest. Darin verstauen Sie das Geschenk und binden den Behälter mit einer Gold- oder Silberlitze zu.
Eine viereckige (oder runde) Glasvase wird zur Hälfte mit Schneckenhäuschen, Muscheln und sonstigem malerischen Strandgut, zur anderen Hälfte mit Münzen gefüllt.
Beglücken Sie Ihr Patenkind mit der ersten Sparbüchse! Bekleben Sie eine einfache Spardose (für wenig Geld bei jeder Bank zu bekommen) mit weihnachtlichem Papier oder Postkartenmotiven und füllen Sie das Innere mit Metall- oder Papiergeld.
Ihr Lebensmittelhändler überläßt Ihnen sicher eine kleine Plastiksteige für Joghurtbecher. Die bemalen Sie mit unverdünnter Plastikfarbe und legen die Vertiefungen mit farbigem Seidenpapier aus. Darauf lagern dann die Geldmünzen. Das Ganze in Klarsichtfolie verpacken!
Den gleichen Zweck erfüllt auch ein Eierkarton. Ihn streichen Sie ebenfalls bunt an, verkleiden die Ausbuchtungen mit Papier oder Holzwolle und füllen sie mit Geld.
Ein gewichtiges Geschenk sind kleine Münztürme, die Sie fest mit Klarsichtfolie umhüllen, verkleben und mit Schnüren umwickeln. Natürlich sollten die Geldstapel aus gleichgroßen Münzen bestehen – der Standhaftigkeit wegen!
Binden Sie aus trockenen Zweigen eine kleine Rute und behängen Sie diese mit Geldstücken. Dafür umwinden Sie die Münzen mit bunten, langen Bändern, die Sie von den Ästen baumeln lassen.
Viereckige Pillendöschen werden durch festes Klebeband an Rückseiten und Kanten zu einem größeren Kästchen zusammengefügt und einzeln mit Münzen oder Papiergeld gefüllt.
Plastikbehälter für große und kleine Nägel gibt es in jedem

Eisenwarengeschäft. In die einzelnen Fächer legen Sie Gebäck, Bonbons und andere Süßigkeiten abwechselnd mit Markstücken oder Pfennigen – je nachdem, in welcher Geberlaune Sie sind. Mit Salz und Pfeffer versorgt für ein ganzes Jahr ist der Beschenkte, den Sie mit gläsernen Gewürzstreuern überraschen. Denn sie enthalten zusammengefaltete Geldscheine. Legen Sie die Gefäße auf Tannenzweige in eine durchsichtige Schachtel und umwickeln Sie Ihr Angebinde mit Kordel oder buntem Band.

## So können Sie helfen

Bei der allgemeinen Vorfreude und dem Wunsch, unserer Familie oder Freunden etwas Gutes zu tun, sollten wir dennoch nicht die zahllosen einsamen, behinderten oder kranken Menschen vergessen, um die sich kaum jemand kümmert. Es gibt aber viele gemeinnützige Einrichtungen, die für diese Benachteiligten sorgen. Gerade jetzt in der Vorweihnachtszeit können auch Sie hier ein wenig mithelfen.
Sicher wollen Sie an nahe oder ferne Freunde einen Weihnachtsgruß verschicken. Hier können Sie den Kauf hübscher Karten mit einer guten Tat verbinden. Beim Hermann-Gmeiner-Fonds, der SOS-Kinderdörfer und Jugendheime in aller Welt unterstützt, gibt es jedes Jahr besonders hübsche Postkarten mit weihnachtlichen Motiven oder einen »SOS-Kinderdorf-Kalender« (Anschrift des Hermann-Gmeiner-Fonds: Menzinger Straße 23, 8000 München 19).
Auch die UNICEF druckt Kalender und reizvolle Grußkarten zum Fest. Sie erhalten die kleinen Kunstwerke bei den örtlichen Arbeitsgruppen und direkt beim Deutschen Komitee für UNICEF, Steinfelder Gasse 9, 5000 Köln 1.
Auch viele andere Hilfsorganisationen bringen jedes Jahr zu Weihnachten hübsche Karten oder von Kindern gefertigte Kalender heraus, mit deren Erlös armen und behinderten Menschen geholfen wird.

# WEIHNACHTEN

## Die Geschichte des Weihnachtsfestes

Wir sollten nicht vergessen, daß unser Weihnachtsfest, auch so wie wir es heute feiern, mit Tannenbaum und Krippe, Christmesse, Festessen und dergleichen Genüssen, ein christliches Fest ist. Wir feiern die Geburt des Herrn, wobei es kaum eine Rolle spielt, ob der 24. Dezember wirklich der Geburtstag Christi gewesen ist. Dieses Datum, die Nacht vom 24. auf den 25. Dezember, wurde erst im vierten nachchristlichen Jahrhundert festgelegt.

Etwa ums Jahr 336 feierte Papst Liberius das Geburtstagsfest des Heilands, und er ließ im Jahre 360 eine Krippenkapelle in jener römischen Kirche errichten, die seit dem neunten Jahrhundert den Namen Santa Maria Maggiore trägt.

Wir wollen die Geschichte des Weihnachtsfestes von seinen frühen Anfängen einmal genauer verfolgen. In unserer christlichen ›Heiligen Nacht‹ treffen sich die verschiedensten Kulte und Bräuche – so die nordische Wintersonnenwende, die Anbetung des orientalischen Sonnengottes Mithras, der im römischen Reich sehr verehrt wurde, und endlich das neugeborene Kind, Gottes Sohn. Hatte man sich allerdings auf diesen Tag als das Ereignis von Christi Geburt geeinigt, so gibt es noch gar nicht so lange den Beginn des neuen Jahres am 1. Januar. Bis ins 16. Jahrhundert galt Weihnachten zugleich als Jahresbeginn. Und noch Luther hat an Weihnachten als dem Jahresbeginn festgehalten. Ein Relikt aus dieser Zeit ist der Ablauf des Kirchenjahres, das mit Weihnachten und Advent, seiner Vorbereitungszeit, beginnt.

Außer dem Bericht aus dem Lukas-Evangelium (siehe Seit 187) wissen wir nicht sehr viel über die Geburt des Heilands. Die Darstellung geht auf alte unauffindbare Quellen zurück und stützt sich gelegentlich auf das Markus-Evangelium.

Nach frühen Quellen wurde das Weihnachtsfest mit Orakelbräuchen, mit Glücksspielen (Würfel, Karten) und Festgelagen

gefeiert, die zum Teil in wüste Orgien ausarteten. Über viele Jahrhunderte hinweg wurden zu Weihnachten öffentliche Reigentänze aufgeführt, die später zu regelrechten Weihnachtstänzen wurden, aber immer von der kirchlichen Seite bekämpft wurden. Auch war es Brauch, in der Zeit der Rauhen Nächte, das ist vom 24. Dezember bis zum 6. Januar, dem Erscheinungsfest, mit alten heidnischen Bräuchen Geister und Dämonen aus dem Haus zu vertreiben. Aus dieser Zeit stammen die noch heute gepflogenen Perchtenläufe, in denen mit grotesken Masken böse Geister verscheucht werden sollen. Daß die Geburt Christi mitten im Winter, in Dunkelheit und Kälte gefeiert wird, gibt dem Prophetenwort »Das Licht scheint in der Finsternis« besondere Kraft. Da die Wintersonnenwende bei den Heiden gefeiert wurde, konnten die Christen gerade mit diesem Wort an das Sonnwendfest anknüpfen. Der norwegische König Haakon der Gute, der selbst Heide war, legte im 10. Jahrhundert das Mittwinter- und Weihnachtsfest auf einen Tag.
Während des ganzen Mittelalters war das Weihnachtsfest aber immer ein reines Kirchenfest, und erst nach und nach fand die Vorstellung von der Christnacht als Nacht der Innigkeit und des geheimnisvollen Glanzes Eingang in das Volksbrauchtum.

## Weihnachtsbräuche aus aller Welt

Wir hier in Deutschland feiern Weihnachten als ein großes Familienfest. Der kerzenbestückte Christbaum, das gegenseitige Beschenken und die Stunden der Besinnlichkeit dürfen nicht fehlen. Sicher ist in unserer rastlosen Zeit vielen Menschen der eigentliche Sinn dieses hohen Festtages verlorengegangen. Da und dort wurden sogar Stimmen laut, daß man ein Fest nur um seiner Äußerlichkeit willen nicht immer in einem festgefügten Rahmen feiern muß. Und vielleicht ist es auch bei vielen Erwachsenen nur noch die Erinnerung an jene verklärte Kinderweihnacht, an geheimnisvolle Freuden und Überraschungen, die sie den Heiligen Abend zu Hause, oder, wie es heute üblich ist, in einem Feriendomizil in althergebrachter Form feiern läßt. Aber ›unser‹ Weihnachtsfest wird in manchen Ländern der Erde völlig anders begangen.

In England zum Beispiel ist Weihnachten ein Fest des Frohsinns. Man singt Lieder, und allenthalben wird ein großer Festschmaus veranstaltet. Der weihnachtliche Mummenschanz hat in England von jeher eine große Rolle gespielt. Bis in die Tudor-Zeit wurden riesige Festmahle begangen, die zuweilen bis zu neun Stunden dauerten. Säle und Tische waren grün geschmückt, Spielleute und Gaukler, angetan mit Tiermasken, tummelten sich in der Menge. Der Weihnachtsschmaus soll auf die Sage von König Artus zurückgehen, der den Sieg über seinen Gegner York gemeinsam mit seiner Tafelrunde zur Weihnachtszeit gefeiert haben soll.
Das berühmte ›Christmas-Symbol‹ Englands ist der Mistelzweig. Seit uralter Zeit schmücken Lorbeer und Stechpalmen die Kirchen, doch die Mistel aufzustellen, verbot die Kirche, denn sie gilt als heidnische Pflanze.

Doch in allen englischen Häusern kündigt sich die Weihnachtszeit mit jenen grünen Mistelbuschen an, die über den Türen aufgehängt werden. Und der schöne Brauch, daß unter diesem Zweig jeder jeden ungestraft küssen darf, hat einen ganz alten Ursprung. Bei den Druiden in Gallien und Britannien wurden nach dem Ablauf blutiger Opferhandlungen Mistelzweige verteilt, die man zum Schutz gegen böse Geister aufhängte. Misteln wurden zum Symbol des Friedens, und zwei Feinde, die sich unter diesen Zweigen trafen, umarmten sich. Aus dieser Umarmung ist dann bald der Kuß der Liebe geworden.

Englische Kinder finden ihre Geschenke meistens in Strümpfen am Kamin. Das geht auf die Legende zurück, daß der Heilige Nikolaus dereinst drei armen jungen Mädchen einen Beutel Gold durch den Kamin beschert hat, vor dem sie gerade frisch gewaschene Strümpfe aufgehängt hatten.
Der Brauch, die Häuser mit Stechpalmen und Misteln zu schmücken, ist aus England auch nach Amerika getragen worden. Doch ursprünglich waren die unerbittlichen Puritaner, die 1620 das erste amerikanische Weihnachten feierten, entschlossen, dem sittenlosen frohen Treiben zur Weihnachtszeit ein Ende zu bereiten und die Geburt des Herrn nicht mehr mit Spiel und Tanz und gutem Essen zu feiern. An diesem Tag sollte gearbeitet werden. Doch die puritanischen Vorstellungen setzten sich nicht durch, und heute wird in Amerika fröhlicher denn anderswo Weihnachten gefeiert. Den Weihnachtsbaum haben deutsche Einwanderer mitgebracht, und einige Wochen vor Weihnachten verwandelt sich Amerika in ein Meer strahlender Christbäume. Während bei uns in Deutschland das Christkind am 24. Dezember die Geschenke verteilt, ist es in Amerika Santa Claus, der uns am Morgen des 25. Dezember mit Geschenken beglückt.
Santa Claus kommt mit seinem Rentierschlitten. In der Legende ist er einst nur mit einem einzigen Rentier dahergekommen, aber nach dem berühmtesten Weihnachtsgedicht Amerikas aus dem Jahre 1822 von Clement C. Moore («A Visit From Santa Nicholas«) kommt der Heilige als ein gemütlicher dicker Mann, den ein Gespann von acht Rentieren ziehen muß.

In Schweden ist der Julbock das Weihnachtstier. Es handelt sich um ein großes Strohtier, das Thors Ziegenbock darstellen soll und viele Geschenke auf seinem Rücken trägt.
In Dänemark gibt es zu Weihnachten ein ganz besonderes Mahl. Es beginnt mit Milchreis, der aus einem halbtiefen Teller gegessen wird. Noch heute fertigt die Königliche Porzellanmanufaktur in Kopenhagen eigens dafür jedes Jahr einen neuen Weihnachtsteller.
Aus den vielen überlieferten Sitten im Norden Europas ragt noch immer das Julfest heraus. Die Julzeit war eine festliche Periode, die zwölf Nächte dauerte und in der aller Streit und die Waffen ruhten. Häuser und Hallen waren geschmückt, man spielte, man tanzte, und das Hauptgericht beim Essen war der Eber. Jeder durfte einen Julklotz aus dem Wald holen, der ein ganzer Baumstamm war und die kommenden zwölf Nächte hindurch brennen sollte. Der skandinavische Julbock ist übrigens eine Abwandlung des Julklotzes.
Auch in Frankreich werden die Geschenke am Morgen des 25. Dezember gebracht. Während die Großen in der Nacht der Christmette beiwohnen und danach einen großen Festschmaus halten, gibt Père Noël seine Geschenke heimlich ab. Auch in Frankreich wird die Wohnung mit Mistelzweigen geschmückt. Da Essen nun einmal eine große Rolle spielt, wird am Weihnachtstag, dem 25. Dezember, ein festliches Mahl eingenommen. Immer wird es zum Abschluß die Bûche de Noël geben, die Schokoladentorte, die wie ein Baumstamm geformt ist. Womöglich enthält dieser Brauch eine Abwandlung des Julbocks.

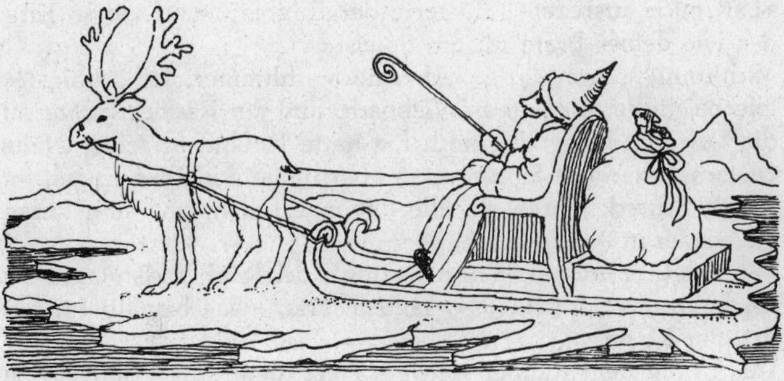

# Der Tanz des Räubers Horrificius

Gegen Abend nach der ersten Rast wollte Josef mit den Seinen wieder weiterziehen. Er nahm aber den Esel und ritt voraus hinter einen Hügel, um den Weg zu erkunden. »Es kann doch nicht mehr weit sein, bis Ägypten«, dachte er.
Indessen blieb die Muttergottes mit dem Kinde auf dem Schoß allein unter der Staude sitzen, und da geschah es, daß ein gewisser Horrificius des Weges kam, weithin bekannt als der furchtbarste Räuber in der ganzen Wüste. Das Gras legte sich flach vor ihm auf den Boden, die Palmen zitterten und warfen ihm gleich ihre Datteln in den Hut, und noch der stärkste Löwe zog den Schweif ein, wenn er die roten Hosen des Räubers von weitem sah. Sieben Dolche steckten in seinem Gürtel, jeder so scharf, daß er den Wind damit zerschneiden konnte, an seiner Linken baumelte ein Säbel, genannt der krumme Tod, und auf der Schulter trug er eine Keule, die war mit Skorpionschwänzen gespickt.
»Ha!« schrie der Räuber und riß das Schwert aus der Scheide.
»Guten Abend«, sagte die Mutter Maria. »Sei nicht so laut, er schläft!«
Dem Fürchterlichen verschlug es den Atem bei dieser Anrede, er holte aus und köpfte eine Distel mit dem krummen Tod.
»Ich bin der Räuber Horrificius«, lispelte er, »ich habe tausend Menschen umgebracht . . .«
»Gott verzeihe dir!« sagte Maria.
»Laß mich ausreden«, flüsterte der Räuber, »und kleine Kinder wie deines brate ich am Spieß!«
»Schlimm«, sagte Maria. »Aber noch schlimmer, daß du lügst!«
Hierbei kicherte etwas im Gebüsch, und der Räuber sprang in die Luft vor Entsetzen, noch nie hatte jemand in seiner Nähe zu lachen gewagt. Es kicherten aber nur die kleinen Engel, im ersten Schreck waren sie alle davongestoben, und nun saßen sie wieder in den Zweigen.
»Fürchtet ihr mich etwa nicht?« fragte der Räuber kleinlaut.
»Ach, Bruder Horrificius«, sagte Maria, »was bist du für ein lustiger Mann!«
Das drang dem Räuber lind ins Herz, denn, die Wahrheit zu

sagen, dieses Herz war weich wie Wachs. Als er noch in den Windeln lag, kamen schon die Leute gelaufen und entsetzten sich. »Wehe uns«, sagten sie, »sieht er nicht wie ein Räuber aus?« Später kam niemand mehr, sondern jedermann lief davon und warf alles hinter sich, und Horrificius lebte gar nicht schlecht dabei, obwohl er kein Blut sehen und kaum ein Huhn am Spieß braten konnte. Darum tat es nun dem Fürchterlichen in der Seele wohl, daß er endlich jemand gefunden hatte, der ihn nicht fürchtete.

»Ich möchte deinem Knaben etwas schenken«, sagte der Räuber, »nur habe ich leider nichts als lauter gestohlenes Zeug in der Tasche. Aber wenn es dir gefällt, dann will ich vor ihm tanzen!«

Und es tanzte der Räuber Horrificius vor dem Kinde, und kein lebendes Wesen hatte je dergleichen gesehen. Den krummen Tod hob er über sich gleich der silbernen Sichel des Mondes, die Beine schwang er unterhalb mit der Anmut einer Antilope und so geschwind, daß man sie nicht mehr zählen konnte. Er schleuderte alle sieben Dolche in die Luft und sprang durch den zerschnittenen Wind, gleich einer Feuerzunge wirbelte er wieder herab. So gewaltig und kunstvoll tanzte der Räuber, so überaus prächtig war er anzusehen mit seinen Ohrringen und dem gestickten Gürtel und den Federn auf dem Hut, daß sogar die Jungfrau Maria ein wenig Glanz in die Augen bekam. Auch die Tiere der Wüste schlichen herbei, die königliche Uräusschlange und die Springmaus und der Schakal, alle stellten sich im Kreise auf und klopften mit ihren Schwänzen den Takt in den Sand. Schließlich sank der Räuber erschöpft zu Füßen Marias nieder, und da schlief er auch gleich ein. Josef war längst weitergezogen, als er endlich wieder aufwachte und benommen seines Weges ging. Alsbald merkte er auch, daß ihn niemand mehr fürchtete.

»Vor dem Kinde hat er getanzt«, zischte die Schlange.

»Er hat ja ein weiches Herz!« erzählte die Springmaus überall.

Horrificius blieb in der Wüste, er legte seinen fürchterlichen Namen ab und wurde ein mächtiger Heiliger im Alter, es soll verschwiegen bleiben, wie er im Kalender heißt.

Wenn aber einer von euch etwas zu verbergen hätte und nur sein Herz wäre weich geblieben, so mag er getrost sein. Gott wird ihm dereinst verzeihen um des Kindes willen, wie dem großen Räuber Horrificius.

*Karl Heinrich Waggerl*

# Der Weihnachtsbaum

## *Die Geschichte des Christbaumes*

Die Sitte, die sich mittlerweile fast über die gesamte Welt ausgedehnt hat, einen Christbaum zum Weihnachtsfest aufzustellen, ist noch gar nicht so alt. Und doch geht sie in ihrer heutigen Darstellung auf ganz frühe Bräuche zurück.
Vor unserer christlichen Zeit beschwor man im Winter mit grünen Buschen und Bäumen die Wiederkehr des Frühlings. Im Norden, namentlich in England, dekorierte man in der Zeit der Wintersonnenwende Häuser mit immergrünen Büschen, denen man zuweilen schützende Wirkung zuschrieb. Die Kirche verbot im frühen Mittelalter den grünen Schmuck wegen des heidnischen Ursprungs. Unser grüner Nadelbaum, den wir auf dem Kontinent aufstellen, hat einen Vorläufer gehabt: den *weyhenacht meyen.* Das war grünes Reis, mit dem das Haus geschmückt wurde. Auch die heute zum Bestrafen gedachte Rute des Heiligen Nikolaus läßt sich auf diesen Ursprung zurückführen. Nur war die ursprüngliche Bedeutung ein segens- und glücksbringender Streich. Lebenskraft sollte auf den Menschen übergehen, der damit berührt wurde.
Ehe man die Tanne als Christbaum ins Haus holte, wurde der Wohnraum mit lauter Grün geschmückt. Aber zum Mittelpunkt damaliger Weihnachtsfeiern wurde der Tannenbaum erst im höfischen 17. Jahrhundert. Im 18. Jahrhundert gab es die verschiedensten Formen dieses Weihnachtsbaums, der mitunter von der Decke hing und Namen wie Christkindlesbaum oder Kinderzuckerbaum hatte.
Als Heimat des Tannenbaums darf das südliche Deutschland angenommen werden. Er ist vor allem das Weihnachtssymbol der evangelischen Kirche gewesen, gedacht als Gegensatz zur Weihnachtskrippe der katholischen Christen. Die Reformatoren des 16. Jahrhunderts wollten das Weihnachtsfest von den allzu volkstümlichen Bräuchen säubern und legten daher auch die Kinderbescherung vom 6. Dezember, dem Nikolaustag, auf den Weihnachtstag. Bis in unsere Tage fast war der Tannenbaum in den katholischen Ländern Europas ungebräuchlich, und erst

im 19. Jahrhundert ist er als Mittelpunkt der Weihnachtsfeier in den Kirchen aufgestellt worden.
Auch der Schmuck des Baumes – vor allem die brennenden Kerzen – hat eine tiefere Bedeutung. Das Licht der Kerze ist gleichsam jenes Licht, das mit Christus in die Welt gekommen ist. Martin Luther soll der erste gewesen sein, der Kerzen an einen Tannenbaum gesteckt hat. Seit dem Ende des 18. Jahrhunderts wurde als Christbaumschmuck vornehmlich der Rauschgoldengel aus Nürnberg berühmt. Im Biedermeier begann Nürnberg mit der Herstellung von vergoldeten und silbernen Nüssen und Lametta. Und wo immer ein Stern die Spitze des Christbaums ziert, symbolisiert er den Stern der drei Weisen, der ihnen den Weg zur Krippe weist.

## *Der Tannenbaum*

Draußen im Walde stand ein niedlicher kleiner Tannenbaum. Er hatte einen guten Platz; Sonne konnte er bekommen, Luft war genug da, und ringsherum wuchsen viele größere Kameraden, sowohl Tannen als Fichten. Der kleine Tannenbaum wünschte aber so sehnlich, größer zu werden. Er achtete nicht der warmen Sonne und der frischen Luft, er kümmerte sich nicht um die Bauernkinder, die da umhergingen und plauderten, wenn sie herausgekommen waren, um Erdbeeren und Himbeeren zu sammeln. Oft kamen sie mit einem ganzen Topf voll und hatten Erdbeeren an einen Strohhalm gereiht; dann setzten

sie sich neben den kleinen Tannenbaum und sagten: »Nein, wie niedlich klein ist der!« Das mochte der Baum gar nicht hören.
Im folgenden Jahre war er um einen bedeutenden Ansatz größer, und das Jahr darauf war er um noch einen länger; denn bei den Tannenbäumen kann man an den vielen Ansätzen, die sie haben, sehen, wie viele Jahre sie gewachsen sind.
»Oh, wäre ich doch so ein großer Baum, wie die anderen!« seufzte das kleine Bäumchen; »dann könnte ich meine Zweige so weit umher ausbreiten und mit der Krone in die weite Welt hinausblicken! Die Vögel würden dann Nester in meinen Zweigen bauen, und wenn der Wind wehte, könnte ich so vornehm nicken, gerade wie die andern dort!«
Er hatte gar keine Freude am Sonnenschein, an den Vögeln und an den roten Wolken, die morgens und abends über ihn dahin segelten. War es dann Winter und der Schnee lag weiß und funkelnd ringsumher, so kam häufig ein Hase gesprungen und setzte gerade über den kleinen Baum weg — oh, das war ihm so ärgerlich! — Aber zwei Winter vergingen, und im dritten war das Bäumchen so groß, daß der Hase um dasselbe herumlaufen mußte. »O wachsen, wachsen, groß und alt werden: das ist doch das einzig Schöne in dieser Welt!« dachte der Baum.
Im Herbst kamen immer Holzhauer und fällten einige der größten Bäume. Das geschah jedes Jahr, und den jungen Tannenbaum, der nun ganz gut gewachsen war, schauerte dabei; denn die großen, prächtigen Bäume fielen mit Prasseln und Krachen zur Erde, die Zweige wurden ihnen abgehauen, die Bäume sahen ganz nackt, lang und schmal aus; sie waren fast nicht mehr zu erkennen. Und dann wurden sie auf Wagen gelegt, und Pferde zogen sie davon, aus dem Wald hinaus.
Wo kommen sie hin? Was stand ihnen bevor?
Im Frühjahr, als die Störche und Schwalben kamen, fragte diese der Baum: »Wißt ihr nicht, wohin die großen Tannenbäume geführt wurden? Seid ihr ihnen nicht begegnet?« Die Schwalben wußten nichts; aber der Storch sah nachdenklich aus, nickte mit dem Kopf und sagte: »Ja, ich glaube wohl. Mir begegneten viele neue Schiffe, als ich aus Ägypten aufbrach; auf den Schiffen waren prächtige Mastbäume; ich darf annehmen, daß sie es waren, denn sie hatten Tannengeruch; ich kann vielmals grüßen; ja die prangen, die prangen!«
»Oh, wäre ich doch auch groß genug, um über das Meer hin-

fahren zu können! Wie ist denn eigentlich dieses Meer und wie sieht es aus?«

»Das zu erklären, ist zu weitläufig«, sagte der Storch, und damit flog er fort.

»Freue dich deiner Jugend«, sagten die Sonnenstrahlen; »freue dich deines frischen Wachstums, des jungen Lebens, das in dir ist.« Und der Wind küßte den Baum, und der Tau weinte Tränen über ihn; aber das verstand der Tannenbaum nicht.

Wenn es gegen die Weihnachtszeit ging, wurden ganz junge Bäume gefällt, Bäume, die oft nicht einmal so groß oder gleichen Alters mit dem Tannenbaum waren, der weder Ruhe noch Rast hatte, sondern immer davon wollte. Diese jungen Bäume, und es waren gerade die allerschönsten, behielten immer alle ihre Zweige; sie wurden auf Wagen gelegt, und Pferde zogen sie fort, aus dem Walde hinaus.

»Wohin sollen die?« fragte der Tannenbaum. »Sie sind nicht größer als ich, vielmehr war einer da, der war viel kleiner! Weshalb behielten sie alle ihre Zweige? Wohin fahren sie?«

»Das wissen wir! Das wissen wir!« zwitscherten die Sperlinge. »Unten in der Stadt haben wir die Fenster gesehen! Wir wissen, wohin sie fahren! Oh, sie gelangen zur größten Pracht und Herrlichkeit, die man nur denken kann! Wir haben in die Fenster gesehen und haben wahrgenommen, daß sie mitten in der warmen Stube aufgepflanzt und mit den schönsten Sachen geschmückt werden, mit vergoldeten Äpfeln, Honigkuchen, Spielzeug und vielen Hunderten von Lichtern.«

»Und dann?« fragte der Tannenbaum und bebte an allen Zweigen. »Und dann? Was geschieht dann?«

»Ja, mehr haben wir nicht gesehen! Das war unvergleichlich.«

»Ob ich wohl auch bestimmt bin, diesen strahlenden Weg zu betreten?« jubelte der Tannenbaum. »Das ist noch besser, als über das Meer zu ziehen! Wie leide ich an Sehnsucht! Wäre es doch Weihnachten! Nun bin ich groß und ausgewachsen, wie die andern, die im vorigen Jahre weggeführt wurden! Oh, wäre ich doch erst auf dem Wagen! Wäre ich doch erst in der warmen Stube mit aller Pracht und Herrlichkeit! Und dann –? Ja, dann kommt noch etwas Besseres, noch weit Schöneres, weshalb würden sie uns sonst so schmücken! Es muß noch etwas Größeres, noch etwas Herrlicheres kommen! Aber was? Oh, ich sehne mich, ich weiß selbst nicht, wie mir ist!«

»Freue dich unser!« sagten Luft und Sonnenschein; »freue dich deiner frischen Jugend im Freien!«
Aber er freute sich durchaus nicht und wuchs und wuchs; Winter und Sommer stand er grün; dunkelgrün stand er da; die Leute, die ihn sahen, sagten: »da ist ein schöner Baum!«, und zur Weihnachtszeit wurde er vor allen andern Tannenbäumen zuerst gefällt.
Die Axt hieb tief durch das Mark; der Baum fiel mit einem Seufzer zu Boden; er fühlte einen Schmerz, eine Ohnmacht; er konnte gar nicht an irgendein Glück denken, er war betrübt, von der Heimat scheiden zu müssen, von dem Flecke, auf dem er emporgeschossen war; er wußte ja, daß er die lieben alten Kameraden, die kleinen Büsche und Blumen ringsherum nie mehr sehen würde, ja vielleicht nicht einmal die Vögel. Die Abreise war durchaus nicht angenehm. Der Baum kam erst wieder zu sich selbst, als er, im Hofe mit anderen Bäumen abgepackt, einen Mann sagen hörte: »Dieser hier ist prächtig; wir brauchen nur diesen.«
Nun kamen zwei Diener im vollen Putz und trugen den Tannenbaum in einen großen, schönen Saal. Ringsumher an den Wänden hingen Bilder, und neben dem Kachelofen standen große, chinesische Vasen mit Löwen auf den Deckeln; da gab es Schaukelstühle, seidene Sofas, große Tische voll Bilderbücher und Spielzeug für hundertmal hundert Taler — wenigstens sagten das die Kinder. Und der Tannenbaum wurde in ein großes mit Sand gefülltes Gefäß gestellt; aber niemand konnte sehen, daß es ein Gefäß war, denn es wurde herum mit grünem Zeug behängt und stand auf einem großen bunten Teppich. Oh, wie der Baum bebte! Was wird wohl vorgehen? Sowohl die Diener als die Fräulein schmückten ihn. An seine Zweige hingen sie kleine Netze, ausgeschnitten aus farbigem Papier; jedes Netz war mit Zuckerwerk gefüllt; vergoldete Äpfel und Nüsse hingen herab, als wären sie festgewachsen, und über hundert rote, blaue und weiße Lichterchen wurden in den Zweigen festgesteckt. Puppen, die leibhaftig wie Menschen aussahen — der Baum hatte früher nie solche gesehen —, schwebten im Grünen, und hoch oben auf der Spitze wurde ein Stern von Flittergold befestigt — das war prächtig, ganz außerordentlich prächtig.
»Heut abend«, sagten alle, »heut abend wird es strahlen!«
»Oh«, dachte der Baum, »wäre es doch Abend! Würden nur die

Lichter bald angezündet! Und was dann wohl geschieht? Ob da wohl Bäume aus dem Walde kommen, mich zu sehen? Ob die Sperlinge gegen die Fensterscheibe fliegen? Ob ich hier festwachse und Winter und Sommer geschmückt werde?«
Ja, er riet nicht übel; aber er hatte ordentlich Borkenschmerzen vor lauter Sehnsucht, und Borkenschmerzen sind für einen Baum ebenso schlimm, wie Kopfschmerzen für uns andere.
Nun wurden die Lichter angezündet. Welcher Glanz! Welche Pracht! Der Baum bebte dabei vor Glück an allen Zweigen, so daß eins der Lichter das Grüne anbrannte; es sengte ordentlich. »Gott bewahre uns!« schrien die Fräulein und löschten es hastig aus. Jetzt durfte der Baum nicht einmal mehr beben. Oh, das war ein Grauen! Ihm war so bange, etwas von seinem Schmuck zu verlieren; er war ganz betäubt von all dem Glanze. — Und nun gingen beide Flügeltüren auf, und eine Menge Kinder stürzten herein, als wollten sie den ganzen Baum umwerfen; die älteren Leute kamen bedächtig nach. Die Kleinen standen ganz stumm — aber nur einen Augenblick, dann jubelten sie wieder, daß es nur so schallte, sie tanzten um den Baum herum, und ein Geschenk nach dem andern wurde abgepflückt. »Was machen sie?« dachte der Baum. »Was soll geschehen?« Und die Lichter brannten bis dicht an die Zweige herunter, und je nachdem sie niederbrannten, wurden sie ausgelöscht, und dann erhielten die Kinder Erlaubnis, den Baum zu plündern. Oh, sie stürzten auf ihn ein, daß es in allen Zweigen knackte; wäre er nicht mit der Spitze und mit dem Goldsterne an der Decke befestigt gewesen, so wäre er umgestürzt.
Nun tanzten die Kinder mit ihrem prächtigen Spielzeug herum. Nach dem Baum aber sah niemand, ausgenommen das alte Kindermädchen, welches kam und zwischen die Zweige blickte, aber nur, um zu sehen, ob nicht noch eine Feige oder ein Apfel vergessen worden sei.
»Eine Geschichte! Eine Geschichte!« riefen die Kinder und zogen einen kleinen dicken Mann zu dem Baume hin; und er setzte sich gerade unter denselben, »denn da sind wir im Grünen«, sagte er, »und der Baum kann besonderen Nutzen davon haben, zuzuhören. Aber ich erzähle nur eine Geschichte. Wollt ihr die von Jvede-Avede oder die von Klumpe-Dumpe hören, der die Treppe hinunterfiel und doch zu Ehren kam und die Prinzessin erhielt?«

»Jvede-Avede!« schrien einige. »Klumpe-Dumpe!« schrien andere; das war ein Rufen und Schreien! Nur der Tannenbaum schwieg ganz still und dachte: »Komme ich gar nicht mit, werde ich nichts dabei zu tun haben?« Er war ja mit gewesen, hatte ja geleistet, was er sollte.
Und der Mann erzählte von Klumpe-Dumpe, welcher die Treppe hinunterfiel und doch zu Ehren kam und die Prinzessin erhielt. Und die Kinder klatschten in die Hände und riefen: »Erzähle! erzähle!« Sie wollten auch die Geschichte von Jvede-Avede hören, aber sie bekamen nur die von Klumpe-Dumpe. Der Tannenbaum stand ganz stumm und gedankenvoll: nie hatten die Vögel im Walde dergleichen erzählt. »Klumpe-Dumpe fiel die Treppe hinunter und bekam doch die Prinzessin! Ja, ja, so geht es in der Welt zu!« dachte der Tannenbaum und glaubte, daß es wahr sei, weil es so ein netter Mann war, der es erzählte. »Ja, ja! Wer kann es wissen! Vielleicht falle ich auch die Treppe hinunter und bekomme eine Prinzessin.« Und er freute sich darauf, den nächsten Tag wieder mit Lichtern und Spielzeug, mit Gold und Früchten angeputzt zu werden.
»Morgen werde ich noch glücklicher sein!« dachte er. »Ich will mich recht aller meiner Herrlichkeit freuen. Morgen werde ich wieder die Geschichte von Klumpe-Dumpe und vielleicht auch die von Jvede-Avede hören.« Und der Baum stand die ganze Nacht still und gedankenvoll.
Am Morgen kamen die Diener und das Mädchen herein.
»Nun beginnt das Schmücken aufs neue!« dachte der Baum. Aber sie schleppten ihn zum Zimmer hinaus, die Treppe hinauf auf den Boden, und hier, in einen dunklen Winkel, wo kein Tageslicht hinschien, stellten sie ihn hin. »Was soll das bedeuten?« dachte der Baum. »Was soll ich hier wohl machen? Was mag ich wohl hören sollen?« Und er lehnte sich an die Mauer und dachte und dachte. – Und er hatte Zeit genug; denn es vergingen Tage und Nächte: niemand kam hinauf; und als endlich jemand kam, so geschah es, um einige große Kasten in den Winkel zu stellen. Nun stand der Baum ganz versteckt; man mußte glauben, daß er völlig vergessen sei.
»Jetzt ist es Winter draußen«, dachte der Baum. »Die Erde ist hartgefroren und mit Schnee bedeckt, die Menschen können mich jetzt nicht pflanzen; deshalb soll ich wohl bis zum Frühjahr hier im Schutze stehen. Wie wohlbedacht das ist! Wie die

Menschen doch so gut sind! – Wäre es hier nur nicht so dunkel und so schrecklich einsam! Nicht einmal ein kleiner Hase läßt sich sehen! – Das war doch so schön draußen im Walde, wenn der Schnee lag und der Hase vorübersprang, ja, selbst als er über mich hinwegsprang; aber damals konnte ich es nicht leiden. Hier oben ist es doch schrecklich einsam!«

»Piep, piep!« sagte da eine kleine Maus und huschte hervor, und dann kam noch eine. Sie beschnüffelten den Tannenbaum und dann schlüpften sie zwischen seine Zweige.

»Es ist eine greuliche Kälte«, sagten die kleinen Mäuse. »Sonst ist es hier gut sein; nicht wahr, du alter Tannenbaum?«

»Ich bin gar nicht alt!« sagte der Tannenbaum; »es gibt viele, die weit älter sind als ich!«

»Wo kommst du her?« fragten die Mäuse, »und was weißt du?« Sie waren gewaltig neugierig. »Erzähle uns doch von dem schönsten Orte auf Erden! Bist du dort gewesen? Bist du in der

Speisekammer gewesen, wo Käse auf den Brettern liegen und Schinken unter der Decke hängen, wo man auf Talglicht tanzt, mager hineingeht und fett herauskommt?«

»Das kenne ich nicht!« sagte der Baum. »Aber den Wald kenne ich, wo die Sonne scheint und wo die Vögel singen.« Und dann erzählte er alles aus seiner Jugend, und die kleinen Mäuse hatten früher dergleichen nie gehört, und sie horchten auf und sagten: »Nein, wieviel du gesehen hast! Wie glücklich du gewesen bist!«

»Ich?« sagte der Tannenbaum und dachte über das, was er selbst erzählte, nach. »Ja, es waren im Grunde ganz fröhliche Zeiten!« – Aber dann erzählte er vom Weihnachtsabend, wo er mit Kuchen und Lichtern geschmückt gewesen war.

»Oh«, sagten die kleinen Mäuse, »wie glücklich du gewesen bist, du alter Tannenbaum!«

»Ich bin gar nicht alt!« sagte der Baum. »Erst diesen Winter bin ich vom Walde gekommen! Ich bin nur so im Wachstum zurückgeblieben.«

»Wie schön du erzählst!« sagten die kleinen Mäuse. Und in der nächsten Zeit kamen sie mit vier andern kleinen Mäusen, die den Baum erzählen hören sollten, und je mehr er erzählte, desto deutlicher erinnerte er sich selbst an alles und dachte: »Es waren doch ganz fröhliche Zeiten! Aber sie können wiederkommen; Klumpe-Dumpe fiel die Treppe hinunter und erhielt doch die Prinzessin; vielleicht kann ich auch eine Prinzessin bekommen!« Und dann dachte der Tannenbaum an eine kleine niedliche Birke, die draußen im Walde wuchs; das war für den Tannenbaum eine wirkliche, schöne Prinzessin.

»Wer ist Klumpe-Dumpe?« fragten die kleinen Mäuse. Und dann erzählte der Tannenbaum das ganze Märchen; er konnte sich jedes einzelnen Wortes entsinnen, und die kleinen Mäuse waren nahe daran, aus reiner Freude bis an die Spitze des Baumes zu springen. In der folgenden Nacht kamen weit mehr Mäuse, und am Sonntage sogar zwei Ratten. Aber sie meinten, die Geschichte sei nicht hübsch, und das betrübte die kleinen Mäuse, denn nun hielten sie auch weniger davon.

»Wissen Sie nur eine Geschichte?« fragten die Ratten.

»Nur die eine«, antwortete der Baum; »die hörte ich an meinem glücklichsten Abend; damals dachte ich nicht daran, wie glücklich ich war.«

»Das ist eine höchst alberne Geschichte! Wissen Sie keine von Speck oder Talglicht? Keine Speisekammergeschichte?«
»Nein«, sagte der Baum.
»Dann danken wir dafür!« erwiderten die Ratten und gingen zu den Ihrigen zurück.
Die kleinen Mäuse blieben zuletzt auch weg, und da seufzte der Baum: »Es war doch ganz hübsch, als sie um mich herumsaßen, die beweglichen kleinen Mäuse, und zuhörten, wie ich erzählte! Nun ist auch das vorbei! – Aber ich werde daran denken, mich zu freuen, wenn man mich wieder hervorholt!«
Aber wann geschah das? – Ja, es war eines Morgens, da kamen Leute und wirtschafteten auf dem Boden; die Kasten wurden weggesetzt, der Baum wurde hervorgezogen; sie warfen ihn freilich ziemlich hart gegen den Fußboden, und ein Diener schleppte ihn sogleich nach der Treppe hin, wo der Tag leuchtete.
»Nun beginnt das Leben wieder!« dachte der Baum; er fühlte die frische Luft, die ersten Sonnenstrahlen – und nun war er draußen im Hofe. Alles ging so geschwind; der Baum vergaß völlig sich selbst zu betrachten; da war so vieles ringsumher zu sehen. Der Hof stieß an einen Garten, und alles blühte darin: die Rosen hingen so frisch und duftend über das kleine Gitter hinaus, die Lindenbäume blühten, und die Schwalben flogen umher und zwitscherten: »Quirre virrevit, mein Mann ist kommen!« Aber es war nicht der Tannenbaum, den sie meinten.
»Nun werde ich leben!« jubelte dieser und breitete seine Zweige weit aus; aber ach, sie waren alle vertrocknet und gelb, und er lag da im Winkel zwischen Unkraut und Nesseln. Der Stern von Goldpapier saß noch oben an der Spitze und glänzte im hellen Sonnenschein.
Im Hofe selbst spielten einige von den muntern Kindern, die zur Weihnachtszeit den Baum umtanzt hatten und so fröhlich über ihn gewesen waren. Eins der kleinsten lief hin und riß den Goldstern ab.
»Sieh, was da noch an dem häßlichen alten Tannenbaum sitzt!« sagte es und trat auf die Zweige, daß sie unter seinen Stiefeln knackten.
Und der Baum sah auf all die Blumenpracht und Frische im Garten; er betrachtete sich selbst und wünschte, daß er in seinem dunklen Winkel auf dem Boden liegen geblieben wäre; er gedachte seiner frischen Jugend im Walde, des lustigen Weih-

nachtsabends und der kleinen Mäuse, die so munter die Geschichte von Klumpe-Dumpe angehört hatten.
»Vorbei, vorbei!« sagte der verdorrte Baum. »Hätte ich mich doch gefreut, als ich noch konnte! Vorbei! Vorbei!«
Und der Knecht kam und hieb den Baum in kleine Stücke; ein ganzes Bündel lag da; hell flackerte es auf unter dem großen Braukessel; und er seufzte tief, und jeder Seufzer war einem kleinen Schusse gleich; deshalb liefen die Kinder, die da spielten, herbei und setzten sich vor das Feuer, blickten in dasselbe hinein und riefen: »Piff, pfaff!« Aber bei jedem Knall, der ein tiefer Seufzer war, dachte der Baum an einen Sommertag im Walde, oder an eine Winternacht da draußen, wenn die Sterne funkelten; er dachte an den Weihnachtsabend und an Klumpe-Dumpe, das einzige Märchen, welches er gehört hatte und zu erzählen wußte, und dann war der Baum verbrannt.
Die Knaben spielten im Garten, und der kleinste hatte den Goldstern auf der Brust, den der Baum an seinem glücklichsten Abend getragen; und nun war der vorbei, und mit dem Baume war es vorbei und mit der Geschichte auch; vorbei, vorbei — und so geht es mit allen Geschichten!

*Hans Christian Andersen*

# Tips in letzter Minute

Ein Fußboden von Tannennadeln übersät und mit Wachsflecken bekleckert — das muß nicht sein! Legen Sie vor dem Schmücken einfach einen kreisförmigen Bogen *Alufolie* unter, bevor Sie den Weihnachtsbaum aufstellen ...
... oder verzichten Sie dieses Jahr ganz auf den riesengroßen, zimmerfüllenden Tannenbaum. Vor allem dann, wenn Sie einmal ohne Kinder feiern. Kaufen Sie dafür ein *Bäumchen im Topf,* das Sie nach dem Fest im Garten einpflanzen oder verschenken können.
Sollten Sie sich doch zu einem großen Baum entschließen, machen Sie es doch ganz perfekt: Sorgen Sie neben Kerzen und Kugeln auch für einen *Feuerlöscher*. Ist Ihnen das zu kostspielig,

sprechen Sie sich mit Nachbarn im gleichen Flur oder im Haus nebenan ab – kaufen Sie gemeinsam einen Apparat und deponieren ihn an einem leicht zugänglichen, vereinbarten Platz.
Weihnachten mit oder ohne Schnee? Diese Frage läßt sich vor dem Fest nicht beantworten. Für alle Fälle können Sie jedoch den *Schlitten* für den ›Ernstfall‹ präparieren: Kufen entrosten, vielleicht noch schnell frisch bemalen und ein neues Zugseil einziehen.
Auch die *Hausapotheke* sollte man kurz vor Weihnachten einer gründlichen Kontrolle unterziehen. Während der Feiertage wird überall üppiger gegessen und reichlicher getrunken als sonst. Magenverstimmung und Kopfweh müssen nicht sein, wenn die entsprechenden Hausmittel griffbereit liegen – also: Kopfschmerztabletten, Abführmittel, Alka-Seltzer, Kohletabletten usw.
Tankwarte möchten ebenso Weihnachten feiern wie andere Leute. Denken Sie daran, Ihr Auto ausreichend mit *Benzin* zu versorgen, denn viele Tankstellen schließen über die Festtage.

# Schmücken des Weihnachtsbaumes

## *Den schönsten Baum fürs schönste Fest*

Die folgenden Vorschläge sind für Christbäumchen gedacht, die, nachdem sie ihre Pflicht als Weihnachtsbäume erfüllt haben, im Garten eingepflanzt werden können. Die Tannenbäumchen sind ca. 30 cm groß und werden samt Ballen ausgegraben.

### Paketbäumchen

Stellen Sie die Tanne in ein verschnürtes Paket und hängen Sie an die Zweige hübsch eingewickelte Päckchen mit Überraschungen. Blaue Kerzen und blaugetupfte Schleifen runden das Bild harmonisch ab.

## Obstbäumchen

Der Tannenbaumfuß besteht aus einer kleinen Gemüsekiste. Geschmückt wird das Bäumchen mit Mandarinen, Schokoladenweihnachtsmännern, Tannenzapfen und orangefarbenen Kerzen.

## Perlenbäumchen

Das Tannenbäumchen steht in einem großen Blumentopf und wird mit Perlen- und Bonbonketten, Silberketten, roten Schokoladenherzen, bunten Jahrmarktsbällen und roten Kugelherzen geschmückt.

## Glasbäumchen

Hier besteht der Ständer aus einem Glaspott, der mit zerknüllter Silberfolie gefüllt wurde. Die Tanne wird mit Glaskugeln, glitzernden Plastikanhängern und weißen Kerzen besteckt.

## Spielbäumchen

Der Ballen dieses Bäumchens steckt in einer buntbeklebten Waschpulvertonne, und der Baumschmuck besteht aus kunterbuntem Spielzeug und verschiedenfarbigen Kerzen.

## Blumenbäumchen

Dieses sehr fein aussehende Weihnachtsbäumchen steht in einem Korb und ist behängt mit winzigen silbernen Kugeln und vielen kleinen Papierblumensträußchen.

## Sternbäumchen

Das Bäumchen wird dicht behängt mit Sternen, die aus goldener Pappe ausgeschnitten wurden. Die Kerzen sind goldgelb, und den Tannenfuß bildet eine Messingdose, die ebenfalls mit goldenen Sternen beklebt wurde.

## Kuchenbäumchen

An diesen Tannenbaum wird selbstgebackener Lebkuchenschmuck gebunden. Sterne, Herzen und Kreise sind mit roten Bändchen befestigt, die farblich genau zu den Kerzen passen. Das Christbäumchen steht in einem Holzfäßchen oder -eimer.

Hier noch einige Vorschläge für hübschen Christbaumschmuck:

## Weihnachtsstern

Nach Vorlage können Sie ihn beliebig vergrößern oder verkleinern. Form auf Pappe zeichnen und ausschneiden. Damit der Stern schön glänzt, ist er auf beiden Seiten mit Glanzpapier beklebt. Die Form des Papiers zeichnen Sie der Pappe nach. Zum Schluß eine Stoffborte mit Papierkleber aufkleben. Und zwar von der Mitte aus zu jeder Spitze des Sterns. In der Mitte verdeckt ein aufgeklebter Papierstern die Ansatzstellen der Borten.

## Herz

Auch ein Herz wird aus Pappe und von beiden Seiten mit Glanzpapier beklebt. Auf der Rückseite wird zwischen Pappe und Glanzpapier eine Kordelschlinge (zum Aufhängen) dazwischengeklebt. Zum Schluß, von der unteren Spitze beginnend, zwei Reihen Borte aufkleben.

## Vogel

Für den Vogel werden zwei Grundformen aus dünner Pappe ausgeschnitten und gegengleich mit farbigem Papier überzogen. Eine der beiden Grundformen (sie wird später die Vorderansicht) dann entsprechend den im Schnittmuster eingezeichneten Linien abwechselnd mit Seiden- und Glitzerborte umkleben. Die Borten auf der Rückseite enden lassen. Diese Enden verdeckt die zweite Grundform, die nun darübergeklebt wird. Beim Zusammenkleben der beiden Teile gleichzeitig für den Schwanz vier Bortenschlingen und eine Kordelschlinge zum Aufhängen zwischenfassen.

## Sterne

Sie sind aus Buntpapier und bestehen aus je zwei gleichen Teilen, die gegeneinander geklebt werden. Einige Sterne werden mit einem andersfarbigen Kreis geschmückt. Sterne und Kreise können Sie auf das Buntpapier übertragen. Dazu brauchen Sie einen Zirkel. Für den Sternkörper Kreise von 4,5 Zentimeter Durchmesser schlagen, für die Zackenumrisse Kreise mit 6 Zentimeter Durchmesser (vom selben Mittelpunkt aus). Die 1 Zentimeter breiten Zacken mit der Hand einzeichnen, den Stern ausschneiden.

# *Der erste Christbaum bei den Waldbauern*

Es waren die ersten Weihnachtsferien meiner Studienzeit. Wochenlang hatte ich schon die Tage, endlich die Stunden gezählt bis zum Morgen der Heimfahrt von Graz ins Alpel. Und als der Tag kam, da stürmte und stöberte es, daß mein Eisenbahnzug steckenblieb. Da stieg ich aus und ging zu Fuß, frisch und lustig, sechs Stunden lang durch das Tal, wo der Frost mir Nase und Ohren abschnitt, daß ich sie gar nicht mehr spürte. Durch den Bergwald hinauf, wo mir so warm wurde, daß die Ohren auf einmal wieder da waren und heißer als je im Sommer.

So kam ich, als es schon dämmerte, glücklich hinauf, wo das alte Haus, schimmernd durch Gestöber und Nebel, wie ein verschwommener Fleck stand, einsam mitten in der Schneewüste. Als ich eintrat, wie war die Stube so klein und niedrig und dunkel und warm – urheimlich. In den Stadthäusern verliert man ja allen Maßstab für ein Waldbauernhaus. Aber man findet sich gleich hinein, wenn die Mutter den Ankömmling ohne alle Umstände so grüßt: »Na, weil d' nur da bist!«

Auf dem offenen Steinherd prasselte das Feuer, in der guten Stube wurde eine Kerze angezündet. »Mutter, nit!« wehrte ich ab, »tut lieber das Spanlicht anzünden, das ist schöner.«

Sie tat's aber nicht. Das Kienspanlicht ist für die Werktage. Weil nach langer Abwesenheit der Sohn heimkam, war für die Mutter Feiertag geworden. Darum die festliche Kerze.

Als die Augen sich an das Halblicht gewöhnt hatten, sah ich auch das Nickerl, das achtjährige Brüderlein. Es war das jüngste und letzte. »Ausschauen tust gut!« lobte die Mutter meine vom Gestöber geröteten Wangen.

Der kleine Nickerl aber sah blaß aus. »Du hast ja die Stadtfarb, statt meiner!« sagte ich, und habe gelacht. Die Sache war so. Der Kleine tat husten, den halben Winter schon. Und da war eine alte Hausmagd, die sagte es täglich wenigstens dreimal, daß für ein »hustendes Leut« nichts schlechter sei als »der kalte Luft«. Sie verbot es, daß der Kleine hinaus vor die Türe ging. Ich glaube, deshalb war er so blaß, und nicht des Hustens halber.

In der dem Christfest vorhergehenden Nacht schlief ich wenig – etwas Seltenes in jenen Jahren. Die Mutter hatte mir auf dem Herde ein Bett gemacht mit der Weisung, die Beine nicht zu weit auszustrecken, sonst kämen sie in die Feuergrube, wo die Kohlen glosten. Die glosenden Kohlen waren gemütlich, das knisterte in der stillfinsteren Nacht so hübsch und warf einen leichten Glutschein an die Wand, wo in einem Gestelle die buntbemalten Schüsseln lehnten. Da war ein Anliegen, über das ich schlüssig werden mußte in dieser Nacht, ehe die Mutter an den Herd trat, um die Morgensuppe zu kochen. Ich hatte viel sprechen gehört davon, wie man in den Städten Weihnachten feiert. Da sollen sie ein Fichtenbäumchen, ein wirkliches kleines Bäumlein aus dem Wald, auf den Tisch stellen, an seinen Zweigen Kerzlein befestigen, sie anzünden, darunter sogar Geschenke für die Kinder hinlegen und sagen, das Christkind hätte es gebracht. Nun hatte ich vor, meinem kleinen Bruder, dem Nickerl, einen Christbaum zu errichten. Aber alles im geheimen, das gehört dazu. Nachdem es soweit taglicht geworden war, ging ich in den frostigen Nebel hinaus. Und just dieser Nebel schützte mich vor den Blicken der ums Haus herum arbeitenden Leute, als ich vom Wald her mit einem Fichtenwipfelchen gegen die Wagenhütte lief.

Dann ward es Abend. Die Gesindleute waren noch in den Ställen beschäftigt oder in den Kammern, wo sie sich nach der Sitte des Heiligen Abends die Köpfe wuschen und ihr Festgewand herrichteten. Die Mutter in der Küche buk die Christtagskrapfen, und der Vater mit dem kleinen Nickerl besegnete den Hof. Hatte nämlich der Vater in einem Gefäß glühende Kohlen, hatte auf dieselben Weihrauch gestreut und ging damit durch alle Räume des Hofs, um sie zu beräuchern und dabei schweigend zu beten. Es sollten böse Geister vertrieben und gute ins Haus gesegnet werden.

Dieweilen also die Leute draußen zu tun hatten, bereitete ich in der großen Stube den Christbaum. Das Bäumchen, das im Scheite stak, stellte ich auf den Tisch. Dann schnitt ich vom Wachsstock zehn oder zwölf Kerzchen und klebte sie an die Ästlein. Unterhalb, am Fuße des Bäumchens, legte ich einen Wecken hin.

Da hörte ich über der Stube auf dem Dachboden auch schon Tritte – langsame und trippelnde. Sie waren schon da und segneten den Bodenraum. Bald würden sie in der Stube sein, mit der wir den Rauchgang zu beschließen pflegten. Ich zündete die Kerzen an und versteckte mich hinter dem Ofen.

Die Tür ging auf, sie traten herein mit ihren Weihgefäßen und standen still. »Was ist denn das?« sagte der Vater mit leiser, langgezogener Stimme. Der Kleine starrte sprachlos drein. In seinen großen, runden Augen spiegelten sich wie Sternlein die Christbaumlichter. – Der Vater schritt langsam zur Küchentür und flüsterte hinaus: »Mutter, Mutter! Komm ein wenig herein.« Und als sie da war: »Mutter, hast du das gemacht?«

»Maria und Josef!« hauchte die Mutter, »was lauter habens denn da auf den Tisch getan?« Bald kamen auch die Knechte und die Mägde herbei, hell erschrocken über die seltsame Erscheinung. Da vermutete einer, ein Junge, der aus dem Tal war: Es könnte ein Christbaum sein ...

Sollte es denn wirklich wahr sein, daß Engel solche Bäumlein vom Himmel bringen? – Sie schauten und staunten. Und aus des Vaters Gefäß qualmte der Weihrauch und erfüllte schon die ganze Stube, so daß es war wie ein zarter Schleier, der sich über das brennende Bäumchen legte.

Die Mutter suchte mit den Augen in der Stube herum: »Wo ist denn der Peter?«

Da erachtete ich es an der Zeit, aus dem Ofenwinkel hervorzutreten. Den kleinen Nickerl, der immer noch sprachlos und unbeweglich war, nahm ich an den kühlen Händchen und führte ihn vor den Tisch. Fast sträubte er sich. Aber ich sagte – selber tief feierlich gestimmt – zu ihm: »Tu dich nicht fürchten, Brüderl! Schau, das lieb Christkindl hat dir einen Christbaum gebracht. Der ist dein.«

Und da hub der Kleine an zu wiehern vor Freude und Rührung, und die Hände hielt er gefaltet wie in der Kirche.

Öfter als vierzigmal seither habe ich den Christbaum erlebt, mit mächtigem Glanz, mit reichen Gaben und freudigem Jubel unter Großen und Kleinen. Aber größere Christbaumfreude, ja eine so helle Freude hab ich noch nicht gesehen, als jene meines kleinen Brüderlein Nickerl – dem es so plötzlich und wundersam vor Augen trat – ein Zeichen dessen, der da vom Himmel kam.

*Peter Rosegger*

# Krippenspiele

Die Krippe ist noch heute Herz und Kern aller Weihnachtsbräuche. Vor allem in den deutschen Frauenklöstern des Mittelalters ist das Christkind als das gefatschte Kind gehegt und verehrt worden. Dort ist auch die Sitte des Kindlwiegens entstanden. Uns ist diese Sitte heute noch gegenwärtig durch Lieder im Wechselgang zwischen Joseph und Maria. Aus diesen Quellen sind auch die Krippenspiele mit ihren verschiedenen Hirtenszenen entstanden.

## *Krippenspiel*

*von Jürgen Beuche (ab 12 Jahren zu spielen)*

Dieses Spiel, das die Weihnachtsgeschichte lebendig darstellt, verzichtet auf schmückendes Beiwerk. Die Lieder bilden die Überleitung von Bild zu Bild. Das Spiel soll im Kreis der Gäste und Spieler dargestellt werden. So sitzen die Wirte zwischen den Gästen; sie treten auf Anruf mit einer brennenden Laterne vor oder entzünden die Lampe ›vor ihrem Haus‹, wodurch der Ort des Geschehens hinreichend gekennzeichnet ist. Maria und Joseph kommen in den Kreis und finden überall Abweisung, bis sie im Stall zu Bethlehem Zuflucht finden. Dieser ist durch seine zentrale Lage im Hintergrund so weit hervorgehoben, daß auf eine ›Kulisse‹ verzichtet werden kann oder daß eine knappe Andeutung genügt. Dieses Krippenspiel erfordert deshalb keine Bühne. Die Spieler schreiten von Spielort zu Spielort und füllen so den ganzen freien Raum aus. Der Spielplan soll eine der möglichen Spielformen veranschaulichen.

Die Lieder werden fast ausnahmslos von allen Anwesenden gemeinsam gesungen, wobei der Chor den Zusammenhalt gewährt.

LIED: »Es kommt ein Schiff, geladen . . .«

1. ERZÄHLER: Es begab sich aber zu der Zeit, daß ein Gebot vom Kaiser Augustus ausging, daß alle Menschen geschätzt würden; und jeder ging in seine Vaterstadt, um sich dort aufschreiben zu lassen.

2. ERZÄHLER: Da machten sich auch auf Maria und Joseph aus der Stadt Nazareth, um nach Bethlehem zu reisen, damit sie sich dort schätzen ließen.

3. ERZÄHLER: Maria erwartete aber ihr erstes Kind, von dem ihr der Engel geweissagt hatte: Du wirst einen Sohn zur Welt bringen, der wird ein Sohn des Höchsten genannt werden; und Gott der Herr wird ihn zum König erheben, und seines Königreichs wird kein Ende sein.

LIED: »Ach, bitt'rer Winter, wie bist du kalt« (1. Strophe)

JOSEPH: Die Nacht wird kalt. Da, sieh nur, wie die Sterne funkeln. Ich wollt, wir säßen schon an einem warmen Herd und hätten einen Raum, um uns zu betten und um auszuruhn.

MARIA: Du hast wohl recht; doch trage nicht zu schwere Sorge. Wir werden sicher noch ein Wirtshaus finden. Dort drüben schimmert Licht. Da wollen wir um Obdach bitten.

JOSEPH: Es ist die Lampe, die vor einem Wirtshaus brennt. Laß uns hinübergehn und klopfen!

EIN WIRT: Seid mir gegrüßt! Seid mir willkommen! Ihr klopft sehr spät; verratet mir, woher ihr kommt, und sagt, wie ich euch dienen kann!

JOSEPH: Verzeiht, wenn wir euch stören! Wir sind aus Nazareth und schon seit vielen Tagen auf der Reise. Ich bitte euch, beherbergt uns!

WIRT: Wir wollen sehen, was sich machen läßt. Schafft mir die Reitkamele in den Stall, damit ich sie versorgen kann.

JOSEPH: Wir sind zu Fuß aus Nazareth gekommen.

WIRT: Zu Fuß aus Nazareth? Das ist ein weiter, mühevoller Weg! Ihr werdet sicher müde sein. – Und dennoch muß ich euch enttäuschen. Mein Haus ist leider voll. Soeben fällt mir ein, die letzten Zimmer sind bereits vergeben.

JOSEPH: Und ihr habt keine Kammer mehr? So klein sie immer sei, sie sollte uns willkommen sein.

WIRT: Es tut mir leid. Das ganze Haus ist voller Gäste. Doch seid beruhigt, Bethlehem ist groß; ihr werdet sicher noch ein Obdach finden. Lebt wohl!

LIED: »Die bunten Blümlein . . .« (»Ach bitt'rer Winter«, 2. Strophe)

MARIA: Siehst du das Licht? Dort wollen wir noch einmal fragen.

JOSEPH: Um deinetwillen will ich's tun; und gebe Gott, wir finden offene Türen.

EIN ZWEITER WIRT: Wer klopft? Was soll der Lärm zu dieser späten Stunde?

JOSEPH: Wir bitten um ein Lager für die Nacht und einen Platz am warmen Herd. Der Weg war weit, und unsere Füße schmerzen.

WIRT: Wenn euch das Reisen so viel Mühe macht, dann bleibt zu Haus. Habt selber schuld, wenn ihr jetzt friert. Man geht nicht ungestraft zur Nachtzeit auf die Straße!

JOSEPH: Wir folgen dem Gebot des Kaisers, Herr!

WIRT: Dann bittet euren Kaiser, daß er für euch sorgt. Geht fort! Ich habe nichts mit euch zu schaffen!

LIED: »Maria durch den Dornwald ging«

JOSEPH: Ich wage jetzt nicht mehr zu hoffen. Wir kommen in der Nacht und nicht als reiche Leute. Da wird uns niemand Unterkunft gewähren.

MARIA: Sei nicht verzagt! Komm mit in diesen Stall! Die Türe ist nur angelehnt. Drinnen ist's warm.

JOSEPH: Das geht nicht an! Du brauchst ein besseres Lager als nur ein Bündel Stroh.

MARIA: Mein lieber Joseph, laß! Der Abend stieg so silberklar herauf, und in den Ohren tönt mir wie aus weiten Fernen wundersamer Sang. Ich fühle, es ist Zeit.

JOSEPH: So laß uns gehn; es wird Gottes Wille sein.

LIED: »Vom Himmel hoch, o Englein kommt«

1. HIRT: Wie unruhig heut die Schafe sind. Die Muttertiere rufen nach den Lämmern, und ängstlich drängen sie zusammen.
2. HIRT: Vielleicht umschleicht ein Wolf die Herde.
3. HIRT: Den hätten unsere Hunde längst gewittert. Sieh hin, auch sie verkriechen sich im Dunkel unserer Hütten!
4. HIRT: Sie fürchten sicherlich das Licht des neuen Sterns, der Nacht für Nacht in größerem Glanz erstrahlt.

1. HIRT: Ich weiß noch, ungefähr vor einer Woche, da stand er plötzlich da.
3. HIRT: Und aus der Nacht ward Dämmerung! Die alten Leute hier in Bethlehem erinnern sich nicht, so etwas je gesehn zu haben.
2. HIRT: Auch in den Büchern steht nichts Ähnliches verzeichnet.
4. HIRT: Da, schaut das Wunder! Der milde Schein wird hell und heller!
1. HIRT: Der Himmel öffnet sich!
3. HIRT: Wir sind verloren!
4. HIRT: Flieht!

LIED: »Vom Himmel hoch, da komm ich her« (1. bis 3. Strophe)

ENGEL: Fürchtet euch nicht; siehe, ich verkündige euch eine große Freude, die allem Volke widerfahren wird; denn euch ist heute der Heiland geboren, welcher ist Christus, der Herr, in der Stadt Bethlehem! Und das habt zum Zeichen: Ihr werdet finden das Kind in Windeln gewickelt und in einer Krippe liegen.

CHOR DER ENGEL: »Ehre sei Gott in der Höhe« (Kanon)

1. HIRT: Nun sind die Engel fort und in den Himmel heimgekehrt.
2. HIRT: Auch ihre Jubellieder sind verklungen. Jetzt ist es auf den Feldern fast noch stiller als zuvor.
3. HIRT: Man könnte meinen, dies alles sei ein Trugbild oder Traum gewesen.
4. HIRT: Und doch geschah das Wunder hier vor unseren Augen. Der Engel sprach zu uns und hat uns angesehn.
1. HIRT: Wir wollen gehn und unsern Heiland suchen.
3. HIRT: Gewiß hat uns der Herr auch diesen Stern gesandt, der nun seit Tagen schon die Nacht vergessen macht.
4. HIRT: Jetzt steht er über Bethlehem, dort, wo die letzten Häuser sind. Da werden wir das Kindlein finden.

LIED: »O laufet, ihr Hirten!«

1. HIRT: Folgt mir geschwind! Hier ist der Stall, worin die Krippe steht.
3. HIRT: Wie ärmlich und zerfallen doch die Hütte ist.
4. HIRT: Das Kindlein wird sicher frieren.
2. HIRT: Ach, sieh! Maria hält es gut und warm. Ihm wird gewiß nichts fehlen.
1. HIRT: Wir wolln zum Christkind gehn und es von Herzen grüßen.
4. HIRT: Erschreckt nicht, liebe Frau; ein Engel brachte uns die frohe Botschaft, daß unser Heiland hier geboren sei! Erlaubt uns, ihn zu sehen!

MARIA: Kommt nur herein, hier ist mein Kind!

1. HIRT: O Kindlein lieb, sieh uns an deiner Krippe knien und danken, daß du in die Welt gekommen bist.
2. HIRT: In unsere Not und unser Elend hat Gott, der Vater, dich gesandt. Hilf uns, damit wir nicht verderben!
3. HIRT: Erlöse uns von aller Schuld und von der Macht des Teufels.
4. HIRT: Und schenke uns den ewigen Frieden.

LIED: »Gelobet seist du, Jesu Christ« (1. und 2. Strophe)

1. HIRT: Lieb Kindelein, du sollst nicht frieren. Nimm dieses Fell und wickle dich gut ein!
3. HIRT: Ich will dir gleich mein schönstes Lämmlein bringen. Das wird dir sicher Freude machen.
4. HIRT: Für Essen und für Trinken werde ich schon sorgen. Bis dahin nehmt aus meiner Tasche, was ihr braucht!

LIED: »Den die Hirten lobten sehre« (Quempas, 1. und 2. Strophe)

2. HIRT: Seht dort! Drei Könige schreiten durch den Schnee, sehr kostbar und recht fremd gekleidet.

KASPAR: Seid uns gegrüßt! Ist hier der neugeborene König aller Könige zu finden?

MELCHIOR: Wir haben seinen Stern im fernen Morgenland gesehen und sind gekommen, um ihn anzubeten.

BALTHASAR: Der Stern zog immer vor uns her und zeigte uns den Weg. Jetzt steht er über dieser Hütte still. Sagt an, ist dies das Kindlein, das wir suchen?

JOSEPH: Ja, edler Herr.

KASPAR: So nimm denn unsere Gaben, heiliger Christ! Wir bringen Weihrauch, Myrrhen, rotes Gold – das beste, was wir haben.

MARIA: Ich bitt' euch, kniet nicht nieder! Wir sind nur arme Leute.

MELCHIOR: Ihr seid nicht arm! Hier in der Krippe liegt das höchste Gut der Welt.

BALTHASAR: Wir beugen unsere Knie vor Gottes Sohn, der uns den Weg ins Himmelreich bereitet.

KASPAR: Drum singet und seid froh! All' Not hat nun ein Ende.

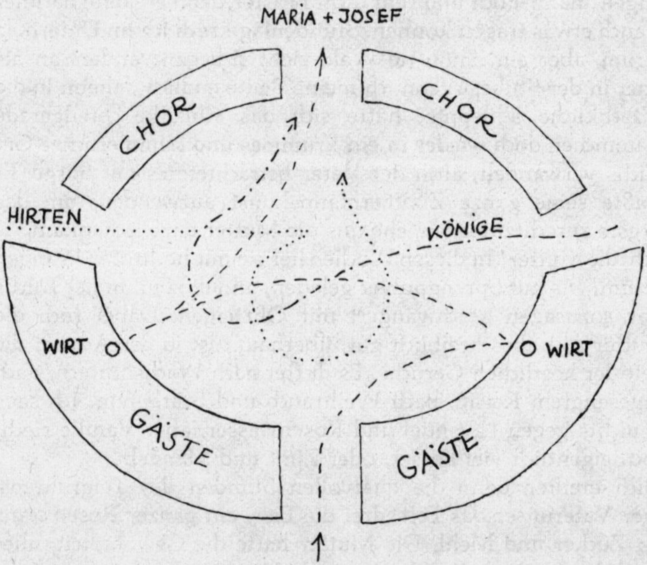


Zum Abzug: »In dulci jubilo«
»Lob Gott, ihr Christen allzugleich«

# *Die stillste Zeit im Jahr*

Advent, sagt man, sei die stillste Zeit im Jahr. Aber in meinem Bubenalter war er keineswegs die stillste Zeit. Zu Anfang Dezember, in den unheimlichen Tagen, während Sankt Nikolaus mit dem Klaubauf unterwegs war, wurde ich in den Wald geschickt, um den Christbaum zu holen.

Mit Axt und Säge zog ich aus, von der Mutter bis zum Hals in Wolle gewickelt und mit einem geweihten Pfennig versehen, damit mich ein heiliger Nothelfer finden konnte, wenn ich mich etwa verirrte. Ein Wunder von einem Baum stand mir vor Augen, mannshoch und sehr dicht beastet, denn er sollte nachher ja auch etwas tragen können. Stundenlag kroch ich im Unterholz herum, aber ein Baum im Wald sieht sich ganz anders an als einer in der Stube. Wenn ich meine Beute endlich daheim in die Waschküche schleppte, hatte sich das schlanke, pfeilgerade Stämmchen doch wieder in ein krummes und kümmerliches Gewächs verwandelt, auch der Vater betrachtete es mit Sorge. Er mußte seine ganze Zimmermannskunst aufwenden, um das Ärgste zurechtzubiegen, ehe uns die Mutter dazwischenkam.

Ach, die Mutter! In diesen Wochen lief sie mit hochroten Wangen herum, wie mit Sprengpulver geladen, und die Luft in der Küche war sozusagen geschwängert mit Ohrfeigen. Dabei roch die Mutter so unbeschreiblich gut, überhaupt ist ja der Advent die Zeit der köstlichen Gerüche. Es duftet nach Wachslichtern, nach angesengtem Reisig, nach Weihrauch und Bratäpfeln. Ich sage ja nichts gegen Lavendel und Rosenwasser, aber Vanille riecht doch eigentlich viel besser, oder Zimt und Mandeln.

Mich ereilten dann die qualvollen Stunden des Teigrührens. Vier Vaterunser das Fett, drei die Eier, ein ganzer Rosenkranz für Zucker und Mehl. Die Mutter hatte die Gewohnheit, alles Zeitliche in ihrer Kochkunst nach Vaterunsern zu bemessen, aber die mußten laut und sorgfältig gebetet werden, damit ich keine Gelegenheit fände, den Finger in den köstlichen Teig zu tauchen. Wenn ich nur erst den Bubenstrümpfen entwachsen wäre, schwor ich mir, dann wollte ich eine ganze Schüssel voll Kuchenteig aufessen, und die Köchin sollte beim geheizten Ofen stehen und mir dabei zuschauen müssen!

Am Abend nach dem Essen wurde der Schmuck für den Christbaum erzeugt. Auch das war ein unheilschwangeres Geschäft. Damals konnte man noch ein Buch echten Blattgoldes für ein paar Kreuzer beim Krämer kaufen. Aber nun galt es, Nüsse in Leimwasser zu tauchen und ein hauchdünnes Goldhäutchen herumzublasen. Das schwierige bei der Sache war, daß man vorher nirgendwo Luft von sich geben durfte.
Wir saßen alle in der Runde und liefen blaurot an vor Atemnot, und dann geschah es eben doch, daß plötzlich jemand niesen mußte. Im gleichen Augenblick segelte eine Wolke von glänzenden Schmetterlingen durch die Stube. Einerlei, wer den Zauber verschuldet hatte, das Kopfstück bekam jedenfalls ich, obwohl es nur bewirkte, daß sich der goldene Unsegen von neuem in die Lüfte hob. Ich wurde dann in die Schlafkammer verbannt und mußte Silberpapier um Lebkuchen wickeln.
Es kam endlich doch der Heilige Abend und mit ihm die letzte der Prüfungen, das Bad in der Küche. Das fing ganz harmlos an, ich saß im Zuber wie ein gebrühtes Schwein und plätscherte verschämt mit dem Wasser, in der Hoffnung, daß ich nun doch schon groß genug sei, um der Schande des Gewaschenwerdens zu entgehen.
Aber plötzlich fiel die Mutter wieder mit der Reisbürste über mich her, es half nichts, kein Gezeter und Gespreize. Erst in der äußersten Not erbarmte sich der Vater und nahm ein bis zur Unkenntlichkeit entstelltes, ein durchscheinendes Geschöpf in seine Arme.
Da war sie nun wirklich, die stillste Zeit im Jahr, wirklich Stille und Friede und köstliche Geborgenheit an seiner breiten Brust. Später, wenn die Kerzen am Baum längst erloschen waren, um die Mitternacht, durfte ich die Mutter zur Mette begleiten. Ich weiß noch gut, wie stolz ich war, als sie mich zum erstenmal nicht mehr an der Hand führte, sondern neben sich hergehen ließ als ihren Sohn und Beschützer. Auch in der Kirche kniete ich nun auf der Männerseite. Die Frauen sangen auf dem Chor, und der Pfarrer am Altar hielt eine Weile inne, um das Weihnachtslied anzuhören, diese holde Weise von der stillen Nacht, die schon so lang, über Grenzen und Zeiten hinaus, das Gemüt der Menschen bewegt.

*Karl Heinrich Waggerl*

# Der Heilige Abend

Wie immer Sie zu dem christlichen Fest der Geburt des Heilands stehen – feiern Sie den Heiligen Abend als ein familiäres Fest, das nicht überschattet sein soll von maßlosen Geschenkeinkäufen, Putzwut oder Kochorgien.

Die Gestaltung dieses Festes ist nicht erst in unserer betont materiellen Zeit problematisch geworden. Schon im alten Rom klagten die Bürger, daß zur Jahreswende die Beamten einen so übergroßen Gabensegen erwarteten. Und um 1600 beklagte man die Sitte, Puppen und Zucker an den Grünschmuck zu hängen, als eine gefährliche Entfernung von dem eigentlichen Wort Gottes. Auch das preußische Königshaus und das lothringische Haus Österreich wußten schon, daß sie gerade an dem hohen Festtag Weihnachten ihren Untertanen ein Beispiel des Maßhaltens und der Sparsamkeit geben mußten.

Wer Kinder hat, sollte die Weihnachtszeit unbedingt zu einer Zeit der Muße machen, damit jeder nach Herzenslust basteln oder sonst eine Überraschung vorbereiten kann. Unser Heim sollte Ruhe, Geborgenheit und Wärme ausstrahlen – und selbst wenn wir's nicht im Zeichen Christi feiern, sollten wir das Weihnachtsfest doch als ein Fest der Nächstenliebe betrachten. Auch das Schenken muß nicht in einen Kampf ausarten, den anderen um jeden Preis übertreffen zu wollen. Geschenke können ein Symbol für jene Gaben darstellen, welche die Hirten und Könige dem Christkind dargebracht haben. Man kann sich ja auch beschenken, weil man sich gern hat. Ist es denn nicht übergenug, wenn wir einem lieben Menschen eine kleine Freude bereiten?

Für manch einen ist es ein Bedürfnis, den Heiligen Abend mit dem Besuch der Weihnachts- oder Christmette abzuschließen. Vielleicht tun viele den Gang durch die Dunkelheit zur Kirche aus bloßer Tradition. Und doch mag manch einer vielleicht gerade an diesem Tag seinen Glauben an die Ankunft des Erlösers wiederfinden.

# Weihnachtslieder

## *O du fröhliche …*

Text und Melodie: *Johann Daniel Falk*

O du fröhliche, o du selige,
gnadenbringende Weihnachtszeit!
Christ ist erschienen, uns zu versühnen,
Freue dich, freue dich, o Christenheit!

O du fröhliche, o du selige,
gnadenbringende Weihnachtszeit!
Himmlische Heere jauchzen dir Ehre:
Freue dich, freue dich, o Christenheit!

# *Vom Himmel hoch, da komm ich her*

*Melodie: Valentin Schumann 1539*
*Text: Martin Luther*

2. Euch ist ein Kindlein heut geborn
von einer Jungfrau auserkorn,
ein Kindelein so zart und fein,
das soll euer Freud und Wonne sein.

3. Es ist der Herr Christ, unser Gott,
der will euch führn aus aller Not;
er will euer Heiland selber sein,
von allen Sünden machen rein.

4. Er bringt euch alle Seligkeit,
die Gott der Vater hat bereit',
daß ihr mit uns im Himmelreich
sollt leben nun und ewiglich.

5. So merket nun das Zeichen recht:
die Krippen, Windelein so schlecht,
da findet ihr das Kind gelegt,
das alle Welt erhält und trägt.

*Alle Kinder:*

6. Des laßt uns alle fröhlich sein
und mit den Hirten gehn hinein,
zu sehn, was Gott uns hat beschert,
mit seinem lieben Sohn verehrt.

*Das 1. Kind:*

7. »Merk auf, mein Herz, und sieh dorthin:
Was liegt doch in dem Krippelein?
Wes ist das schöne Kindelein?
Es ist das liebe Jesulein.«

*Das 2. Kind:*

8. »Sei mir willkommen, edler Gast!
Den Sünder nicht verschmähet hast
und kommst ins Elend her zu mir;
wie soll ich immer danken Dir?«

*Das 3. Kind:*

9. »Ach Herr, Du Schöpfer aller Ding,
wie bist du worden so gering,
daß Du da liegst auf dürrem Gras,
davon ein Rind und Esel aß.«

*Das 4. Kind:*

10. »Und wär die Welt vielmal so weit,
von Edelstein und Gold bereit',
so wär sie doch Dir viel zu klein,
zu sein ein enges Wiegelein.«

*Das 5. Kind:*

11. »Der Sammet und die Seiden Dein,
das ist grob Heu und Windelein,
darauf Du König groß und reich
herprangst, als wärs Dein Himmelreich.«

*Das 6. Kind:*

12. »Das hat also gefallen Dir,
die Wahrheit anzuzeigen mir,
wie aller Welt Macht, Ehr und Gut
vor Dir nichts gilt, nichts hilft noch tut.«

*Das 1. Kind:*

13. »Ach mein herzliebes Jesulein,
mach Dir ein rein sanftes Bettelein,
zu ruhen in meins Herzens Schrein,
daß ich nimmer vergesse Dein,

14. davon ich allzeit fröhlich sei,
zu springen, singen immer frei
das rechte Susaninne schon,
mit Herzenslust den süßen Ton.«

*Alle:*

15. Lob, Ehr sei Gott im höchsten Thron,
der uns schenkt seinen einzgen Sohn;
des freuen sich der Engel Schar
und singen uns solch neues Jahr.

# O Tannenbaum

*Melodie: E. Anschütz, 18. Jahrhundert*
*Text: A. Zarnack*

2. O Tannenbaum, o Tannenbaum,
du kannst mir sehr gefallen.
Wie oft hat nicht zur Weihnachtszeit
ein Baum von dir mich hocherfreut.
O Tannenbaum, o Tannenbaum,
du kannst mir sehr gefallen.

3. O Tannenbaum, o Tannenbaum,
dein Kleid will mich was lehren:
Die Hoffnung und Beständigkeit
gibt Trost und Kraft zu jeder Zeit.
O Tannenbaum, o Tannenbaum,
dein Kleid will mich was lehren.

# *Ihr Kinderlein kommet*

*Text: Christoph von Schmied*
*Melodie: Johann Abraham Schulz*

2. O seht in der Krippe im nächtlichen Stall,
seht hier bei des Lichtleins hellglänzendem Strahl
in reinlichen Windeln das himmlische Kind,
viel schöner und holder, als Engel es sind.

3. Da liegt es, das Kindlein, auf Heu und auf Stroh;
Maria und Joseph betrachten es froh.
Die redlichen Hirten knien betend davor;
hoch oben schwebt jubelnd der Engelein Chor.

4. O beugt wie die Hirten anbetend die Knie,
erhebet die Händlein und danket wie sie.
Stimmt freudig, ihr Kinder – wer sollt sich nicht freun? –,
stimmt freudig zum Jubel der Engel mit ein!

5. Was geben wir Kinder, was schenken wir dir,
du bestes und liebstes der Kinder, dafür?
Nichts willst du von Schätzen und Reichtum der Welt,
ein Herz nur voll Demut allein dir gefällt.

# *Es ist ein Ros entsprungen*

*Melodie aus dem 15. Jahrhundert*
*Text Strophen 1 und 2: bei M. Praetorius 1609,*
*Strophe 3 und 4: bei Friedrich Layriz 1844*

2. Das Röslein, das ich meine,
davon Jesaias sagt,
ist Maria die reine,
die uns das Blümlein bracht.
Aus Gottes ewgem Rat
hat sie ein Kind geboren
und blieb ein reine Magd.

3. Das Blümlein so kleine
das duftet uns so süß;
mit seinem hellen Scheine
vertreibts die Finsternis:
wahr' Mensch und wahrer Gott,
hilft uns aus allem Leide,
rettet von Sünd und Tod.

4. »O Jesu, bis zum Scheiden
aus diesem Jammertal
laß Dein Hilf uns geleiten
hin in den Freudensaal,
in Deines Vaters Reich,
da wir Dich ewig loben.
O Gott, uns das verleih.«

# *Süßer die Glocken nie klingen*

2. Oh, wenn die Glocken erklingen,
schnell sie das Christkindlein hört,
tut sich vom Himmel dann schwingen,
eilet hernieder zur Erd,
|: segnet den Vater, die Mutter, das Kind :|
Glocken mit heiligem Klang,
klingt doch die Erde entlang!

3. Klinget mit lieblichem Schalle
über die Meere noch weit,
daß sich erfreuen doch alle
seliger Weihnachtszeit.
Alle aufjauchzen mit herrlichem Sang;
Glocken mit heiligem Klang,
klinget die Erde entlang!

*Aus Deutschland*

# *Evangelium am Heiligen Christfest*

nach Lukas

Es begab sich aber zu jener Zeit, daß ein Gebot von dem Kaiser Augustus ausging, daß alle Welt geschätzt würde.
Und diese Schätzung war die allererste und geschah zu der Zeit, da Cyrenius Landpfleger in Syrien war.
Und jedermann ging, daß er sich schätzen ließe, ein jeglicher in seine Stadt. Da machte sich auf auch Joseph aus Galiläa, aus der Stadt Nazareth, in das jüdische Land zur Stadt Davids, die da heißt Bethlehem, darum daß er von dem Hause und Geschlechte Davids war, auf daß er sich schätzen ließe mit Maria, seinem vertrautem Weibe, die war schwanger.
Und als sie daselbst waren, kam die Zeit, daß sie gebären sollte. Und sie gebar ihren ersten Sohn und wickelte ihn in Windeln und legte ihn in eine Krippe, denn sie hatten sonst keinen Raum in der Herberge.

Und es waren Hirten in derselben Gegend auf dem Felde bei den Hürden, die hüteten des Nachts ihre Herde.
Und siehe, des Herrn Engel trat zu ihnen, und die Klarheit des Herrn leuchtete um sie; und sie fürchteten sich sehr.
Und der Engel sprach zu ihnen: »Fürchtet euch nicht! Siehe, ich verkündige euch große Freude, die allem Volk widerfahren wird;
denn euch ist heute der Heiland geboren, welcher ist Christus, der Herr, in der Stadt Davids.
Und das habt zum Zeichen: ihr werdet finden das Kind in Windeln gewickelt und in einer Krippe liegen.«
Und alsbald war da bei dem Engel eine Menge der himmlischen Heerscharen, die lobten Gott und sprachen:
»Ehre sei Gott in der Höhe und Friede auf Erden und den Menschen ein Wohlgefallen!«

## *Weihnachten*

Markt und Straßen stehn verlassen,
Still erleuchtet jedes Haus,
Sinnend geh ich durch die Gassen,
Alles sieht so festlich aus.

An den Fenstern haben Frauen
Buntes Spielzeug fromm geschmückt,
Tausend Kindlein stehn und schauen,
Sind so wunderstill beglückt.

Und ich wandre aus den Mauern
Bis hinaus ins freie Feld,
Hehres Glänzen, heilges Schauern!
Wie so weit und still die Welt!

Sterne hoch die Kreise schlingen,
Aus des Schnees Einsamkeit,
Steigts wie wunderbares Singen –
O du gnadenreiche Zeit!

*Joseph von Eichendorff*

## *Die Geschichte des Liedes ›Stille Nacht ...‹*

Das berühmteste aller Weihnachtslieder der Welt ist ›Stille Nacht, heilige Nacht‹. Die schlichten Verse werden in mehr als hundert Sprachen jährlich von unzähligen Menschen zum Weihnachtsfest angestimmt.
Die Entstehungsgeschichte dieses Liedes mutet wunderlich und fast ein wenig märchenhaft an. Als nämlich am 24. Dezember 1818 der stille, bescheidene Dorfschullehrer und Organist Franz Xaver Gruber aus Oberndorf im Salzburger Land das selbstverfaßte Gedicht des Hilfspriesters Joseph Mohr vertonte, ahnte er den späteren Siegeszug des Liedes gewiß nicht voraus. Gruber und Mohr dachten sich die Komposition eigentlich als ›Notlösung‹ für die Christmette. In der armen Pfarrei Oberndorf verweigerte just in jenen vorweihnachtlichen Tagen die Orgel der Gemeindekirche ihren Dienst, und die beiden Männer planten das Musikstück als kleines Geschenk an die Dorfbewohner, das für Chor mit Gitarrenbegleitung passen sollte.

Doch lassen wir den Komponisten selbst berichten:
»Es war am 24. Dezember des Jahres 1818, als der damalige Hilfspriester Herr Joseph Mohr bei der neu errichteten Pfarrei St. Nikolo in Oberndorf dem den Organistendienst vertretenden Franz Gruber ein Gedicht überbrachte mit dem Ansuchen, eine hierauf passende Melodie für zwei Solostimmen samt Chor und für eine Guitarrebegleitung schreiben zu wollen. Letztgenannter überbrachte am nämlichen Abend noch diesem musikkundlichen Geistlichen gemäß Verlangen, so wie selbe in Abschrift dem Original ganz gleich beiliegt, seine einfache Komposition, welche sogleich in der heiligen Nacht mit allem Beifall produziert wurde . . .«
Daß dieses innige Lied aus dem kleinen, verschlafenen Winkel in das übrige Land hinausgetragen wurde, verdanken wir dem Orgelbaumeister Mauracher aus dem Zillertal. Er war von Text und Melodie schon nach dem ersten Hören so angetan, daß er es immer und immer wieder spielte. Und so verbreitete es sich bald talauf, talab. Im Zillertal wohnen seit eh und je musikalische und gesellige Menschen. Durch sie machte das Lied bald die Runde und wurde rasch über das enge Tal hinaus in aller Welt bekannt.

Wir bringen Ihnen den Urtext und die heutige Fassung der Komposition.

## *Stille Nacht, heilige Nacht* – Urtext

Stille Nacht, heilige Nacht!
Alles schläft! – Einsam wacht
nur das traute, heilige Paar,
das im Stalle zu Bethlehem war.
Schlaf' in himmlischer Ruh'!

Stille Nacht, heilige Nacht!
Gottes Sohn! O wie lacht
Lieb aus deinem göttlichen Mund,
da uns schlägt die rettende Stund,
Jesus in deiner Geburt!

Stille Nacht, heilige Nacht!
Die der Welt Heil gebracht!
Aus des Himmels goldenen Höh'n
uns der Gnaden Fülle läßt seh'n
Jesus in Menschengestalt!

Stille Nacht, heilige Nacht!
Wie sich heute alle Macht
väterlicher Liebe ergoß,
und als Bruder huldvoll umschloß
Jesus die Völker der Welt!

Stille Nacht, heilige Nacht!
Lang uns schon bedacht,
als der Herr, vom Grimme befreit,
in der Väter urgrauer Zeit
aller Welt Schonung verhieß!

Stille Nacht, heilige Nacht!
Hirten erst kundgemacht.
Durch den Engel Halleluja
tönet es laut von fern und nah:
Jesus, der Retter, ist nah!

Stille Nacht, heilige Nacht!
Hirten erst kundgemacht;
Durch der Engel Halleluja
Tönt es laut von fern und nah:
Christ, der Retter ist da!
Christ, der Retter ist da!

Stille Nacht, heilige Nacht!
Gottes Sohn, o wie lacht
Lieb aus deinem göttlichen Mund,
Da uns schlägt die rettende Stund,
Christ, in deiner Geburt,
Christ, in deiner Geburt!

# Essen und Trinken am Heiligen Abend

## *Suppen*

### Ungarische Gulaschsuppe

*150 g Ochsenfleisch, 150 g Rinderherz, 50 g Fett, 250 g Kartoffeln, 2 rote Paprikaschoten, 1 Tomate, 2 große Zwiebeln, 1 TL edelsüßer Paprika, Salz, 2 Knoblauchzehen, Kümmel, 1 EL Mehl*

Ochsenfleisch, Herz und die Zwiebeln in kleine Stücke schneiden und mit dem Fett im gewässerten Tontopf gut anbraten. Mit ganz wenig Wasser aufgießen und im geschlossenen Topf 60 Minuten schmoren. Unterdessen werden die Kartoffeln geschält, in feine Scheiben geschnitten, der Paprika entkernt und ebenfalls geschnitten und mit der enthäuteten Tomate in den Topf gegeben, Paprika, Salz, Kümmel und die durch die Presse gedrückten Knoblauchzehen darüber verteilt und noch ca. 1 Liter warmes Wasser dazugeben. Noch ca. 30 Minuten kochen lassen und evtl. mit etwas Mehl binden. Abschmecken.

### Französische Zwiebelsuppe

*1 kg Zwiebeln, 100 g Butter, 1 1/2 l Fleisch- oder Würfelbrühe, Salz Pfeffer, 4 Scheiben Weißbrot, 100 g geriebener Käse*

Schneiden Sie die Zwiebeln in schöne Ringe und lassen sie in der Butter im gewässerten Tontopf glasig anlaufen. (Nicht braun werden lassen.) Mit der benötigten Menge warmer Fleisch- oder Würfelbrühe aufgießen, salzen und pfeffern und im geschlossenen Topf 40 Minuten gut kochen lassen.
Die Weißbrotscheiben in etwas Butter anrösten, mit dem Käse bestreuen, auf die Suppe geben und im heißen Ofen noch etwas überbacken, bis der Käse geschmolzen ist. Sehr heiß servieren.

# Fisch

## Karpfen mit Bier und Pfefferkuchen

*1–1 1/2 kg Karpfen (Spiegelkarpfen!), je 125–200 g Rosinen und Mandeln, 100 g Saucenlebkuchen, 1 EL Mehl, 1–2 Zwiebeln, 2 gelbe Rüben, 1 Stück Sellerie, 2 Nelken, 1 Lorbeerblatt, 40–50 g Butter, 1–2 EL Zucker, 2 EL Essig, 1 l dunkles Bier*

Den Karpfen schuppen, sorgfältig ausnehmen, waschen. Kopf, Schwanz und Suppengrün mit Nelken und Lorbeerblatt sowie dem Bier aufsetzen, nach dem Aufkochen abschäumen und noch 30 Minuten kochen. Aus Butter, Zucker und Mehl eine mittelbraune Schwitze herstellen, mit dem durchgeseihten Fischsud, geriebenem Pfefferkuchen, Rosinen und gestiftelten Mandeln 10 Minuten lang kochen. Den Karpfen in Stücke teilen und in der sämigen Sauce garziehen lassen. Bei frischen Karpfen kann das Karpfenblut, mit Essig vermischt, der Sauce zugesetzt werden. Dazu Salzkartoffeln oder Semmelknödel.

## Forellen mit Mandeln

*4 mittelgroße Forellen, 50 g Butter, 50 g Mandeln, geschält und in Blättchen geschnitten oder auch flach halbiert oder gestiftelt, 2 Zitronen, Salz, Pfeffer*

Die Forellen säubern und ausnehmen. In einer großen Pfanne die Butter zerlaufen und leicht anbräunen lassen. Die Forellen vorsichtig hineingeben. Die Pfanne ab und zu schütteln, damit die Forellen nicht anhängen. Nach 10 Minuten wenden (Vorsichtig, damit sich die Haut nicht ablöst!) und weitere 10 Minuten von der anderen Seite braten. Salzen, pfeffern und mit dem Saft einer Zitrone beträufeln. Auf einer vorgewärmten Platte anrichten und mit Zitronenscheiben umlegen. In der Bratbutter die Mandeln goldgelb dünsten und über die Forellen geben. Dazu passen: Salzkartoffeln, mit Zitronensaft verrührte lauwarme Butter und grüner Salat.

## Karpfen oder Schleie blau

*1 kg Fisch, Salz, 1 kleine Zwiebel, 1 gelbe Rübe, einige Pfefferkörner, 1–2 Lorbeerblätter, 2 l Wasser.* Zum Verzieren: *Petersilie, Zitronenscheiben*

Das Wasser mit den Zutaten 1/4 Stunde kochen lassen. Den vorbereiteten, gut gewaschenen Fisch hineinlegen und, wenn der Sud wieder zu kochen beginnt, den Topf vom Feuer ziehen. An der Herdseite den Fisch garziehen lassen. Auf einer vorgewärmten Platte mit Petersilie und Zitronenscheiben anrichten. Dazu Salzkartoffeln und zerlassene, heiße Butter reichen.

# *Fleisch*

## Gefüllter Truthahn

*1 Truthahn, etwa 3 kg schwer, Saft 1 Zitrone, Salz, Pfeffer, 50 g Butter oder Margarine, 1 TL Rosenpaprika.* Zur Fülle: *250 g gehacktes, mageres Schweinefleisch, 5 Scheiben Toast, 3 Eier, 1 EL gehackte Zwiebel, Salz, Pfeffer, 1 TL Salbei, 1 TL Fondor, 1 EL gehackte Petersilie*

Den vorbereiteten Truthahn innen und außen mit Zitronensaft beträufeln, mit Salz und Pfeffer einreiben und durch den Hals füllen. Für die Fülle die Toastscheiben in Würfel schneiden, die verquirlten Eier darübergießen, mit dem Hackfleisch und allen anderen Zutaten gut vermischen. Den Hals zunähen. Sollte Fülle übrig bleiben, diese in die Bauchhöhle des Truthahns geben. In einer Pfanne Butter oder Margarine erhitzen, Paprika hineinrühren, den Vogel hineinlegen und mit der Paprikabutter begießen. Mit Alufolie bedecken und im vorgeheizten Rohr langsam garen. Die letzte halbe Stunde der Bratzeit die Alufolie entfernen und den Truthahn von allen Seiten bräunen lassen.

Während dieser Zeit öfters mit dem eigenen Saft (wenn nötig etwas Wasser beifügen) begießen. Mit feinen Gemüsen und Petersilienkartoffeln zu Tisch geben.
Hitzeeinstellung: 190 Grad, Garzeit: ca. 2 1/2–3 Stunden

## Hammel-Gemüsetopf (Irish-Stew)

*500 g Hammelfleisch (Bug oder Brust), 500 g Weißkraut, 100 g Sellerie, 100 g Lauch, 100 g Zwiebeln, 1 kleines Döschen Tomatenmark, 750 g Kartoffeln, 1 TL Butter, 1/4 l Fleisch- oder Würfelbrühe, Salz und Pfeffer*

Das Fleisch sollte nicht zu fett sein, sonst die Fettschicht etwas abschneiden. In Stücke schneiden und gesondert scharf anrösten. Sämtliche Gemüse sowie die Kartoffeln putzen und fein schneiden und lagenweise mit dem Fleisch in den gewässerten Tontopf schichten. Das Tomatenmark, Salz und Pfeffer darübergeben und mit 1/4 l Brühe übergießen. Topf schließen und ca. 70–80 Minuten dämpfen.
Statt Tomatenmark können Sie auch 200 g enthäutete, in Stücke geschnittene frische Tomaten verwenden.

## Pariser Pfeffersteak

*4 Filetsteaks à 200 g, Salz, 2 EL grob zerstoßene Pfefferkörner, 2 Schnapsgläschen Cognac, 3 EL Butter, 1 EL grob gemahlener schwarzer Pfeffer, 1 TL Senf, 1 EL Bratensauce, 1 Schuß Sahne*

Salzen Sie die Steaks, und kneten Sie von beiden Seiten die grob zerstoßenen Pfefferkörner ein. Dann braten Sie die Steaks in 2 EL Butter von beiden Seiten nicht ganz durch und stellen sie warm. Den Bratfond löschen Sie mit dem Cognac, geben den Senf, den grob gemahlenen Pfeffer und die Bratensauce (einen Rest oder eine Fertigsauce) dazu, verrühren alles und lassen einmal aufkochen. Zuletzt verfeinern Sie die Sauce mit Butter und Sahne und servieren Sie zu den Steaks. Dazu passen am besten Pommes frites.

## Kalbsmedaillons Nignon

*8 Kalbsmedaillons (je 75 g), Salz, Pfeffer, Butter, 1 Glas Sherry, $^1/_4$ l Sahne, 8 Artischockenböden (aus dem Glas), 1 Dose Steinpilze*

Edouard Nignon war ein berühmter französischer Koch zu Beginn unseres Jahrhunderts.
Die Kalbsmedaillons salzen, pfeffern und in Butter braten. Herausnehmen und warm stellen. Den Bratsatz mit Sherry löschen und mit Sahne verkochen. Abschmecken. Die Medaillons auf gebutterte Artischockenböden setzen. Mit der Sauce bedecken.

## Prager Schinken

*1 Schweineschinken von ungefähr $1^1/_2$–2 kg, geräuchert oder gepökelt*

Den Schinken einige Tage vorher beim Fleischer bestellen, damit er nicht zu stark gesalzen ist. Mit $^1/_4$ l Wasser in die gewässerte Tonform legen und zugedeckt gut 180 Minuten kochen lassen. In Scheiben geschnitten anrichten.
Schmeckt herrlich zu Erbsenpüree und Salzkartoffeln.
*Erbsenpüree:* 500 g gelbe, halbierte Erbsen tags vorher einweichen, weichkochen. Durch ein Sieb passieren und mit einer hellen Einbrenne eindicken.

## Rehkeule in Rahmsauce

*50 g geräucherter Speck, 1 Bund Suppengemüse, 2 Zwiebeln, 750 g Rehfleisch von der Keule, 50 g Butter, Salz, 1 TL edelsüßer Paprika, $^1/_4$ l süße Sahne, Saft einer halben Zitrone und $^1/_2$ Orange, 2 EL Preiselbeermarmelade*

Speck würfeln, Suppengemüse und Zwiebeln fein schneiden und mit dem Fleisch in den gewässerten, gebutterten Tontopf geben. Langsam andämpfen und mit ganz wenig Wasser aufgießen. Deckel schließen und 90 Minuten garen.

Nun die Gewürze und sämtliche anderen Zutaten beifügen und nochmals 30 Minuten ohne Deckel braten. Die Sauce mit 1 Tasse Würfelbrühe verdünnen, durch ein Sieb geben und abschmecken. Die Sahne und die Preiselbeermarmelade zugeben und gut verrühren.
Nun schneiden Sie das Fleisch in Scheiben, verteilen es hübsch auf einer Platte und übergießen es mit der Sauce.
Beilage: Butternudeln und verschiedene Salate. Fein schmecken dazu auch Semmelknödel und Salate.

## Berliner Gänsebraten

*1 Gans, Majoran, Salz, Pfeffer, 1 kg kleine Äpfel, 1/8 l saure Sahne, etwas weißer Pfeffer*

Die vorbereitete Gans mit viel Majoran, wenig Pfeffer und Salz innen und außen würzen. Die ganzen Äpfel einfüllen, zunähen. Wie oben beschrieben, braten. Die entfettete Sauce abschmekken. Dazu Kartoffeln und Grünkohl.

## Bierbraten

Dies ist eine schlesische Spezialität, zu der immer Kartoffelklöße und ein frisches Bier am besten schmecken!

*1 kg Rinderbraten, 6 Scheiben geräucherter Speck, Salz, Pfeffer, 2 große, gewürfelte Zwiebeln, 40 g Schweineschmalz, 1/2 l Bier, 1/2 l Würfelbrühe, 1/8 l saure Sahne, 1 EL Mehl, 1 EL Lebkuchenbrösel*

Das Fleisch in 8 Scheiben teilen, aber nicht durchschneiden, mit Salz und Pfeffer würzen und den Speck zwischen die Scheiben legen. Zusammenbinden und das Fleisch von allen Seiten anbraten. Zwiebelwürfel zufügen, kurz mit anbraten, mit Bier und Würfelbrühe aufgießen. Bei kleiner Hitze zugedeckt weich schmoren. Die Sauce mit dem in Sahne angerührten Mehl binden, mit Lebkuchenbröseln und frisch gemahlenem Pfeffer abschmecken.
Garzeit: ca. 2 1/4 Stunden

## Schinken in Brotteig

*1 kleiner Schinken, entsprechend viel Roggenbrotteig vom Bäcker, 2–3 Eier, 50 g Butter*

Den Schinken über Nacht in Wasser legen und am nächsten Tag in kochendes Wasser legen, je nach Größe ca. 1 Stunde leise kochen lassen. Danach die Schwarte abziehen und auskühlen lassen. Den Brotteig 1 cm dick ausrollen und mit zerklopftem Ei bestreichen. Darauf den Schinken legen, von allen Seiten mit Teig einschlagen und glattstreichen. In eine gut gebutterte Bratpfanne legen, mit Ei bepinseln und in seine Oberseite einige fingerdicke Öffnungen schneiden. Ungefähr 2½ Stunden bei guter Hitze backen.

## Glasierter Schweinebraten

*1 kg Schweinefleisch (aus der Mitte des Kotelettstückes mit eingesägtem, noch anhängendem Rückenknochen), 1 TL Salz, ½ TL grob gemahlener, schwarzer Pfeffer, 1 TL getrockneter Rosmarin, 1 große, grob geschnittene Zwiebel, 1 grob geschnittene gelbe Rübe, 1 Lorbeerblatt, 2 Petersilienwurzeln, 40 g Butter oder Margarine, 2 in dünne Scheiben geschnittene Zwiebeln, 4 große Kartoffeln, in ½ cm dicke Scheiben geschnitten, ⅜ l heiße Würfelbrühe, 2 EL gehackte Petersilie*

Das Fleisch mit einem Baumwollfaden zusammenbinden. Salz, Pfeffer und Rosmarin mischen und das Fleisch damit gut einreiben. Mit der Fettseite nach oben in eine Pfanne legen und in den stark vorgeheizten Bratofen schieben. Bei starker Hitze 30 Minuten braten und während dieser Zeit das Fleisch zweimal umdrehen. Die Hitze verringern, Zwiebel, gelbe Rübe, Lorbeerblatt und Petersilienwurzeln zugeben, das Fleisch zudecken und 40 Minuten dünsten. Alle 10 Minuten mit dem sich bildenden Saft begießen. In der Zwischenzeit Butter oder Margarine in einer Pfanne erhitzen, Zwiebelringe darin hellgelb dünsten. Eine feuerfeste Form einfetten und Kartoffelscheiben hinein-

legen und mit Salz und Pfeffer würzen. Darüber die gedünsteten Zwiebelringe verteilen und das Fleisch darauf legen. Über alles die heiße Brühe gießen und einige Löffel Bratensaft darüber träufeln. Noch etwa 1 Stunde in das Rohr stellen, bis der Braten glänzend ist und die Kartoffelscheiben weich sind. Der in der Bratpfanne zurückgebliebene Bratenfond wird mit etwas Brühe oder Wasser losgekocht, die Sauce durch ein Sieb gestrichen, mit Salz und Pfeffer abgeschmeckt. Das fertige Fleisch in Portionsstücke teilen, auf der einen Seite einer vorgewärmten Platte anrichten. Die andere Seite der Platte mit den Kartoffelscheiben belegen. Diese bestreut man mit frischer Petersilie, über das Fleisch gießt man etwas wieder erwärmte Bratensauce. Restliche Sauce gesondert zu diesem Gericht reichen.
Hitzeeinstellung: Erst 250 Grad, dann 180 Grad, Garzeit: ca. $2^1/_4$ Stunden

## Gefülltes Rinderfilet

*1 kg Rinderfilet, Salz, Pfeffer, 20 g Butter oder Margarine, 40 g kleine Speckwürfel, $^1/_8$ l Würfelbrühe, 1 EL fein gehackte Zwiebel, 2 EL fein gehacktes Suppengemüse, $^1/_8$ l saure Sahne, 1 EL Mehl.* Zur Fülle: *125 g in feine Scheiben geschnittene Kalbsleber, 125 g fein geschnittene Champignonscheiben, 1 EL fein gehackte Petersilie*

Das Filet ein-, aber nicht durchschneiden, mit Salz und Pfeffer bestreuen. In die Fleischtasche Leber- und Champignonscheiben füllen, mit Petersilie bestreuen und die Tasche zunähen. In der heißen Butter oder Margarine die Speckwürfel glasig dünsten, das Fleisch von allen Seiten darin anbraten, mit Brühe auffüllen, gehackte Zwiebel und Suppengemüse zufügen. In das vorgeheizte Rohr stellen und unter öfterem Begießen braten. In der zweiten Bratzeithälfte das Fleisch mit saurer Sahne begießen. 1 EL Mehl mit etwas Wasser verrühren und die Sauce damit binden. Mit Salz und frisch gemahlenem Pfeffer aus der Mühle abschmecken. Dazu gedünsteten Reis reichen.
Hitzeeinstellung: 220 Grad, Garzeit: ca. 50 Minuten

## Wildschweinrücken, gebraten für 12 Personen

*1 Frischlingsrücken (ein ganzer Rücken wiegt etwa 10 Pfund), 100 g Speck, 2—3 EL Salz, 200 g Fett oder Butter, 6 Pfefferkörner, 6 Pimentkörner, 2 Nelken, 2 Lorbeerblätter, 8 Wacholderbeeren, 2 große Zwiebeln, Suppengrün, etwas Brotrinde, 1/4 l Rotwein, 1/2 l Fleischbrühe, nach Belieben etwas Johannisbeersaft*

Den Frischlingsrücken klopfen und mit einem scharfen Messer häuten. Wenn er mager ist, wird er gespickt. Danach den Rücken salzen, in das heiße Fett legen und die in Scheiben geschnittenen Zwiebeln, das zerkleinerte Suppengrün, Gewürze, Wacholderbeeren und Brotrinde dazugeben. Unter fleißigem Begießen und unter öfterem Zugießen von Brühe und Rotwein den Rücken 2 Stunden braten (bei nicht zu starker Hitze!). Dazu Cumberlandsauce.

# *Kalte Gerichte*

## Pikanter Eiersalat

*4 Eier, 100 g Mayonnaise, Curry, Salz, Pfeffer*

Die Eier werden hart gekocht. In die Mayonnaise zwei gestrichene Eßlöffel Curry geben und beides gut mixen. Dann die Eier abgekühlt in Scheiben schneiden; diese leicht salzen und pfeffern. Zuletzt die Eierscheiben mit der Mayonnaise mischen. Den fertigen Salat zudecken und ihn mindestens zwei Stunden — aber nicht im Kühlschrank — stehen lassen.
Serviervorschlag: Auf dunklen Keramikteller ein großes Blatt Kopfsalat legen, darauf den Eiersalat. Garnieren mit einer Ecke Tomate und gekräuselter Petersilie oder feingeschnittenem Schnittlauch. Dazu getoastetes Weißbrot reichen.
Diesen Eiersalat können Sie auch in Schinkenröllchen gefüllt servieren. Verwenden Sie dazu aber nur Ia gekochten Schinken.

## Tatar auf russische Art

*300 g Tatarfleisch (durchgedrehtes Beefsteak), 2 EL saure Sahne, 1 Eigelb, 1 Bund Dill, 1 Msp gemahlener Kümmel, 50 g Kaviar, weißer Pfeffer, Salz*

Das Tatar mit der sauren Sahne und dem Eigelb vermischen, den feingehackten Dill zufügen, mit Kümmel würzen und kalt stellen. Eine Stunde durchziehen lassen, kurz vor dem Servieren den Kaviar vorsichtig untermischen, ohne daß die einzelnen Eier zerdrückt werden. Vorsichtig mit frisch gemahlenem Pfeffer und wenig Salz abschmecken. Dazu Wodka und Bier trinken.

## Salat aus Geflügelfleisch und Makkaroni

*2 Tassen feinwürfelig geschnittenes gekochtes Hühnerfleisch, 1 fein gehackte grüne Paprika, eine würfelig geschnittene Gurke, 1 EL geriebene Zwiebel, 1 in feine Scheiben geschnittene scharfe Pfefferschote, 3/4 Tasse Mayonnaise, 1/4 Tasse saurer Rahm, 1 1/2 TL Salz, 1/4 TL schwarzer Pfeffer, 125 g kleine Teigwaren*

Hühnerfleisch, Paprika und scharfe Pfefferschote, Zwiebel und Gurke miteinander vermischen. Mayonnaise, sauren Rahm, Salz und Pfeffer, gut miteinander verrührt, über das Hühnerfleisch gießen. Die Teigwaren hinzufügen, vorsichtig verrühren.

## Garnelensalat (Krabbensalat)

*300 g Garnelenfleisch (Dose, Glas oder tiefgekühlt), 1 Magerjoghurt (150 g), 2 EL gehackter Dill, 1 EL Limonensaft, (oder Zitronensaft), 2 EL Sangrita (picante), Salz, Salatblätter*

Die Garnelen (Krabben) locker auf Salatblättern in einer Schale oder einem weitbauchigen Glas anrichten, mit einer aus den angegebenen Zutaten bereiteten Sauce begießen und mit Toast servieren.

## Heringssalat

*2 Matjesfilets, 2 Tassen gewürfelte Pellkartoffeln, 1 Tasse gewürfelte geschälte Birnen, 1 Tasse Kalbsbraten, gewürfelt, 1 kleine Gewürzgurke, Dill, saure Sahne oder 1 Glas Joghurt*

Schneiden Sie alle Zutaten in gleichmäßige Würfelchen, wiegen Sie den Dill recht fein und vermengen Sie alles mit der sauren Sahne. Der Salat kann gut mehrere Stunden im Kühlen stehen und wird dann mit eingelegten roten Rüben, halbierten harten Eiern und eingelegten Paprikaschoten garniert.

## Feiner Gemüsesalat

*Je 125 g Spargel, grüne Bohnen, grüne Erbsen, Blumenkohl, gelbe Rüben und Stangensellerie, 200 g Tomaten, 1 Kopfsalat, je 2 EL gehackte Petersilie, gehackter Schnittlauch und Spinat, je 1 EL gehackter Dill, Estragon und Kerbel, 2 EL Weißweinessig, 2 EL Apfelessig, 3 EL neutrales Öl, weißer Pfeffer, Salz*

Alle Gemüse getrennt in sprudelndem Salzwasser kurz, nicht ganz weich kochen:
Den geschälten und in Stücke geschnittenen Spargel etwa 8 Minuten (die Spitzen aufbewahren und gar nicht oder nur eine Minute kochen), die Bohnen in drei Zentimeter lange Stücke schneiden und je nach Dicke 7 bis 10 Minuten, die Erbsen je nach Größe 4 bis 8 Minuten, den in Röschen zerteilten Blumenkohl 6 Minuten und die in Stäbchen geschnittenen gelben Rüben 10 Minuten kochen. Den in Scheiben geschnittenen Sellerie roh lassen oder nur eben mit kochendem Wasser überbrühen. Die Tomaten häuten, achteln und entkernen, den Kopfsalat putzen, waschen, in mundgerechte Stücke zerteilen und abtropfen lassen. Alles in einer großen Glasschüssel vorsichtig zusammenmischen, mit den gehackten Kräutern bestreuen und 5 bis 10 Minuten vor dem Servieren an allen Stellen mit der aus den angegebenen Zutaten gerührten Sauce begießen. Zugedeckt in den Kühlschrank stellen, erst am Tisch umwenden.

## Heiße Himbeeren auf Eis

*½ Tiefkühlpackung Vanilleeis (250 ccm), 1 kleine Tiefkühlpackung Himbeeren (150 g), 2 EL brauner Zucker, 3 EL Arrak, 1 TL Butter*

Vanilleeis in 2 Schalen geben und im Tiefkühlschrank (Tiefkühlfach) bereitstellen. In Flambierpfanne Butter schmelzen lassen und braunen Zucker dazugeben. Warten, bis der Zucker die Butter aufgesogen hat. Dann Himbeeren unaufgetaut zuschütten und den Arrak darübergießen. Alles etwa 3 Minuten kochen lassen. Nun Schalen aus dem Tiefkühlschrank holen und Himbeeren mit Flüssigkeit über dem Eis verteilen. Sofort servieren.

## Apfelsinencreme

*Saft von 2 Apfelsinen, 4 Eidotter, 100 g Zucker, ¼ l Sahne, 2 EL Zitronensaft, 1 Msp abgeriebene Apfelsinenschale, Rum oder Arrak, 7 Blatt Gelatine, Apfelsinenscheiben zum Verzieren*

Die Eidotter mit dem Zucker schaumig rühren, den Saft der Apfelsinen, der Zitrone, die abgeriebene Apfelsinenschale und die nach Vorschrift aufgelöste Gelatine dazugeben. Sobald die Masse dicklich ist, ¼ l Schlagsahne leicht darunterziehen. Einige von den Häuten befreite, quer geschnittene Apfelsinenscheiben in Rum oder Arrak mit etwas Zucker zugedeckt marinieren, abtropfen lassen, eine kalt ausgespülte, runde, glatte Glasschüssel damit im Kranz belegen, die Creme einfüllen, kalt stellen, wenn gestockt, auf passende Platte stürzen und nach Belieben mit Sahne oder Apfelsinenscheiben verzieren.

# Getränke

Weihnachten sollte man nicht sparen! Alle wann auch immer gereichten und genossenen Getränke sollten gute, dem Fest angemessene Qualitäten haben – und auch hierin den Speisen entsprechen. Letztlich zahlt sich gute Qualität ohnehin aus, denn man spart die Ausgaben für Katerkiller und Kopfschmerzmittel. Getrunken wird Weihnachten schließlich immer, auch wenn man mit den besten Vorsätzen an das Fest herangehen sollte!

Vor allem ›zwischendurch‹ trinkt man hier ein Gläschen, davon ein Gläschen ...! Besonders beliebt sind die scharfen Sachen, Cognac, Whiskys, Wodkas und Liköre. Sie aber enthalten die meisten Kalorien, die erfahrungsgemäß das Weihnachtsfest zu einer Art Mastkur werden lassen. Steigen Sie deshalb um auf leichtere Drinks, Obst mit Schuß, Milch mit Alkohol, Bowlen, Punschs und Sektgetränke.

## Dänische Weihnachtsbowle

*1 Orange, 12 Stück Würfelzucker, 2 l leichter Rotwein, 1 Zimtstange, 1 Prise geriebene Muskatnuß, 1 Dose entkernte Sauerkirschen, 3 Schnapsgläser, Kirschlikör*

Orange heiß waschen und den Würfelzucker daran abreiben. Würfelzucker, Rotwein, Zimtstange und Muskatnuß im Topf erhitzen, bis sich Schaum bildet. Abkühlen lassen. Sauerkirschen mit Saft und Likör zufügen und mindestens zwei Stunden zugedeckt kalt stellen. Vor dem Servieren die Zimtstange entfernen.

## Nußpunsch

*500 g grüne, eingemachte Nüsse, 3 Flaschen Weißwein, etwas Nelkengewürz, Zucker nach Geschmack*

Nüsse fein hacken, mit Wein und Nelkengewürz bis zum Kochen erhitzen. Vom Feuer nehmen, durchseihen und mit Zucker abschmecken. Sehr heiß servieren.

## Großmutters Punschrezept

*$1/2$ l Wasser, $1/2$ Pfund Zucker, 3 EL schwarzer Tee, 1 Vanillestange, Saft von 1 Zitrone und 2 Orangen, 0,7 l Rotwein, 0,35 l Weißwein, $1/8$ l Arrak*

Wasser kochen und Zucker darin auflösen. Inzwischen den schwarzen Tee mit $1/4$ l kochendem Wasser übergießen und gut ziehen lassen. Den Teesud in das Zuckerwasser gießen und warten, bis die Mischung nur noch siedet, nicht mehr kocht. Dann Vanillestange zugeben und Zitronen- und Orangensaft sowie den Rot- und Weißwein zugießen. Alles wieder bis zum Siedepunkt bringen. Zuletzt Arrak daruntermischen.
Heiß servieren. Auf hitzefeste Gläser achten!
Freuen Sie sich, wenn vom Punsch etwas übrigbleibt. Sie werden nämlich spätestens am folgenden Abend feststellen, daß dieser Punsch auch kalt sehr gut schmeckt.

## Großer Weihnachtspunsch

*1 ungespritzte Orange, 4 Ananasscheiben (Dose), $1/8$ l Ananassaft, Saft von zwei Orangen, 2 Flaschen Rotwein, $1/8$ l Arrak, 2–3 Schnapsgläschen Rum, 100 g Zucker oder mehr, 1 Päckchen Vanillezucker, 1 EL Orangenblütenwasser*

Die Orange waschen, Schale spiralförmig abziehen. Das Weiße entfernen und die Frucht in dünne Scheiben schneiden. Abgetropfte Ananas in kleine Stücke schneiden. In einen großen Topf geben, Ananas- und Orangensaft, Rotwein, Arrak und Rum drübergießen und Zucker, Vanillezucker und Orangenblütenwasser dazurühren. Bis kurz vor dem Siedepunkt erhitzen. Die Orangenschale in einen Krug hängen und den Punsch drüberlaufen lassen. Heiß servieren.

## Schwedischer Weihnachtspunsch
(Glögg)

*Je ½ l schwedischer Aquavit oder Brandy, Apfelsaft und Sherry, 1 Stückchen Zimtstange, 3 Gewürznelken, ein paar Kardamomkörner, 1 ungespritzte Orange, 200 g Würfelzucker, 250 g Sultaninen, 100 g Mandeln*

Sherry mit Zimtstange, Gewürznelken, Kardamom und der in Stücke geschnittenen Orangenschale aufkochen lassen. Den Zucker in einem Pfännchen verrühren, bis er braun karamelisiert. Apfelsaft und Aquavit oder Brandy sowie etwas Orangensaft dazugeben. Sherry zufügen und alles bis kurz vor dem Siedepunkt erhitzen. Über gewaschene, vorgequollene Sultaninen und geriebene Mandeln in vorgewärmte Gläser oder eine Punschterrine seihen und sehr heiß trinken.

Flasche(n) kühl und liegend lagern. Das Fleisch bestellen Sie ebenfalls ein paar Tage vorher. Sie haben dann auch noch eher Zeit, die Preise zu vergleichen – was sich bei teurem Fleisch besonders lohnt.
Am 24. Dezember brauchen Sie dann nur noch das Fleisch abzuholen, Sahne und Eis für den Nachtisch, Kresse und Schinken für die Vorspeise zu besorgen.

## In kurzer Zeit fertig

Für die Zubereitung des Essens brauchen Sie höchstens eine Dreiviertelstunde, den Reis kochen Sie am Tag vorher. Er bleibt dann beim Erhitzen in der Paprikasauce schön körnig. Den Wein stellen Sie zwei Stunden vor dem Essen in den Kühlschrank. Bei der Zubereitung des Menüs beginnen Sie mit dem Palmherzensalat. Dann braten Sie die Schweinelendchen. Während die Orangen und Backpflaumen warm werden, erhitzen Sie die Bohnen und den Reis in der Sauce. Die Zutaten für den Nachtisch stellen Sie bereit, nur das Eis bleibt bis nach dem Essen im Kühlschrank.

## Geteilte Arbeit — doppelter Spaß

Während Sie in der Küche werkeln, deckt ›er‹ den Tisch, öffnet die Weinflasche und bringt Teller und Platten zum Aufwärmen in die Küche. Zwischendurch schenkt er Ihnen beiden einen Aperitif ein. Holen Sie an diesem Tag Ihr schönstes Geschirr aus dem Schrank. Der Tisch wird mit ein paar kleinen Tannenzweigen oder frischen Blumen und Kerzen geschmückt.

## So wird's ein Festessen

Bevor Sie sich zu Tisch setzen, stellen Sie die Schweinelendchen, die Bohnen und den Reis fertig auf den Platten angerichtet zum Wärmen in den Ofen. Nun können Sie in Ruhe den Palmherzensalat essen und den ersten Schluck trinken.

Wenn das Hauptgericht gegessen ist, schlagen Sie die Sahne für den Nachtisch steif und füllen das Eis und Kompott in die Gläser oder Schälchen.

Und hier die Rezepte, alle für zwei Personen berechnet:

## Palmherzensalat

*1 kleine Dose Palmherzen, 2 Kästchen Kresse, 80 g Lachsschinken, 1 EL Mayonnaise, 1/2 Joghurt, 3 EL Tomatenketchup, Salz, Pfeffer, Zitronensaft*

Palmherzen auf einem Sieb abtropfen lassen. Kresse in Schälchen unter fließendem Wasser abwaschen. Auf die Seite gekippt abtropfen lassen. Die Hälfte der Palmherzen in nicht zu dicke Scheiben schneiden, halbieren und mit Lachsschinkenstreifen gemischt auf zwei Muschelschalen oder kleinen Glastellern anrichten. Auf einen Teller stellen und die abgeschnittene Kresse zwischen Teller und Muschelrand stecken. Etwas Kresse zum Garnieren des Salats zurücklassen. Restliche Palmherzen im Mixer pürieren oder durch ein Sieb streichen. Mit Mayonnaise, Joghurt, Tomatenketchup, Salz, Pfeffer und Zitronensaft zu einer dicken Sauce verrühren. Über den Salat füllen. Zum Schluß mit einem Kressesträußchen garnieren.

## Paprikareis

*30 g Butter, 1 EL Edelsüß-Paprika, 125 g am Vortag gekochter Reis, 1 Msp Rosenpaprika, Salz*

Butter in einer Pfanne oder einem Topf schmelzen lassen. Edelsüß-Paprika hineinrühren, Reis zugeben und unter öfterem Rühren erhitzen. Mit Rosenpaprika und Salz würzen.

## Schweinelendchen mit Obst

*2 Schweinelendchen (750 g), Salz, Pfeffer, 20 g Fett, 3 kleine Orangen, 6 Kur-Backpflaumen, 3 EL süße Sahne, 1 TL Stärkepulver*

Schweinelendchen salzen und pfeffern. In heißem Fett in der Pfanne rundherum anbraten. Zugedeckt bei kleiner Hitze zehn Minuten garen. In der Zwischenzeit den Saft von $1^1/_2$ Orangen auspressen, mit zwei Eßlöffeln Wasser mischen und zu den Schweinelendchen geben. Zugedeckt noch zehn Minuten weiterbraten. In den letzten fünf Minuten geschälte Apfelsinenscheiben und Backpflaumen miterhitzen. Fleisch und Obst auf einer heißen Platte anrichten und warm stellen. Den Bratensatz mit Sahne und zwei bis drei Eßlöffeln Wasser loskochen. Mit angerührtem Stärkepuder binden und extra zum Fleisch servieren.

# Was man in der Welt zu Weihnachten ißt

## *Polen*

### Karpfen ›polnisch‹

*1 Karpfen (ca. 2 kg), Salz, 1 Zwiebel, 1 Porreestange, 1 Möhre, 1 Stück Sellerie, 1 Lorbeerblatt, 3/4 l Exportbier, 4 Pfefferkuchen, 40 g Butter, 2–3 EL Zitronensaft, Salz, Pfeffer*

Den Karpfen ausnehmen, unter fließendem Wasser säubern, ein wenig salzen und in einen ovalen Fischtopf geben. Zwiebeln, Porree, Möhre und Sellerie putzen, zerkleinern und über den Fisch verteilen. Lorbeerblatt zufügen, mit Bier auffüllen und mit einem gefetteten Papier bedecken. Den Topf verschließen. In 30 bis 40 Minuten garziehen lassen. Den Fisch mit dem Gemüse auf eine vorgewärmte Platte legen. Den Sud mit zerdrücktem Pfefferkuchen binden, Butter zufügen und mit Zitronensaft, Salz und Pfeffer kräftig abschmecken. Dazu Salzkartoffeln reichen.

### Borschtsch

*300 g Ochsenbrust, 2–3 Zwiebeln, 4 rote Beten, 2 Kochwürste, 2 Möhren, 250 g Sellerie, 1 Stange Porree, 300 g Weißkohl, 5 EL Essig, Salz, Pfeffer, 3/8 l saure Sahne, Petersilie, Dill*

Fleisch halbgar kochen. Zwiebeln, zwei in Streifen geschnittene rote Beten, Kochwürste, zerkleinerte Möhren, Sellerie, Porree und geschnittenen Weißkohl zugeben. Bei kleiner Hitze weitergaren. Restliche rote Beten grob raspeln und 1/2 Tasse der Suppenbrühe mehrmals aufkochen lassen. Durch ein Sieb gießen. Fleisch und Kochwürste kleinschneiden, in eine Suppenterrine geben, mit dem roten Gemüsesaft übergießen und mit abgeschmeckter Suppe auffüllen. Vor dem Servieren saure Sahne mit Kräutern darübergeben.

# England

Wenn Engländer ans Festtagsessen denken, dann fallen ihnen sofort Putenbraten und Plumpudding ein. Denn für die Briten ist Weihnachten nicht vollständig ohne diese Spezialitäten.

## Gefüllter Puter

*1 Puter (3 kg), Salz, Pfeffer, 300 g Schweinefleisch, 3 Zwiebeln, 1 Knoblauchzehe, Petersilie, 1 kg Eßkastanien (aus dem Glas), Speckscheiben, 3/8 l Wasser, 1/4 l Sahne, 1/8 l Weißwein, 1 EL Stärkemehl*

Den Puter waschen, mit Küchenkrepp austrocknen, würzen. Schweinefleisch mit Putenleber und -magen durch den Fleischwolf drehen. Zwiebelwürfel, zerdrückte Knoblauchzehe und Petersilie dazugeben. Gut vermischen. Die Hälfte der Kastanien zufügen und Putenbauch und -kropf damit füllen. Mit Speck belegen und auf dem Rost der Fettpfanne in den heißen Ofen schieben. Bei 180 bis 200 Grad 2 1/2 Stunden unter mehrmaligem Begießen mit Wasser braten lassen. Restliche Kastanien in den Bratensud geben. Mit Sahne und Wein auffüllen, mit kalt angerührter Speisestärke binden. Dazu Rosenkohl und Pommes croquettes (gibt's fertig aus der Tiefkühltruhe) servieren.

## Plumpudding

*100 g Korinthen, 200 g Rosinen, je 50 g Zitronat und Orangeat, 50 g kandierte Kirschen, 50 g gehackte Mandeln, 1/2 gewürfelter Apfel, Orangen- und Zitronenschale, 80 g Rindertalg, 70 g Mehl, 1 Tasse Weißbrotflöckchen, 75 g brauner Zucker, Piment, Salz, 2 Eier, 3 EL Weinbrand, 4 EL Orangensaft, 1/8 l 50%iger Rum oder Kirschwasser*

Korinthen, Rosinen, Zitronat, Orangeat, kandierte Kirschen und gehackte Mandeln mit Apfel, Fruchtschalen und dem Rindertalg vermengen und Mehl, Weißbrotflöckchen, Zucker, Piment und Salz zufügen. Eier schaumig schlagen. Weinbrand und Fruchtsaft zufügen und über die übrigen Zutaten gießen. Durchmischen und eine gut gefettete Puddingform bis zwei Fingerbreit unterm Rand damit füllen. Fest verschließen und im Wasserbad 3 Stunden kochen lassen.

## *Baltikum*

Besonders deftig ist das Feiertagsmenü im Baltikum: gebratener Schweineschinken mit gedünsteten Backpflaumen. Und dazu gibt's würzigen Rotkohl und Salzkartoffeln.

### Schweineschinken

*2 kg gepökelter Schinken (rechtzeitig bestellen), 400 g Backpflaumen, 2 Gläser Portwein, Kräutersenf, 1 Eigelb, 3 EL Semmelmehl*

Den Schinken einen Tag wässern, damit er milder wird. Pflaumen in Portwein einweichen. Schinken 1½ Stunden kochen, abtrocknen und in gefettete Alufolie einschlagen. Drei Stunden bei Mittelhitze backen. Folie entfernen, Pflaumen zufügen und den Braten mit Senf-Eigelb-Semmelmehl-Farce bestreichen. Goldbraun überbacken und mit den Pflaumen auf einer Platte anrichten. Mit Salzkartoffeln servieren.

### Rotkohl mit Äpfeln

*100 g Schmalz, 3 Zwiebeln, 2 kg Rotkohl, 2 Lorbeerblätter, 2 Nelken, 2TL Kümmel, Salz, Zucker, 6 saure Äpfel, ⅜ l Instant-Brühe, 4 EL Essig*

Schmalz erhitzen, die Zwiebeln darin dünsten und den feingehobelten Rotkohl zufügen. Gut andünsten und die Gewürze, Apfelwürfel und Brühe dazugeben. Etwa 1½ Stunden garen lassen. Essig zufügen, nochmals abschmecken und zum Schweineschinken servieren.

## *Frankreich*

Fürs Weihnachtsdiner bringen die Franzosen die köstlichsten Spezialitäten ihrer berühmten Küche auf den Tisch: Das beginnt mit Gänseleberpastete in Blätterteig, geht dann weiter mit gegrillten Lachsschnitten und endet mit einer großen Käseplatte.

## Gänseleberpastete

*2 Gänselebern, 250 g Schweinefleisch, 40 g Butter, 60 g Gänseschmalz, 30 g Mehl, 2 Zwiebeln, 1/8 l Instant-Brühe, 1 EL Madeira, 2–3 Eigelb, Salz, Pfeffer, 1 Paket Tiefkühlblätterteig, Speckscheiben, 400 g Aspik (gibt's im Feinkostgeschäft fertig zu kaufen), 1 Eigelb*

Eine Leber mit dem Schweinefleisch durch den Fleischwolf drehen. Aus Fett, Mehl, gehackter Zwiebel, Brühe und Madeira eine dicke Sauce bereiten. Fleisch und Eigelb zufügen, würzen und erkalten lassen. Eine Kastenform erst mit Blätterteig, dann mit Speck auslegen und die Fleischfarce mit der zweiten Leber einfüllen. Teigdeckel darauflegen und zwei Metallröhrchen hineindrücken, damit der Dampf entweichen kann. Mit Eigelb bestreichen. Im vorgeheizten Ofen bei 180 Grad 2 Stunden backen. Erkaltet aufschneiden, mit dem im Wasserbad aufgelösten Aspik füllen und im Kühlschrank zwei Stunden erstarren lassen. In Scheiben schneiden, mit Trauben, Orangenscheiben und Petersilie anrichten.

## Heilbutt, gegrillt

*4 Heilbuttscheiben à 200 g, Zitronensaft, Salz, Pfeffer, 2 EL Mehl, 50 g Butter, 1 Glas Calvados*

Den Heilbutt säubern, säuern, leicht salzen und pfeffern. In Mehl wenden und in heißem Fett in der Grillpfanne von beiden Seiten goldbraun braten. Kurz vor dem Servieren mit erwärmtem Calvados begießen, anzünden und mit Petersilie bestreuter Butter und Zitronenscheiben anrichten.

## Käse als Nachtisch

Auf der Käseplatte richten wir eine kleine Auswahl milder, herzhafter und pikanter Käsesorten an, z. B. einen aromatischen Brie, ein Carré de l'Est, Reblochon, Roquefort, Bleu de Bresse und der in Rosinenkerne gewickelte Fondu au Raisin.

## Hummer à l'américaine

*2 Hummer von ca. 750 g, Salz, Pfeffer, 1/10 l Olivenöl, 50 g Butter, 4 Schalotten, 1 Knoblauchzehe (kann auch entfallen), 1 Gläschen Cognac, 1 Kräutersträußchen wie zum Hummersud, 125 g Champignons, 1 kleine Dose Tomatenmark, 1 Prise Cayennepfeffer, 1/5 l herber Weißwein, 1 TL Stärkemehl*

Reichlich Salzwasser zum Kochen bringen und die Hummer kopfüber hineingeben. Nur etwa 7 Minuten kochen und dann abkühlen lassen. Hummerfleisch auslösen. In einer großen Pfanne die Hummerstücke, gesalzen und gepfeffert, im heißen Öl 5 Minuten braten. Dann die in Butter goldgelb gedünsteten, kleingehackten Schalotten und die zerdrückte Knoblauchzehe dazugeben. Mit leicht erwärmten Cognac übergießen, flambieren und abbrennen lassen. Nun das Kräutersträußchen, feinblättrig geschnittene Champignons, Tomatenmark und Gewürze zufügen, mit Wein und 1–2 EL Wasser auffüllen und 15 Minuten bei schwacher Hitze mehr ziehen als kochen lassen. Dann die Hummerstücke herausnehmen, auf vorgewärmter Platte anrichten. Kräutersträußchen entfernen, die Sauce mit in etwas kaltem Wasser oder Wein angerührtem Stärkemehl binden, einmal aufkochen lassen.

## Truthahn mit Weihnachtsfülle

*1 junger Truthahn, Salz, etwas Pfeffer, 100–150 g Fett oder Butter, 1/8 l Wasser.* Zur Fülle: *400 g Kastanien, 200 g rohe Bratwurstmasse, 70 g Butter, 3 Eier, Salz, etwas Pfeffer, 1/2 Zwiebel*

Den vorbereiteten Truthahn innen und außen leicht salzen und pfeffern. Kastanien waschen und schälen, Bratwurstmasse mit der schaumig gerührten Butter, der feingeriebenen Zwiebel, Salz, Pfeffer und mit den Kastanien gut vermengen und einfüllen. Hals zunähen. Den Truthahn mit der Brust nach unten in das heiße Fett legen, mit kochendem Wasser übergießen und in das vorgeheizte Rohr stellen. Unter häufigem Begießen etwa 2 Stunden auf beiden Seiten im Rohr braten.

## Austern

*Pro Person 6–12 Austern, Zitronenscheiben, Roggenbrot, gesalzene Butter.* Zum Garnieren: *Petersilie*

Die Austern läßt man sich öffnen und richtet sie mit Zitronenscheiben und Petersilie an. Man ißt sie, indem man sie aus der Schale löst und mit Zitronensaft beträufelt. Dazu gibt es dünne Roggenbrotscheiben mit Salzbutter bestrichen.

## Seezunge auf normannische Art

*2 Seezungen à 500 g, 1 Zwiebel, 1 kleine Karotte, Petersilie, 1 Zweiglein Thymian, etwas Estragon, etwas Rosmarin, 1/2 Lorbeerblatt, 40 g Butter, Salz, Pfeffer, einige EL trockener Weißwein, 2 Eigelb, 1/4 l Sahne*

Die Seezungen auf der hellen Seite schuppen, auf der dunklen Seite häuten, dann filetieren und säubern. Zwiebel, Karotte und alle Kräuter fein hacken, in 30 g Butter andünsten. Auf einer Gratinierplatte ausbreiten, die Fischfilets darauflegen, salzen, pfeffern, mit etwas Weißwein begießen, mit Butterflöckchen bestecken und die mit Eigelb vermischte, gesalzene und gepfefferte Sahne darübergießen. Im Ofen, bedeckt mit gebuttertem Pergamentpapier oder Alufolie, 10–15 Minuten gar dünsten lassen. – Nach Belieben kann das Gericht mit gekochten, ausgelösten Muscheln umlegt werden.

## Weihnachtsente mit Orangen

*1 junge etwa $1^1/_2$ kg schwere Ente, 60 g Butter, etwas Salz, 3 Orangen, $^1/_2$ Zitrone, 1 EL leicht gebräunter Zucker, 1 EL Weinessig, 1 Gläschen Grand Marnier, etwas Weißwein.* Zum Garnieren: *Schnitze einer Orange, in etwas warmem Weißwein mariniert*

Die vorbereitete Ente innen und außen mit Salz, mit der abgeriebenen Schale und dem Saft 1 Orange einreiben. Dann in der heißen Butter, möglichst ohne Wasserzugabe, etwa $1^1/_4$ Stunden braten. Während dieser Zeit öfters mit dem eigenen Saft begießen. Wenn die Ente weich und schön knusprig ist, aus der Pfanne nehmen und warm stellen. Die zurückgebliebene Sauce entfetten, den Bratenfond mit dem Saft der beiden Orangen und dem Zitronensaft ablöschen, den gebräunten Zucker, Weinessig und Grand Marnier beigeben und aufkochen lassen. Mit etwas Weißwein abschmecken. Die Sauce über die tranchierte Ente gießen. Mit marinierten Orangenschnitzen bestreuen und dazu Kartoffelpüree und Kopfsalat reichen.

## Bûche de Noël — Weihnachtsscheit

*4 Eier, 200 g Zucker, 50 g Butter, 4 EL Milch, 2,5 g Hirschhornsalz, 225 g Mehl, 25 g Maisstärkemehl.* Zum Beträufeln: *etwas Cointreau.* Zur Fülle: *$^1/_4$ l Milch, 4 Eier, 400 g Zucker, 500 g Butter.* Zum Verzieren: *grünes Marzipan*

Milch zum Kochen bringen und vom Feuer nehmen. Eier und Zucker schaumig schlagen, nach und nach in die heiße Milch rühren. Einmal kurz aufkochen lassen und bis zum Erkalten ab und zu umrühren. Butter schaumig rühren und löffelweise in die erkaltete Schaummasse geben. Die schaumige Creme bis zum Gebrauch kalt stellen.
In einem Wasserbad Eier und Zucker so lange schlagen, bis sich die Masse verdoppelt hat. Vom Herd nehmen und bis zum Erkalten weiterschlagen. Dann die zerlassene, abgekühlte Butter, das in Milch aufgelöste Hirschhornsalz beigeben und das mit Maisstärkemehl vermischte Mehl hineinsieben. Den Teig auf

ein mit eingefettetem Pergamentpapier belegtes Blech gleichmäßig aufstreichen und in der vorgeheizten Röhre, bei guter Mittelhitze backen. Wenn der Teig aus dem Ofen kommt, sofort auf ein Tuch stürzen, das Pergamentpapier abziehen, mit Cointreau beträufeln und zusammenrollen. Gleich wieder aufrollen und, wenn der Teig erkaltet ist, mit der vorbereiteten Creme bestreichen. Mit Hilfe des Tuches wieder zusammenrollen. Die beiden Enden der Rolle schräg abschneiden. Die Rolle ganz mit Buttercreme bestreichen und mit einer in heißes Wasser getauchten Gabel Rillen ziehen. Aus der restlichen Buttercreme 2—3 Kugeln formen und diese wie Astansätze auf die Rolle setzen. Die Kugeln mit einem in heißes Wasser getauchten Messer anschneiden. Das grüne Marzipan durch ein grobes Sieb streichen und als ›Moos‹ auf den Baumstamm streuen.

## Fasan auf Elsässer Art

*1 Fasan, ca. 10 Scheiben Räucherspeck, Weißwein, Salz, Pfeffer, Majoran, Thymian, Salbei, 1 kg Sauerkraut, 1 Apfel, Lorbeerblatt, Wacholderbeeren*

Ein Fasan wird wie üblich sauber ausgenommen, gut gewaschen und dann in kleinere Stücke zerteilt. Die Fleischstücke werden gesalzen und dann mit ganz wenig Pfeffer, etwas Majoran, Thymian und Salbei gewürzt. Nun gibt man in eine Pfanne 5—6 Scheiben durchwachsenen Räucherspeck, legt darauf die Fasanenstücke und deckt sie wieder mit Speckscheiben zu. Nun läßt man den Fasan auf diese Art im Backrohr bei guter Hitze gar werden und gießt ab und zu 1—2 Löffel Weißwein über die Fleischstücke. In einer Kasserolle bereiten wir in der Zwischenzeit normal 1 kg Sauerkraut mit einem Apfel, einem Lorbeerblatt und einigen Wacholderbeeren, und wenn das Kraut fast gar ist, geben wir die ebenfalls gegarten Fasanenstücke mit den Speckscheiben hinzu. Das Gericht läßt man nun noch 10—15 Minuten im Backrohr durchziehen, bevor man es mit Kartoffeln serviert.

# USA

## Truthahn gebraten, mit Pfirsichen

*1 Truthahn, Salz, etwas Pfeffer, 100—150 g Butter, 100 g geräucherte Speckscheiben, 1 Dose Pfirsiche*

Den vorbereiteten Truthahn innen und außen salzen und leicht pfeffern. In die heiße Butter legen und die Oberseite des Bratens mit Speckscheiben abdecken. Unter fleißigem Begießen bei Mittelhitze braten. Für 1 kg rechnet man 40 Minuten Bratzeit. 1/2 Stunde vor Beendigung der Bratzeit die Speckscheiben entfernen, den Truthahn mit Pfirsichsaft übergießen und unter öfterem Begießen fertig braten. Zum Schluß den Vogel bei geringer Hitze mit den Pfirsichhälften belegen. Dazu gedämpfte Kartoffeln reichen.

## Gefüllte Truthahnbrust

*1/2 Truthahnbrust, Salz, etwas Pfeffer, 100 g Butter.* Zur Fülle: *500 g Hackfleisch, 1 kleine Dose in Stücke geschnittene Champignons, 2 EL gehackte Zwiebel, 2 enthäutete Tomaten oder 1 EL Tomatenmark, Salz und etwas Pfeffer*

Truthahnbrust mit Salz und etwas Pfeffer einreiben. Für die Fülle alle Zutaten gut vermischen und in etwas Butter leicht anbraten. In die Truthahnbrust einfüllen, den freien Lappen von der zerlegten Hälfte darüberziehen und annähen. In der heißen Butter in der vorgeheizten Röhre bei Mittelhitze zu schöner Farbe braten. Für 1 kg Truthahnfleisch 40 Minuten Bratzeit rechnen.

## Schwedischer Weihnachtsschinken

*5 kg Schinken.* Zum Einreiben: *4 EL Salz, 4 EL Zucker, 1/2 EL Salpeter.* Zur Lauge: *8 l Wasser, 25 g Salpeter, 150 g Zucker*

Schinken säubern, Salz, Zucker und Salpeter vermischen und den Schinken damit einreiben. Einige Stunden liegen lassen. Aus den übrigen Zutaten eine Lauge kochen, diese völlig erkalten lassen. Danach den Schinken hineinlegen. Er muß mit Flüssigkeit bedeckt sein. 14 Tage bleibt er in der Lauge liegen.

*ZUBEREITUNG:*

*1 gesalzener Schinken, 10 weiße Pfefferkörner, 20 g Kräuterpfeffer.* Zum Backen: *2 Eier, 2 TL Zucker, 2 TL Senfpulver, Semmelbrösel nach Bedarf*

Schinken aus der Lauge nehmen, 1 Tag in frisches Wasser legen und gut abtrocknen. In kochendes Wasser legen – Schinken muß bedeckt sein – und zugedeckt mit dem Pfeffer leise 3–3 1/2 Stunden kochen lassen. Während dieser Zeit öfters abschäumen. Den fertig gekochten Schinken aus dem Wasser nehmen und gut abtropfen lassen. Die Schwarte abziehen und den Schinken abkühlen lassen. Eier, Zucker und Senfpulver vermischen und über den ganzen Schinken streichen. Darüber die Semmelbrösel streuen, den Schinken bei Mittelhitze 1 Stunde backen.

Festschlemmerei auf dänische Art – das heißt: Ein großer Braten muß auf den Tisch, und die typischen Beilagen dürfen nicht fehlen. Auch die Nachspeise nicht, denn in ihr verbirgt sich eine Überraschung. Hinterher gibt es noch Kaffee und Kuchen.

## Im Mittelpunkt: Der Braten

Der große Festbraten steht im Mittelpunkt des Menüs. Es ist ein Braten aus magerem Schweinebauch, eine Art Nationalgericht in Dänemark. Häufig besteht das Menü sogar aus mehreren Fleischgerichten: Dann gibt's neben dem Braten noch Ente und (selbstgemachte!) Bratwurst.

## Vor der Bescherung . . .

Gegessen wird vor der Bescherung, so gegen 17 Uhr, und man läßt sich viel Zeit dabei. Nach dem Hauptgericht kommt der Mandelreis auf den Tisch. Mit dem hat's eine besondere Bewandtnis, denn in der Süßspeise, die mit vielen gehackten Mandeln zubereitet wird, ist eine einzige ganze Mandel versteckt. Wer sie in seinem Schälchen findet, bekommt ein besonderes Geschenk! Damit niemand schummeln kann, wird der Mandelreis in einer undurchsichtigen Schüssel serviert. Erst wenn alles aufgegessen ist, gibt sich der Besitzer der ganzen Mandel zu erkennen. Er bekommt das Geschenk – traditionell ist es ein dickes Marzipanschwein. Klar, daß er's nicht allein ißt, sondern jedem etwas abgibt!

## . . . und danach

Erst nach dem Essen – aber vor dem Kaffeetrinken – findet die Bescherung statt. Danach gibt's dann noch Kaffee, Kuchen, Likör und Kognak.

## Was vorher auftauen muß

Zwei Zutaten fürs Menü kommen aus der Tiefkühltruhe – sie müssen also rechtzeitg herausgenommen werden! Es sind der Blätterteig (für die Kopenhagener) und die Himbeeren (für den Mandelreis).

## Der Braten braucht am längsten

Kochen Sie zuerst den Schweinebauch – wie im Rezept beschrieben – mit der Schwarte nach unten. Putzen Sie in der Zwischenzeit den Rotkohl. Gleichzeitig den Reis für die Nachspeise quellen lassen (und öfter umrühren!). Schweinebraten auf den Rost legen und zu Ende garen. Währenddessen Kartoffeln zum Kochen aufsetzen und die Kopenhagener so weit vorbereiten, daß sie nur noch gebacken werden müssen. Den Tisch decken! Kartoffeln pellen. Sahne für den Mandelreis schlagen. Rotkohl zum Kochen aufsetzen. Während er gart, den Mandelreis zubereiten,

Äpfel und Pflaumen dünsten. Etwa 15 Minuten bevor der Braten gar ist, mit dem Glasieren der Kartoffeln beginnen. Alles anrichten. Wenn der Braten fertig ist: gleich Kopenhagener backen!

## Schwedischer Milchreis

*2 Tassen Reis, 4 Tassen Milch, 40 g Butter, Salz und Zucker*

Milch, Butter, Salz und Zucker zum Kochen bringen, den gewaschenen Reis hineingeben und langsam etwa 2 Stunden kochen lassen. Mit kalter Sahne oder Milch und mit Zucker und Zimt servieren. In den fertigen dicken Reis eine Mandel stecken: Wer sie bekommt, heiratet als nächster!

## Mandelreis

*1½ l Milch, 150 g Zucker, 1 Prise Salz, 1 Vanilleschote, 200 g Milchreis, ½ l süße Sahne, 150 g gehackte Mandeln, 1 ganze Mandel, 6 EL Sherry, 2 Pakete tiefgekühlte Himbeeren (mit Zucker) à 300 g*

Die Milch mit Zucker, Salz und der aufgeschnittenen Vanilleschote aufkochen. Den Reis hineinrühren und bei schwacher Hitze etwa 45 Minuten ausquellen lassen. Zwischendurch umrühren, damit der Reis nicht anbrennt. Den Milchreis abkühlen lassen. Schlagsahne mit den gehackten Mandeln und der ganzen Mandel unter den Reisbrei mischen. Zum Schluß den Sherry unterrühren. Die aufgetauten Himbeeren mit dem Zucker im Mixer pürieren und zum Mandelreis servieren.

## Kopenhagener
(für 10 Stück)

*2 Pakete tiefgekühlter Blätterteig, 3 EL Mehl, 250 g Marzipanrohmasse, 250 g Butter, 2 Eier, 2 EL Zucker, 50 g gehackte Mandeln*

Jede aufgetaute Blätterteigscheibe auf Mehl dünn ausrollen. Marzipanrohmasse und Butter verkneten. Die Blätterteigscheiben damit bestreichen. Die Ränder des Blätterteiges mit Eiweiß bestreichen und von den beiden Längsseiten her zur Mitte zusammenklappen, so daß ein Spalt von etwa eineinhalb Zentimetern bleibt. Zucker und Mandeln hineinstreuen. Die Kopenhagener mit den verquirlten Eigelb bestreichen, auf ein mit Wasser bepinseltes Backblech legen, im vorgeheizten Backofen bei 175 Grad etwa 25 Minuten backen.

Genießen Sie die Weihnachtsfeiertage als ein langes, gemütliches Fest mit Freunden und mit der Familie. Damit auch die kulinarischen Genüsse nicht zu kurz kommen, haben wir Ihnen einige Rezepte für ganze Menüs zusammengestellt. Wenn Sie aber der vielen Küchenarbeit aus dem Weg gehen wollen, dann finden Sie hier Anregungen für einen ausgiebigen und gemütlichen Brunch.

## Dänischer Schweinebraten mit gedünsteten Äpfeln und Pflaumen

*2 kg magerer Schweinebauch (Spießbraten), Salz.* Für die gedünsteten Äpfel und Pflaumen: *4 Äpfel, 1/4 l Weißwein, Saft einer 1/2 Zitrone, 1 EL Zucker; 4 cl Rum, Saft 1 Zitrone, 1 Zimtstange, 1 EL Zucker, 1 Paket Kurpflaumen ohne Stein (454 g)*

Die Schwarte des Bratens dicht an dicht quer etwa einen Zentimeter tief einritzen. Den Boden einer langen Bratenpfanne mit Salzwasser bedecken, aufkochen. Den Schweinebauch mit der Schwarte nach unten hineinlegen, 25 Minuten kochen. Braten rundherum salzen und auf den Rost des Backofens legen. In die

Fettpfanne etwas Wasser füllen, unter den Rost schieben. Bei 225 Grad 30 Minuten braten. Dann auf 170 Grad herunterschalten und den Schweinebauch eine Stunde 30 Minuten braten. Eventuell noch etwas Wasser in die Fettpfanne geben. Dann die Hitze auf 225 Grad erhöhen. Den Braten bei leicht geöffneter Backofentür noch 25 Minuten weiterbraten, damit die Schwarte recht schön knusprig wird.
Etwa 20 Minuten vorm Ende der Garzeit die Äpfel waschen, vierteln, das Kerngehäuse und die Blüten herausschneiden. Die Apfelviertel in dünne Spalten schneiden. Wein mit Zitronensaft und Zucker aufkochen. Die Äpfel darin bei schwacher Hitze 5 Minuten dünsten. Gleichzeitig 1/8 Liter Wasser mit Rum, Zitronensaft, Zimtstange und Zucker aufkochen und die Kurpflaumen darin etwa 10 Minuten bei schwacher Hitze dünsten. Äpfel und Pflaumen abtropfen lassen.
Braten auf einem Holzbrett anrichten. Mit gedünsteten Äpfeln und Pflaumen garnieren. Die restlichen Äpfel und Pflaumen in einem Rotkohlblatt anrichten und mit auf das Fleischbrett legen.

## Glasierte Kartoffeln

*2 kg kleine Kartoffeln, Salz, 8 EL Zucker (120 g), 100 g Butter*

Die Kartoffeln in Salzwasser 20 Minuten garen, pellen. Den Zucker in einer Pfanne unter ständigem Rühren schmelzen. Die geschmolzene Butter unterrühren. Die Kartoffeln nacheinander in zwei Etappen unter ständigem Rühren darin glasieren, bis sie rundherum braun sind.

## Dänischer Rotkohl

*2,5 kg Rotkohl, 3/4 l Weinessig, Salz, Pfeffer, 100 g Zukker*

Rotkohl putzen (ein großes Blatt für den Schweinebraten zurücklassen), in feine Streifen schneiden. Mit Essig und 3/4 l Wasser 30 Minuten bei offenem Deckel kochen. Mit Salz, Pfeffer und Zucker würzen. Noch weitere 30 Minuten kochen. Mit einer Schaumkelle aus dem Topf nehmen.

# Festliche Menüs für die Feiertage

## *Menü I*

**Lachsrolle mit Palmherzen**
**Garnierter Rehrücken**
**Kressesalat**
**Chartreuse de Pommes**

### Lachsrolle mit Palmherzen

*1 Dose Palmherzen (220 g Einwaage), 2 EL Zitronensaft, 4 EL Mayonnaise, 1 EL Sangrita (picante), 1 Bund Dill, 4 große Scheiben geräucherter Lachs, schwarzer Pfeffer; einige gelbe Salatblätter*

Die Palmherzen abtropfen lassen, nur vier Eßlöffel Flüssigkeit aufbewahren und mit Zitronensaft vermischen. Die Palmherzen eine Stunde in dieser Marinade ziehen lassen, dabei öfters umwenden. Herausnehmen, sorgfältig abtrocknen und in vier gleichgroße Portionen teilen. Die Mayonnaise mit der Sangrita (wer es scharf liebt, nimmt Sangrita picante) vermischen. Den Dill fein hacken und auf einem Holzbrett verteilen, über die ganze Fläche grob gemahlenen Pfeffer streuen. Die Lachsscheiben darauflegen und festdrücken, damit Dill und Pfeffer an ihnen haften bleiben. Die Scheiben nun mit der Mayonnaise bestreichen, mit den Palmherzen belegen und zusammenrollen. Auf einem mit Salatblättern ausgelegten Teller anrichten, die Blätter mit dem übriggebliebenen Dill-Pfeffer-Gemisch bestreuen.

## Garnierter Rehrücken

*1 Rehrücken, 80 g geräucherter Speck, Salz, Pfeffer, 60 g Fett oder Butter, 1 Zwiebel, 1 gelbe Rübe, 1/4 l Brühe (Würfel), 1/4 l Sahne, 2–3 EL Weißwein.* Zum Garnieren: *500 g glasierte Kastanien, 6 Hälften Kompottbirnen, mit Johannisbeergelee gefüllt, 250 g gedünstete Pilze*

Den Rehrücken häuten, mit dünnen Speckstreifen spicken, leicht mit Salz und Pfeffer bestreuen. In heißes Fett oder Butter legen, darin wenden und erst auf der Fleischseite anbraten. Danach auf die Knochenseite legen und unter Beigabe von Zwiebel und gelber Rübe unter fleißigem Begießen weich braten. Nur wenn nötig, noch etwas Brühe untergießen. Den fertigen Braten aus der Sauce nehmen, das Fleisch vom Knochen lösen und in schöne, schräge Stücke schneiden. Diese mit dem Knochengerippe wieder zu einem schönen Rücken zusammensetzen und auf einer vorgewärmten Platte anrichten. Die Sauce durch ein Sieb drücken und gesondert dazu reichen. Den Rehrücken mit glasierten Kastanien, den gefüllten Birnenhälften und den Pilzen garnieren. Als Beilage: Kartoffelkroketten und feine Gemüse.
*Hitzeeinstellung: 225 Grad, Garzeit: ca. 45 Minuten*

## Kressesalat

Die grüne Gartenkresse gehört zu den besten Salaten. Als Salatbeilage für vier Personen benötigen Sie 150 Gramm, als Garnitur entsprechend weniger. Wichtig ist, daß die Kresse sorgfältig von allen Schmutz- und Erdteilchen befreit, dann nur ganz kurz in kaltes Wasser getaucht, gut abgetropft und am besten erst am Tisch mit French Dressing angemacht wird, da sie sehr schnell zusammenfällt.

## Chartreuse de pommes

(Apfel-Chartreuse)

*8–10 Äpfel, Zitronensaft, 200 g Zucker, etwas Aprikosenkonfitüre*

Die Äpfel schälen und mit dem Ausstecher das Kernhaus herausnehmen. Kleine Stäbchen aus den Äpfeln schneiden und sie nach und nach in ein Gefäß mit Wasser legen, in das man vorher Zitronensaft gegeben hat, damit die Äpfel nicht braun werden. Auch die Apfelteile dazugeben, die vorher mit dem Ausstecher ausgestochen wurden. Zucker klären, den Saft einer Zitrone hineinträufeln und die Apfelstäbchen in diesen Sirup füllen, 1–2mal aufkochen lassen, jedoch die Apfelstäbchen nicht zu weich werden lassen. Die Stäbchen aus dem Zucker nehmen und auf ein Sieb legen. Die Apfelabfälle kleinschneiden und im Sirup leicht ankochen lassen, bis sich ein festes Mus bildet. Eine gebutterte Form an den Wänden und am Boden mit den Apfelstäbchen auslegen und das Innere mit dem Mus füllen. Auf halber Höhe eine Schicht Aprikosenkonfitüre darübergeben und diese mit einer Schicht Apfelstäbchen bedecken, darauf achten, daß die Form ganz voll ist, damit man sie leichter stürzen kann. Chartreuse de pommes im Kühlschrank sehr kalt werden lassen und stürzen.

**Fasan in Ebereschenaspik**
**Kabeljau in Weißwein**
**Rinderfilet in Blätterteig**
**Weihnachtsglocke,**
**französisches Dessert**

## Fasan in Ebereschenaspik

*1 junger, gebratener Fasan, 100 g frische Champignons, 2 EL Zitronensaft, 2 EL gehackte Petersilie, $^1/_2$ l trockener Weißwein, 10 Blatt Gelatine, $^1/_4$ l Ebereschensaft (Reformhaus), weißer Pfeffer, Salz*

Den Fasan vorsichtig ausbeinen, alles faserlose Fleisch in Streifen schneiden. (Aus Haut, Knochen, Fasern und Fleischresten kann mit Suppengrün eine hervorragende Fasanenkraftbrühe bereitet werden.) Die Champignons putzen, waschen, die Stiele am Kopf abschneiden. Zwei Köpfchen zur Dekoration in sehr dünne Scheiben schneiden, zwölf schöne Scheiben aus der Mitte aufbewahren und mit etwas Zitronensaft beträufeln. Die Abfälle mit den restlichen Pilzen grob hacken und im Zitronensaft (ohne Fett) kurz dünsten. Abseihen, die Champignonstücke mit der Petersilie und dem Fleisch vermischen, kalt stellen. Aus vier Blatt Gelatine, der Hälfte des Weißweins und dem Kochsud der Champignons nach Vorschrift ein klares Aspik bereiten, eine nicht zu große Kastenform damit ausgießen und allseitig mit einer Aspikschicht überziehen. Die Champignonscheiben hübsch auf dem Boden anordnen und mit etwas übrigbehaltenem Gelee abdecken. Das Fleisch mit Pfeffer und Salz vorsichtig würzen, in die Form streuen und mit einem aus dem Ebereschensaft, dem restlichen Weißwein und den übrigen Gelatineblättern nach Vorschrift bereiteten, beinahe fest gewordenen Aspik begießen. Kalt stellen, erstarren lassen und stürzen. Dazu mit einem feucht-heißen Tuch umwickeln. Beliebig garniert mit Toast und Butter und einem frischen, jungen Rotwein oder einem vollen Weißwein servieren.

## Kabeljau in Weißwein

*4 Kabeljaufilets à 200 g (auch tiefgefroren), 4 kleine Zwiebeln oder Schalotten, 60 g Butter, 4 Tomaten, 1 Prise gehackter Thymian (oder getrockneter, geriebener), 1 Flasche Chablis oder ein anderer kräftiger Weißwein, 1/2 Lorbeerblatt, Salz, Pfeffer, 3 EL Sahne, Zitronensaft, einige EL gehackte Kräuter: Petersilie, Kerbel, Schnittlauch*

Zwiebeln oder Schalotten kleinhacken und in der Butter andünsten. Dann in einer feuerfesten Form verteilen und darauf die in Scheiben geschnittenen Tomaten legen. Mit Thymian und feingeriebenem oder -gehacktem Lorbeerblatt bestreuen. Die Fischfilets drauflegen, mit Wein begießen, salzen, pfeffern und in den auf 200 Grad erhitzten Ofen geben. Aufkochen lassen und noch 5 Minuten bei kleiner Hitze im Ofen lassen. Die Fischstücke herausnehmen, beiseite stellen und die Sauce auf etwa die Hälfte einkochen lassen. Durch ein Sieb passieren. Die Fischfilets wieder in die feuerfeste Form geben. Sahne und Sauce vermischen, abschmecken, etwas Zitronensaft drunterrühren und diese Sauce über die Fische geben. Zugedeckt noch einmal bis zum Kochen in den Ofen schieben, rasch herausnehmen.

## Rinderfilet in Blätterteig

*1 kg Rinderfilet, Salz, Pfeffer, Knoblauchpulver, je 1 Msp Majoran und Rosmarin, 2 zerdrückte Wacholderbeeren, 1 EL gehackte Petersilie, 30 g Fett, 1 Paket tiefgekühlter Blätterteig, 1 Eigelb*

Das Rinderfilet von Sehnen befreien, mit allen Gewürzen bestreuen und zugedeckt an einem kühlen Ort 2 Stunden durchziehen lassen. In dem heißen Fett von allen Seiten anbraten und ca. 10 Minuten dünsten. Blätterteig nach Vorschrift auftauen und ausrollen. Das Fleisch in die Mitte legen, den Teig darüber schlagen und gut andrücken. Mit Eigelb bestreichen und im vorgeheizten Rohr backen. Den angerichteten Braten mit gedünsteten Champignons garnieren.
*Hitzeeinstellung: 220 Grad, Garzeit: ca. 40 Minuten*

## Weihnachtsglocke, französisches Dessert

*1 Paket Blätterteig aus der Tiefkühltruhe, 1 große Dose Ananasscheiben, 100 g Aprikosenmarmelade, 1 Likörglas Kirsch, 1 Ei.* Zur Creme: *4 Eigelb, 200 g Puderzucker, 75 g Mehl, 1/2 l kochende Milch, etwas Vanille*

Den aufgetauten Blätterteig 4 mm dick ausrollen. Aus Papier eine Glockenform schneiden und aus dem Teig danach die Glocke schneiden. Diese auf ein nasses Blech legen. Aus dem restlichen Teig 3 Streifen für Klöppel und Glockenseil schneiden, die Streifen einzahnen und um die Glocke legen, aus einem Stückchen Teigstreifen einen kleinen Ring formen und diesen oben an der Glocke anbringen. Die Glocke mit einer Gabel durchstechen und in der Röhre 1/4 Stunde.
*Zur Creme:* Eigelb und Zucker schaumig rühren, das Mehl und die mit Vanille gewürzte, kochende Milch zugeben. Die Creme auf das Feuer stellen und schlagen, bis sie einmal aufkocht. Unter Schlagen erkalten lassen, mit Kirsch abschmecken.
Die erkaltete Glocke auf eine Serviette legen, mit der erkalteten Creme bestreichen. Die gut abgetropften, in Sechstel oder Achtel geschnittenen Ananasscheiben schuppenartig auf die Glocke legen. Aprikosenmarmelade mit etwas heißem Wasser verrühren und mit einem Pinsel die Ananasstücke damit bestreichen.

# Menü III

**Überbackene Jakobsmuscheln**
**Gefüllte Babypute**
**Mandel-Eiskrem mit Ananas**
**Avocados mit Krabben**
**Fasan mit Trüffeln gefüllt, dazu**
**Trüffelsauce und Linsenpüree**
**Birnen mit Roquefort überbacken**

## Überbackene Jakobsmuscheln

*8 Jakobsmuscheln, 1 Knoblauchzehe, 80 g Butter, 2 fein gehackte Schalotten, 1/2 EL getrockneter Estragon, 1 EL gehackte Petersilie, 1/2 Tasse Semmelbrösel, 2 EL Zitronensaft, 3 EL trockener Weißwein, schwarzer Pfeffer, Salz*

Die Jakobsmuscheln herrichten. Vier Muschelschalen mit Knoblauch ausreiben und das Muschelfleisch gleichmäßig darin verteilen. In der Hälfte der Butter die Schalotten anlaufen lassen, Estragon und Petersilie dazufügen, die in Zitronensaft und Weißwein eingeweichten Semmelbrösel einarbeiten und mit der restlichen Butter vermengen. Mit frisch gemahlenem Pfeffer und Salz abschmecken und diese Masse über die Muscheln verteilen. Gut festdrücken und ebnen und im vorgeheizten, sehr heißen Ofen oder unter dem heißen Grill etwa acht Minuten gratinieren.

## Gefüllte Babypute

*1 Babypute von ca. 2 kg, tiefgefroren, Salz, etwas Butter.*
Zur Fülle: *1 entrindetes Brötchen, Leber und Herz der Pute, 100 g Putenleber, 20 gefüllte Oliven, 1 kleine Zwiebel, Salz, frisch gemahlener Pfeffer, 100 g frischer, gewürfelter Speck, 1 Bund Petersilie, 1 Ei, 2 EL Semmelbrösel*

Die aufgetaute Pute tupfen Sie trocken und reiben sie außen mit Salz ein. Dann bereiten Sie die Fülle aus dem eingeweichten und ausgedrückten Brötchen, den durch den Fleischwolf gedrehten Innereien, der feingehackten Zwiebel, den gehackten Oliven, gehackter Petersilie, Salz, Pfeffer, Ei und Semmelbröseln. Damit füllen Sie die Pute, nähen sie mit einem Baumwollfaden zu und bepinseln sie rundum mit Butter. Die Pute wird unter Zugabe von 1 Tasse heißem Wasser ca. 40 Minuten im Rohr gebraten, dann umgedreht, mit dem Fleischsaft und evtl. noch etwas heißem Wasser begossen und weitere 30–35 Minuten gebraten. Zu der knusprig braunen Pute den Bratensaft, einen Chicorée-Radicciosalat und Petersilienkartoffeln reichen.

## Mandel-Eiskrem mit Ananas

*4 Portionen Mandel-Eiskrem (sonst Vanille-Eiskrem mit Mandelraspeln vermischen), 4 Scheiben Ananas, 4 EL Johannisbeergelee, Schlagsahne und gehackte Pistazien zum Garnieren*

Mandel-Eiskrem in Schälchen anrichten. Ananasring darüberlegen und mit Johannisbeergelee überglänzen. Mit Schlagsahne aus dem Spritzbeutel garnieren und mit Pistazien bestreuen.

## Avocados mit Krabben

*2 Avocados, 4 EL abgetropfte Krabben, Mayonnaise, Joghurt, Salz, Pfeffer*

Mayonnaise mit Joghurt zu einer Creme rühren, mit Krabben vereinen, sparsam mit Salz und weißem Pfeffer abschmecken und in die ungeschälten, halbierten, entkernten Früchte füllen. Kleiner Tip: Man kann die Krabben auch in einer Marinade aus Zitronensaft, Essig, Dill, Salz und Pfeffer verschütteln und dann in die vorbereiteten Avocados füllen.
Für ganz große Genießer wird die Marinade noch mit Sangrita oder Tomatenketchup abgeschmeckt.

## Fasan mit Trüffeln gefüllt

*1 Fasan, 60 g Butter, Salz und Pfeffer, Speck zum Umwickeln.* Zur Fülle: *30 g Butter, 1 eingeweichte, ausgedrückte Semmel, 1 Ei, 1 kleine Dose kleingeschnittene Trüffeln, 1 TL feingehackte Petersilie, nach Belieben noch einige gedünstete Champignons, Salz, 1 Prise Pfeffer, etwas geriebene Zitronenschale und ein Gläschen Cognac oder Madeira*

Für die Fülle die Butter schaumig rühren und nach und nach alle angeführten Zutaten unterrühren. Mit dieser Fülle wird der Kropf des vorbereiteten Fasans gefüllt, zugenäht, und der Vogel – dressiert und mit Speckscheiben umwickelt – in der heißen Butter gebraten.
Zu diesem Gericht reicht man gesondert eine Trüffelsauce und Linsenpüree. Das Aroma des Fasans, kombiniert mit dem Geschmack der Trüffeln, ist eine schon seit Jahrhunderten heiß begehrte Köstlichkeit.

## Trüffelsauce

*50 g Butter, 40 g Mehl, 1 kleingehackte Zwiebel, Fleischbrühe, Salz, etwas Pfeffer, etwas Zitronenschale und Saft, 5–6 Trüffeln, etwas Rotwein oder Madeira*

In der heißen Butter das Mehl und die Zwiebel gelblich rösten, mit Brühe auffüllen. (Bei Verwendung von frischen Trüffeln ist mehr Brühe nötig, ungefähr $^{3}/_{4}$ l; werden Trüffeln aus der Dose genommen, $^{1}/_{2}$ l Flüssigkeit verwenden.) Die Trüffeln (frische Trüffeln vorher reinigen und fein wiegen) und die Gewürze beigeben und die Sauce kochen – $^{1}/_{2}$ Stunde bei Verwendung von frischen Trüffeln, im anderen Falle $^{3}/_{4}$-Stunde.

## Linsenpüree

*500 g Linsen, 1 gehackte Zwiebel, 50 g Fett, 40 g Mehl, Salz, etwas Essig*

Linsen waschen, über Nacht einweichen und im Einweichwasser weichkochen. Im heißen Fett Zwiebel und Mehl bräunlich rösten und dies in die Linsen einkochen. Wenn nötig, etwas Wasser nachfüllen. Nach $^{1}/_{4}$-Stunde weiterer Kochzeit die Linsen durch ein Sieb streichen oder im Mixer pürieren, danach mit Salz und etwas Essig abschmecken. – Linsenpüree kann auch ohne Mehl zubereitet werden.

## Birnen mit Roquefort überbacken

*2 große, gut reife Birnen (Passa crassana), 1 EL Zitronensaft, 125 g Roquefort, 30 g geriebener Parmesan, $^{1}/_{2}$ zerdrückte Knoblauchzehe, 2 EL zerlassene Butter, schwarzer Pfeffer, Salz*

Die Birnen halbieren, das Kerngehäuse entfernen und mit Zitronensaft beträufeln (nicht schälen). Roquefort, Parmesan, Knoblauch, frisch gemahlenen Pfeffer und Salz mit einer Gabel zu einer Paste vermengen (eventuell einige Tropfen Wasser zufügen) und in die Birnenhälften füllen. Mit zerlassener Butter beträufeln und im heißen Ofen etwa eine Viertelstunde überbacken. Danach nur ein Maracuja-Sorbet.

**Gänseleberſalat**
**Steinbutt mit weißer Butter**
**Gefüllte Lammſchulter**
**Kiwi-Kompott**

## Gänselebersalat

*200 g Gänseleber (möglichst frisch, sonst aus der Dose: ›bloc de foie gras‹), 1 gelbherziger (möglichst krauser) Endiviensalat, 200 g extrafeine, frische grüne Bohnen, 2 EL Zitronensaft, 4 EL feines Olivenöl, 1 knapper TL scharfer französischer Senf, weißer Pfeffer, Salz*

Die Bohnen putzen und acht Minuten im offenen Topf in viel stark gesalzenem Wasser sprudelnd knapp gar kochen. Sie müssen grün bleiben und unter den Zähnen knacken. Nach dem Kochen kurz in kaltem Wasser abschrecken. Den Endiviensalat waschen, in die einzelnen Blätter zerlegen, dabei alle grünen Teile entfernen und gut abtrocknen. Aus den angegebenen Zutaten eine feste Sauce schlagen. In zwei Dritteln der Sauce die Salatblätter umwenden und auf Tellern anrichten. Mit einem schmalklingigen Messer die Gänseleber in hauchdünne Scheiben schneiden und diese auf dem Salat verteilen. Darauf die Bohnen streuen und das Ganze mit dem restlichen Drittel der Sauce bestreuen. Sofort mit frisch aufgebackenem Weißbrot servieren. Hierzu paßt ein Sherry Oloroso, ein guter Madeira oder auch ein weißer, schwerer, süßer Bordeaux (Sauternes).

## Steinbutt mit weißer Butter

*Steinbuttfilets, Fischsud mit etwas Zitronensaft oder Essig.*
Beurre blanc: *4 EL feingehackte Schalotten oder junge Zwiebeln, 2 EL Weinessig, 250 g Butter, Salz, Pfeffer*

Die Steinbuttfilets im mit Zitronensaft oder Essig vermischten Fischsud garziehen lassen. Auf einer vorgewärmten Platte anrichten. Für die ›weiße Butter‹ die Schalotten oder Zwiebeln in Essig glasig dämpfen. Dann den Topf in ein heißes Wasserbad stellen und unter ständigem Schlagen mit dem Schneebesen nach und nach die Butter daruntergeben. Wenn die Sauce cremig wird, salzen und pfeffern.

## Gefüllte Lammschulter

*1 kleine Lammschulter, Salz, Pfeffer, 3 EL Öl, 1 in Scheiben geschnittene Zwiebel, 1 in dickliche Scheiben geschnittene gelbe Rübe, etwas Fleischbrühe, 1 EL Tomatenmark.* Zur Fülle: *1 abgerindetes Brötchen in Würfel schneiden, mit 1 verquirlten Ei übergießen und einziehen lassen. Dann mit 200 g Schweinehack, 1 zerdrückten Knoblauchzehe, 1 grob gehackten Gewürzgurke, 1/2 TL Sardellenpaste, etwas Salz und Pfeffer gut vermischen*

Aus der Lammschulter den Knochen auslösen lassen, innen und außen mit Salz und Pfeffer einreiben und füllen. Die Lammschulter ringsherum zunähen und im heißen Öl, mit der Fettseite nach oben, anbraten. Zwiebel- und gelbe Rübenscheiben zugeben, etwas Brühe untergießen und im vorgeheizten Rohr unter öfterem Begießen braten. Wenn das Fleisch weich ist, Tomatenmark in den Bratensaft rühren, nach Bedarf noch etwas Fleischbrühe dazugeben und die Sauce durch ein Sieb streichen.
Dazu passen am besten grüne Bohnen und Salzkartoffeln.
Hitzeeinstellung: 200 Grad, Garzeit: ca. 1 1/2 Stunden

## Kiwi-Kompott

*4 Kiwis, 1/4 l Sahne, etwas Zucker*

Die geschälten Früchte in dünne Scheiben schneiden, nur sparsam zuckern, zugedeckt bis zum Gebrauch in den Kühlschrank geben und mit flüssiger Sahne anrichten.
Kleiner Tip: Die geschälten Früchte in dünne Scheiben schneiden, mit wenig weißem, mit etwas Zucker erhitztem Wein begießen, zugedeckt erkalten lassen, bis zum Auftragen kühl stellen. Nach Belieben mit halb aufgetauten TK-Himbeeren vermischen, dann noch kurz ziehen und ganz auftauen lassen.

# *Brunch*

(mehr am Frühstück orientiert)

*Kaffee oder Tee, Fruchtsaft, Milch, frisch aufgebackene Brötchen (aus der TK-Truhe), 2 verschiedene, leichte Brotsorten (Grahambrot, Weißbrot, Toastbrot, Knäckebrot), 1 kräftige Brotsorte (dunkles Mischbrot, Roggen- oder Vollkornbrot, Pumpernickel), Butter (oder Margarine), 3–4 verschiedene Marmeladen, bzw. Konfitüren oder Gelees (rot und gelb gemischt), Honig*

## Corn-flakes mit Obst

*3 EL Corn-flakes, 150–200 g Beerenobst oder eine Banane, Zucker oder Honig nach Geschmack*

Das Beerenobst oder die Banane wird püriert oder durch ein Sieb gedrückt. Man richtet in einem Suppenteller an, gibt die Corn-flakes darüber und süßt mit Zucker oder Honig je nach Geschmack. Man kann die Corn-flakes knusprig mit Obstbrei essen, da die eingeweichten Flocken nicht mehr so gut schmekken.

## Kasseler Toast

4 Scheiben Toastbrot von beiden Seiten leicht rösten. 4 Scheiben ausgelöstes Kasseler Rippchen in der Pfanne mit ganz wenig Öl auf beiden Seiten schnell knusprig braten und auf die noch warmen Toastscheiben legen. 4 Eier verrühren, mit Salz und ganz wenig Pfeffer würzen und eine kleine Dose halbierte Champignons dazugeben. Dann eine Packung Holländer Scheibletten in feine Streifen schneiden, ebenfalls zugeben und aus dieser Masse mit einem Eßlöffel Butter Rührei bereiten, auf den Toast häufen und mit Schnittlauch bestreuen.

## Chicoréesalat

*300 g Chicorée, 100 g Magerquark (Gervais), etwas sprudelndes Mineralwasser, 1 Eigelb, 1/2 EL scharfer französischer Senf, 1/2 EL Tomatenketchup, 2 Spritzer Worcestersauce, 1 TL Olivenöl, 1 EL Weißweinessig, Cayennepfeffer, weißer Pfeffer, Salz*

Den Chicorée waschen, gut abtrocknen und in zwei Zentimeter breite Streifen schneiden. Mit einer aus den angegebenen Zutaten recht schaumig gerührten Mayonnaise anmachen und sofort servieren.
Zum Schluß der Mahlzeit, die in aller Ruhe eingenommen werden sollte und ruhig zwei Stunden dauern darf, auf leichte alkoholische Getränke übergehen (Bier, Sekt, Wein; eventuell gemischt, mit Sprudel oder untereinander).

## Brunch
(mehr am Mittagessen orientiert)

Anfang wie Brunch I, etwas weniger aufwendig hergerichtet; statt Obstsaft Gemüsesaft reichen, zusätzlich eventuell eine kalte Gemüsesuppe (normale Kartoffelsuppe, mit Fleischbrühe und Lauch gekocht, durchs Sieb passiert) oder eine feine heiße Suppe aus der Dose (Schildkröten-, Schwalbennester-, Haifischflossensuppe) reichen.

## Salat von rohen Champignons

*300 g Champignons, 2 EL Zitronensaft, 2 1/2 EL Olivenöl, 1 fein gehackte Schalotte, 1 EL fein gehackte Petersilie, Cayennepfeffer, schwarzer Pfeffer, Salz*

Die Champignons putzen, waschen, den Stiel am Kopf abschneiden und möglichst fein blättern. Mit Zitronensaft beträufeln und umwenden. Einige Minuten marinieren lassen, dann Olivenöl, Schalotte, Petersilie, etwas Cayennepfeffer, reichlich frisch gemahlenen Pfeffer und wenig Salz zufügen, gut vermischen und mit Brezeln und Butter servieren.

## Mit Schinken gefüllte Eier

*8 harte Eier, 50—100 g feingeschnittener Schinken, 1 EL Öl, 1 TL Essig, 1 TL Senf, Salz, feingewiegte Kapern, Schnittlauch, Petersilie, Sardellen zum Verzieren*

Hartgekochte Eier schälen, der Länge nach halbieren. Das Gelbe herausnehmen und mit der Gabel zerdrücken, mit allen Geschmackszutaten gut verrühren. Die Masse bergartig in die Eihälften füllen, mit Sardellenstreifen verzieren. Eine Platte mit Salatblättern belegen oder mit Mayonnaise bedecken, die Eier daraufsetzen oder zum Verzieren von kalten Platten verwenden.

## Kalbssteak mit Guaven

*4 Kalbsteaks, etwas Salz, Ingwer und Koriander, 2 Eier, 100 g geriebene Kokosnuß, Öl oder Pflanzenbutter, 8 frische Guavenspalten oder 8 abgetropfte Früchte aus der Dose*

Die Steaks rundum mit Salz, Pfeffer und Koriander einreiben, im verschlagenen Ei wenden, beiderseits mit geraspelter Kokosnuß bestreuen, ein wenig schütteln und dann vorsichtig in heißem Öl oder Butter auf beiden Seiten braten. Die frischen Fruchtspalten genau wie die Steaks im Ei wenden, mit geriebener Kokosnuß bestreuen und in Öl oder Butter langsam lichtbraun backen; oder die Dosenfrüchte in schäumende Butter geben, gut durchbraten, herzhaft mit Ingwer und Zitronensaft abschmecken und den köstlichen Fruchtbrei über die Steaks füllen.

## Krabben-Cocktail

*200 g Krabben, 1 kleine Dose Champignons, 1 Scheibe Ananas, 125 g Mayonnaise, 1/8 l Schlagsahne, 2 EL Tomatenketchup, 1 Spritzer Worcestersauce, Salz, Zitronensaft, 1 EL Weinbrand, ein Kopfsalat*

Die Krabben in einem Sieb kurz überbrausen, abtropfen lassen, evtl. abtrocknen, Champignons ebenfalls abtropfen lassen, Ananasscheibe in kleine Stückchen schneiden.
Für die Sauce Mayonnaise mit steifgeschlagener Sahne (evtl. Joghurt) vermischen, mit Tomatenketchup, Worcestersauce, Salz, Zitronensaft und Weinbrand abschmecken. Wer eine scharfe Sauce will, gibt einen Spritzer Tabasco dazu.
Kleine Cocktailschalen oder Muscheln mit Salatblättern auslegen, abwechselnd Krabben, kleingeschnittene Champignons und Ananasstückchen hineingeben, Sauce darübergießen. Mit zurückbehaltenen Krabben garnieren. Zusammen mit frisch angeröstetem Toast und Butter servieren.

## Angemachter Camembert

*250 g Camembert, 70 g Butter, 1 Zwiebel, 1 TL Paprikapulver, 1 Prise Pfeffer, 2 TL Kümmel*

Camembert in einer Schüssel mit einem Holzstampfer zerdrükken. Butter, kleingehackte Zwiebel und Gewürze zugeben. Die Masse weiter mit dem Stampfer bearbeiten, bis sie streichfähig geworden ist. Als Beilage eignet sich besonders gut ein kräftiges Bauernbrot.
Zum Schluß des Brunches auf Bier (am besten Pils), trockenen Sekt oder Wein übergehen.

# Spiele für drinnen und draußen

Nicht in jedem Jahr werden uns ›weiße Weihnachten‹ beschert. Oft herrscht statt des ersehnten Flockenfalls nur Nieselregen – und anstelle des lang geplanten Skiausflugs oder der Partie Eishockey sitzen wir hinter beschlagenen Fensterscheiben, weil es draußen vor Nebel und Nässe gar nicht heller werden will.
Da gibt es nichts Kurzweiligeres als Spielen, um der ganzen Familie die langen Mußestunden ein wenig zu verkürzen, die selbst an Feiertagen einmal unerträglich lang werden können. Jeder kann teilnehmen, vom Sechsjährigen bis zum Großvater, vom Freund der ältesten Tochter bis zu entfernten Verwandten, die nur kurz ein frohes Fest entbieten wollten.
Auch wenn es gilt, Kindern die schier endlose Spanne bis zur weihnachtlichen Bescherung schmackhafter zu machen, sorgen die altbekannten, ewig jungen Spiele wie ›Die Reise nach Jerusalem‹ oder ›Taler, Taler, du mußt wandern‹ für Spaß und Spannung.
In der letzten Nacht im alten Jahr schäumt noch einmal übermütige Laune bei allen Parties, in der Familie oder im Freundeskreis auf, wenn sich der ›Mörder‹ unter die Gäste schleicht oder wenn lustige Tanzspiele angekündigt werden.

## Stille Post

Ein Spiel für kleinere Kinder. Mitwirkende: möglichst viele Kinder, jedoch nicht weniger als fünf.
Die Kinder stellen sich nebeneinander auf. Das erste Kind, ganz links, flüstert dem Nachbarkind einen etwas komplizierten Satz ins Ohr, z. B.:
»Kukuruz schmeckt Kindern gut.«
Kind zwei gibt das, was es glaubt gehört zu haben, ebenso leise an Kind drei weiter.
Und so weiter – und so weiter.
Das letzte Kind spricht laut aus, was es glaubt gehört zu haben. Etwa: »Kuh neckt Kinder« oder »Schnecken schmecken gut, Rhinozeros neckt Rinder« usw.
Nach jeder Runde rückt das vorderste Kind an den letzten Platz der Riege.

## Schatzsuche

Zwei Parteien wechseln sich ab. Eine versteckt draußen einen Schatz, die anderen müssen ihn suchen. Wie bei einer Schnitzeljagd hinterlassen die Verstecker allerlei Wegweiser in Form von Markierungen und Botschaften. Die Sucher werden kreuz und quer geschickt, ehe sie was finden.

## Glühwürmchen

spielt man abends in der Dunkelheit, wieder mit zwei Parteien. Die Glühwürmchen bekommen Taschenlampen, die sie in bestimmten Abständen aufleuchten lassen müssen, damit die Verfolger wissen, wo sie sind. Wenn sie trotzdem nach einer bestimmten Zeit nicht erwischt worden sind, haben sie gesiegt.

## Weihnachtsmarkt

Die Kinder basteln Weihnachtsschmuck, malen Bilder und Weihnachtskarten und bauen damit einen kleinen Weihnachtsmarkt auf. Eltern, Freunde und Verwandte werden eingeladen, hier einzukaufen. Der Erlös kann wohltätigen Zwecken zugeführt oder für Weihnachtseinkäufe verwendet werden.

## Schnipselgeschichten

Jedes Kind bekommt eine Zeitung. Daraus schneidet es Wörter oder Sätze aus und klebt sie zu einer Geschichte zusammen. Die schönste wird prämiiert.

## Die Reise nach Jerusalem

Wir stellen in der Mitte des Zimmers 2 Stuhlreihen so auf, daß die Lehnen aneinanderstoßen. Die Spieler sitzen dann in 2 Reihen mit den Rücken aneinander. Es wird allerdings genau ein Stuhl weniger aufgestellt, als sich Spieler am Spiel beteiligen wollen. Dann beginnen wir, in einem langsamen Marsch hintereinander um die Stuhlreihen herumzuschleichen. Der Spielleiter klimpert dazu ein Lied auf der Gitarre oder dem Klavier. Wir können auch eine Platte laufen lassen. Jedenfalls sollten sich die Spieler bemühen, im Rhythmus um die Stühle zu laufen. Ohne daß es einer vorher weiß, hört der Leiter plötzlich auf zu spielen.

Genau in dem Moment müssen alle Spieler versuchen, einen Platz zu erwischen. Da ein Stuhl zuwenig ist, geht einer zwangsläufig leer aus. Er scheidet aus dem Spiel aus, und auch ein Stuhl wird entfernt. Dann beginnt die spannende Unterhaltung von neuem. Wer als letzter übrigbleibt und siegesgewiß auf dem letzten Stuhl sitzt, hat gewonnen und erhält eine kleine Belohnung.

## Taler suchen

Die Spieler sitzen im Kreis und singen:
»Taler, Taler, du mußt wandern, von einem Ort zum andern,
Taller, Taler, du bist schön, darfst doch niemals stille stehn.«
Alle im Kreis tun so, als besäßen sie den Taler (irgendein größeres Geldstück), indes einer in der Mitte des Kreises erraten muß, wo er sich gerade befindet.

## Was liest du aus unserem Benehmen?

Ein Teilnehmer wird aus dem Raum geschickt. Die anderen Spieler einigen sich, was sie darstellen wollen: Wir sind im Kino, wir sind beim Fußball, wir sehen fern, wir schippen Schnee, wir fahren ein Autorennen oder auch: Wir sind traurig, wir langweilen uns, wir zweifeln an uns selbst, wir sind fröhlich. Pantomimisch stellen sie dann die Tätigkeit, die Stimmung oder den Ort, wo sie sich befinden, dar. Der Ratende erhält nur ein kurzes Stichwort: »Du sollst erraten, in welcher Stimmung wir gerade sind . . . wo wir uns befinden . . . was wir gerade tun . . .«

## Auspacken

Daß nicht nur Kinder gerne Süßigkeiten knabbern, ist bekannt! Man kann den Spaß erhöhen, indem man die Süßigkeiten – Bonbons, Schokoladeneier, Plätzchen – erst umständlich verpackt, jedes Stückchen für sich in Papier wickelt und zuschnürt und das Ganze wiederum in einem großen Paket zusammenpackt. Neben das Paket legt man Messer, Gabel, Handschuhe, Schal und Mütze. Jeder Mitspieler darf sich nun jeweils eine halbe Minute lang am Auspacken beteiligen (die Reihenfolge sollte am besten vorher ausgelost werden). Der erste zieht Handschuhe, Schal und Mütze an und beginnt mit Messer und Gabel die Paketverschnürung zu lösen. Ertönt nach einer halben

Minute das Signal, legt er sofort Messer und Gabel aus der Hand, ebenso zieht er Handschuhe, Mütze und Schal aus, worauf der zweite diese Bekleidungsstücke wieder anzieht und sich mit Messer und Gabel ans Auspacken macht . . . usw. Wer auf eine Süßigkeit stößt und sie schnell genug auspacken kann, darf sie behalten und essen.

## Seeschlacht
(Schlachtschiffe versenken)

Dieses Spiel ist nur zu zweit möglich.
Jeder Spieler hat einen Bogen kariertes Papier vor sich liegen, darauf steckt er ein Feld von 10 Karos im Quadrat ab. In der Senkrechten werden die Karos mit Buchstaben gekennzeichnet, in der Waagrechten mit Zahlen.
Jeder Spieler markiert in seinem Spielfeld
ein Schlachtschiff, zwei Kreuzer, drei Torpedoboote, vier U-Boote.
Die Spieler dürfen sich dabei nicht gegenseitig auf das Spielfeld sehen können.
Und nun beginnt der Kampf. Jeder Spieler gibt seinem Gegner, an, auf welches Planquadrat er zielt.
Z. B. B7, darauf der Gegner F2 usw.
Wird eines der Schiffe von einem Schuß getroffen, muß man diesen ›Treffer‹ melden. Mehr braucht man nicht mitzuteilen! Also auch nicht, was getroffen wurde. Nur Totalversenkungen sind extra zu melden. Mit einem Treffer können allerdings nur U-Boote versenkt werden. Dann heißt es: »Treffer und versenkt.«
Sieger ist, wer zuerst alle Schiffe des Gegners auf den Grund geschickt hat.
Vergrößert man das Spielfeld, so kann auch die Zahl der Schiffe erhöht werden. Außerdem kommt ein Flugzeugträger mit 5 Feldern Länge hinzu.
Eine amüsante Variante ergibt sich, wenn jeder Spieler jedesmal drei Schüsse abgeben muß. Wenn er dann hört: »Zwei Schuß ins Wasser, ein Treffer auf Schlachtschiff«, weiß er immer noch nicht, welcher Schuß getroffen hat und in welcher Richtung das Schlachtschiff liegt.

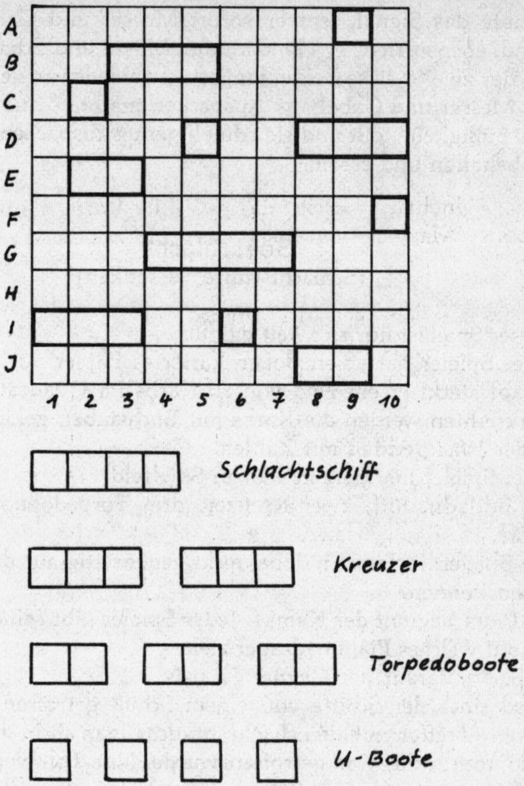


Häufig werden auch die Ein-Kästchen-Einheiten weggelassen, weil ein Treffer dann doch nur sehr zufällig zustande kommt. Wichtig ist, daß man die eigenen Schüsse und vor allem natürlich seine Treffer genau markiert.

## Wörter füllen

Gewählt wird ein beliebiges Wort (am Anfang kein allzu langes), das keinen der schwierigen Buchstaben Q, V, W, X, Y enthält; außerdem auch keinen der Umlaute Ä, Ö, Ü.

M — — — — — N
A — — — — — E
G — — — — — G
E — — — — — A
N — — — — — M

Jeder Teilnehmer schreibt das gewählte Wort — angenommen, es heißt ›Magen‹ — in der Weise auf, wie sie die Abbildung zeigt.

M inute N
A rteri E
G insen G
E ritre A
N ußbau M

Die Lücken in jeder Zeile sind so schnell wie möglich mit Buchstaben zu füllen, so daß sich in *jeder* Reihe ein sinnvolles Wort ergibt. Wer zuerst fertig ist, ruft »voll«, dann müssen alle anderen abbrechen.
Für jedes Wort gibt es fünf Punkte.
Hat kein anderer das gleiche Wort gefunden, so werden sogar zehn Punkte gutgeschrieben.

*Wörter füllen . . . leichter gemacht!*

Bei dieser Version können die Lücken zwischen Anfangs- und Endbuchstaben mit *beliebig* vielen Buchstaben gefüllt werden — die Hauptsache ist, daß sich stets ein vernünftiges Wort ergibt.

M andel N
A ndromach E
G a G
E roik A
N or M

Diese Erleichterung ist dann besonders wichtig, wenn man das Spiel dem kindlichen Wortschatz anpassen will. Man kann also — wenn auch unter Anleitung eines Erwachsenen — schon Abc-Schüler damit beschäftigen.
Im übrigen gelten für diese leichtere Spielform die gleichen Regeln.

## Der lustigste Text gewinnt

Jeder Mitspieler erhält einen von Ihnen vorbereiteten Zettel und schreibt darauf ein beliebiges Wort. Diese Zettel sammeln Sie ein. Außerdem erhält jeder Teilnehmer einen Themenzettel, auf dem etwa steht:
Gratulation zum Geburtstag
Kondolenzschreiben
Glückwunsch zur Eheschließung
Dank für eine Einladung
Absage auf eine Einladung
*Jeder* Mitspieler hat ein *anderes* Thema.

Jetzt verlesen Sie die von den Spielern notierten Wörter. Zum Beispiel:
Tante – Ölofen – verkaufen – gutmütig – Brathering.
Diese fünf Wörter müssen in den jeweiligen Texten unbedingt vorkommen, die die Teilnehmer jetzt niederzuschreiben haben. Sieger ist, wer den lustigsten Text geschrieben hat.
Beispiele:
Ich werde den Ölofen meiner gutmütigen Tante verkaufen, damit ich nicht mit leeren Händen komme und Dir mit einem Brathering zum Geburtstag gratulieren kann.
Herzliches Beileid zum Tod Deines Ölofens. Da ich gutmütig bin, werde ich Dir meine Tante gegen einen Brathering verkaufen. Sie wird Dir schon gehörig einheizen.
Ich höre mit Freude, daß Du meine Tante geheiratet hast. Wie viele Ölöfen hat sie mit in die Ehe gebracht? Paß nur gut auf, sei nicht zu gutmütig, sie verkauft nämlich jedem Bratheringe.
Herzlichen Dank für die Einladung zu dem Brathering-Essen. Ich muß leider meine Tante mitbringen, sie ist sehr gutmütig, verkauft aber jedesmal, wenn ich sie allein lasse, meinen Ölofen.
Dein Ölofen qualmt, Deine Tante hättest Du schon längst verkaufen sollen – und immer nur Bratheringe, so gutmütig bin ich nicht, daß ich wieder einmal auf eine Einladung von Dir hereinfalle!
*Variante:*
Sie können natürlich auch die Textwörter vorbestimmen und dafür den Teilnehmern überlassen, die Themen zu wählen. Nur müssen dann die Themen unbedingt ausgelost werden.

## Teekessel

*Wörter-Ratespiel*

Zwei Spieler gehen hinaus und überlegen sich ein Wort mit doppelter Bedeutung, das aber nicht nur gleichartig ausgesprochen, sondern auch völlig gleich geschrieben sein muß.
Zum Beispiel: Schimmel (das Pferd) – Schimmel (der Pilz).
Beide kommen wieder herein.
A sagt: »Mein Teekessel ist groß.«
B sagt: »Mein Teekessel ist unangenehm.«
Wieder A: »Mein Teekessel kann springen.«
Und darauf B: »Mein Teekessel ist weiß.«
In dieser Weise beschreiben beide Spieler sehr vorsichtig ihren Schimmel, bis einer der Zuhörer dahinterkommt und das Wort laut nennt. Er hat gewonnen.
Weitere Begriffe mit doppelter Bedeutung:
Orden (Ehrenzeichen) – Orden (geistliche Gemeinschaft)
Korn (Getreide) – Korn (Teil des Visiers)
Büchse (Gewehr) – Büchse (Dose)
Schock (Zählmaß für 60 Stück) – Schock (starkes Erschrecken)
Nicht gestattet ist z. B.:
Hering (Fisch) – Häring (Zeltbefestigungsnagel).
Spannend wird es, wenn einer der Ratenden hinter den Sinn des gesuchten Wortes kommt und dabei entdeckt, daß dieses Wort noch eine dritte Bedeutung hat. Dann kann er Partner der beiden Hauptspieler werden.
Beispiel: Linse (Auge) – Linse (Optik) – Linse (Hülsenfrucht).
Das Teekesselspiel läßt sich auf fantastische Weise variieren. So gehen z. B. drei Personen hinaus, und jede nennt ein anderes Wortteil, zu dem der gemeinsame Wortanfang gesucht werden muß.
Z. B.: Macher – Rücken – Weizen.
Gesucht wird Buch-Macher – Buch-Rücken – Buch-Weizen.
Das Spiel kann schon von Sechsjährigen gespielt werden, z. B. mit folgenden doppelsinnigen Wörtern:
Schimmel – Schimmel, Strauß (Blumengebinde) – Strauß (Vogel), Bremse (Viehfliege) – Bremse (technische Vorrichtung zum Verlangsamen und Stoppen von Bewegungen).
›Teekessel‹ kann aber auch sehr schwer sein – sowohl für die

aktiven Spieler wie für den Ratenden, wenn es beispielsweise um die Begriffe Schock und Schock geht.
Und vergessen wir nicht, es gibt auch doppeldeutige Spiel-*Begriffe:* Dame (die Frau) – Dame (das Brettspiel), Mühle (das Mahlhaus) – Mühle (das Brettspiel).

## Wer bin ich?
*Personenraten*

Jeder Teilnehmer schreibt auf einen Karton den Namen einer noch lebenden oder bereits ›geschichtlichen‹ Persönlichkeit und heftet diesen Karton einem Mitspieler auf den Rücken. Jeder weiß damit, wer die anderen sind, nicht aber, wer er selber ist. Durch Fragen an die Mitspieler versucht nun jeder, ›sich selbst zu erkennen‹. Die Fragen müssen so gestellt werden, daß die anderen darauf mit »ja« oder »nein« antworten können.
Beispiele: »Lebe ich noch?« – »Bin ich schon lange tot?« – »Habe ich je gelebt?« (möglich bei Märchen- oder Romanfiguren) – »Bin ich mehr als 100, 500, 1000 Jahre usw. tot?« – »Bin ich ein Mann oder eine Frau?« – »Bin ich ein König, Feldherr, Dichter usw.?« – »Bin ich sehr alt geworden?« – »Bin ich sehr grausam, sehr sanft?«
Das Spiel gewinnt, wer die wenigsten Fragen stellen mußte.

## Wortkettenspiel

Der Spielleiter nennt ein Hauptwort. Der nächste in der Runde hat ein Wort zu nennen, das kein Hauptwort sein muß, aber sinngemäß zu dem erstgenannten Begriff paßt. Der nächste Mitspieler hat sich bei seiner Antwort nach dem zweiten Wort zu richten usw.
Die Spieler bemühen sich, immer schwierigere Wörter zu nennen, damit möglichst bald ein Teilnehmer kein Wort mehr für die Kette weiß. Der muß dann ein Pfand geben, oder er scheidet aus.

*Beispiele:* Tasse – Kaffee – Bohne – blau – Himmel – Hölle – Teufel ... der nächste Mitspieler, der an der Reihe ist, weiß nicht weiter, er gibt ein Pfand oder scheidet aus; daraufhin muß sein Nachbar die Kette fortsetzen. Der knüpft an: Hörner – Kuh – Milch – weiß – Schnee – räumen . . ., und wieder stockt ein Mitspieler. Sein Nachbar setzt fort: glatt – Spikesreifen – Sicherheit – Feuerwehr – Brand – heiß – kalt – Eis – *glatt*. Dieses Wort war in unserer Kette schon einmal genannt worden. Der Spieler darf schnell ein anderes passendes Wort nennen, muß aber ein Pfand hergeben. Weiß er kein anderes Wort, so muß er, sofern nach dieser Spielregel gespielt wird, ausscheiden. Sieger ist, wer als letzter übrigbleibt bzw. kein Pfand oder die wenigsten hergeben mußte.

## Kim-Spiele

Hier haben Gedächtniskünstler ihre große Chance. Bei allen Kim-Spielen kommt es auf gute Beobachtungsgabe und ein hochentwickeltes Erinnerungsvermögen an.

### Das volle Tablett

Der Spielleiter betritt den Raum mit einem gutgefüllten Tablett. Viel Kleinkram ist zu sehen, aber jeder Gegenstand ist ohne Schwierigkeiten erkennbar.
Man zeigt im Durchschnitt zwei bis drei Dutzend verschiedene Gegenstände:
Streichholzschachtel, Sektkorken, große Büroklammer, Sicherheitsnadel, einzelne Zigarette, Autoschlüssel, Flaschenöffner, Taschentuch, Bonbon, Geldmünze, Rasierapparat, Teelöffel, Radiergummi, Schnapsglas, Salzfaß, Tomate, kleinen Aschenbecher, Vase, Haarschleife, Pfeife, Semmel, Feuerzeug usw.
Die Teilnehmer haben höchstens drei Minuten lang Gelegenheit, sich diese Fülle genau zu betrachten. Kein Gegenstand darf durch einen anderen wesentlich verdeckt sein. Nach Ablauf der Frist trägt der Spielleiter das Tablett wieder hinaus. Die Teilnehmer greifen zu Papier und Bleistift und schreiben innerhalb von drei Minuten nieder, was sie gesehen und noch im Gedächtnis behalten haben.
Sieger ist, wer nach Ablauf der Frist die meisten Dinge richtig nennen kann.
Bei gleicher Punktzahl hat der schnellere Spieler gewonnen.

## Kim-Spiele aus eigener Werkstatt

Alle fünf Sinne kann man beim Kim strapazieren

*Geruchs-Kim für die Nase*

Die Teilnehmer müssen bei verbundenen Augen mehrere Düfte und Gerüche schnell hintereinander in sich aufnehmen und dann sagen, was sie alles gerochen haben.

*Geschmacks-Kim*

Die Teilnehmer müssen – ebenfalls wieder mit verbundenen Augen – verschiedene Speisen und Getränke richtig unterscheiden.

*Gehör-Kim*

Die Teilnehmer müssen Papierrascheln, Geräusche einer bestimmten Küchenmaschine, Tierlaute (aus dem Tonbandapparat) usw. einwandfrei zu deuten versuchen.
Man kann hier auch alle Geräusche über Tonband abspielen, dann ist es überflüssig, die Augen der Mitspieler zu verbinden.

*Tast-Kim*

Halbdunkel ist zu empfehlen. Vor allem, um zu verhindern, daß jemand ›schummelt‹, aber auch, weil es den Reiz dieses etwas gruseligen Kim-Spiels erhöht.
Alle sitzen um einen möglichst runden Tisch. Der Spielleiter hat zuvor unbemerkt allerlei Gegenstände unter seinem Platz deponiert.
Die Teilnehmer strecken ihre Hände unter die Tischplatten, und der Spielleiter läßt nacheinander diese Gegenstände herumgehen.
Die Sachen sollen möglichst unterschiedliche Tasteindrücke vermitteln, z. B.:

1. ein feuchter, kleiner Schwamm,
2. etwas Stacheliges (Seeigel, Kastanie mit äußerer Schale),
3. etwas Langes, Rundes – etwa ein Stück Gartenschlauch,
4. ein sehr schwerer Gegenstand – Blei oder (warum nicht) ein Goldbarren,
5. ein weicher, selbstverständlich verpackter, Käse,
6. ein kleines, flauschiges Stofftier – möglichst eine Maus,

7. Eis, sorgfältig in Folie verpackt,
8. eine heiße Kartoffel in Stanniol verpackt, damit sie heiß bleibt und nicht so leicht erkannt wird,
9. ein recht großer, federleichter Wattebausch, der mit einem geeigneten Fixativ äußerlich gefestigt wurde,
10. eine Ananas.

Sind alle Gegenstände wieder in der Hand des Spielleiters, beginnen die Mitspieler aufzuschreiben, was sie glauben, in der Hand gehalten zu haben.

Die tatsächliche Reihenfolge braucht *nicht* eingehalten zu werden.

Während des gesamten Spiels darf nur der Spielmacher sprechen.

Wer erschrickt und beim Anpacken einer der Gegenstände laut aufschreit, erhält bei der Schlußbewertung einen Punkt Abzug.

## Diskussion

... aber etwas verrückt
unter dem Motto: »Wer hat mehr für die Menschheit geleistet?«

Der Spielleiter fragt:
»Wer ist bereit, für Beethoven zu kämpfen, und – wer für die Autohupe?«

Die beiden Anwesenden, die bereit sind, setzen sich zur Linken und Rechten des Spielleiters. Ist eine größere Gesellschaft versammelt, sollte jede ›Partei‹ von zwei Personen vertreten sein. Der Beethoven-Verteidiger schildert mit tiefer Überzeugung, was Beethoven und seine Musik für die Menschheit bedeuten. Dann kommt der Verteidiger der Autohupe an die Reihe.

Er wird sagen, daß Bethovens Musik zwar sehr schön klinge, aber 1. nichts für jeden und 2. nicht lebenswichtig sei. Die Autohupe dagegen schützt den Menschen, verhindert Katastrophen usw.

Sind nur zwei Verteidiger bestellt, kommt jeder zweimal zu Wort, sind es aber insgesamt vier, genügt es, wenn jeder von ihnen einmal seine Meinung sagt.

Anschließend wird abgestimmt. Die Teilnehmer wählen den bzw. die Mannschaft, die mit größerer Überzeugung gesprochen

hat. Verständlich, daß der gewiegtere Verteidiger für die Autohupe einzutreten hat.
Weitere Paarungen:
Goethe gegen die Bild-Zeitung,
Albert Schweitzer gegen Casanova,
Altersrente gegen Striptease,
Gandhi gegen den Schinderhannes.

## Das Mörderspiel

Es gibt immer wieder einmal naheliegende Dinge, die tatsächlich passieren. So ist das Mörderspiel Vorlage für einen Kriminalroman geworden, der dann sogar verfilmt wurde. Es ist ein ideales Spiel für eine größere Party, und zwar möglichst für den zweiten Teil des Abends.
Die Regeln sind ganz einfach: Man nimmt eine der Zahl der Teilnehmer entsprechende Menge Spielkarten und achtet nur darauf, daß sich Herz-König, Herz-Bube und Pik-As dabei befinden. Jeder Teilnehmer zieht eine Karte und besieht sie, ohne sie jemandem zu zeigen. Nur Herz-König und Pik-As melden sich. Der Herz-König ist Detektiv und muß das Zimmer verlassen. Pik-As ist das zukünftige Opfer, das natürlich bekannt sein muß. Der Herz-Bube, den außer ihm selbst niemand kennt, ist der Mörder.
Nachdem der Detektiv den Raum verlassen hat, wird das Licht ausgemacht und das Zimmer völlig verdunkelt. Die Anwesenden, unter ihnen Mörder und Opfer, bewegen sich beliebig durch den Raum. Der Mörder muß — noch bei Licht — darauf achten, wo seine ›Leiche‹ steht und darf sie beileibe nicht aus den Augen verlieren.
In einem günstigen Moment klopft er (oder sie) dann dem Opfer leicht auf die Schulter und huscht möglichst unauffällig möglichst weit vom Tatort weg. Alle anderen bleiben stehen, wo sie sind. Der ›Beklopfte‹ schreit laut auf und läßt sich zu Boden fallen. Der Schrei ist das Signal für den draußen wartenden Detektiv; er darf jetzt das Zimmer betreten und das Licht anknipsen. Jetzt beginnt seine Suche.
Wie ein richtiger Detektiv wird er zunächst die dem Tatort am nächsten Stehenden verhören, wird sie nach ihren Beobachtun-

gen fragen, wird wissen wollen, ob sie eine verdächtige Bewegung bemerkt haben oder ob ihnen etwa das Rascheln eines Kleides aufgefallen ist oder ein Parfüm in die Nase wehte. Es müssen alle die Wahrheit sagen, nur der Mörder darf lügen. Wenn der Detektiv glaubt, einen begründeten Verdacht zu haben, darf er den Beschuldigten auffordern, sich auszuweisen. Hat dieser als Ausweis eine Spielkarte, die nicht der Herz-Bube ist, hat sich der Detektiv geirrt und muß weitersuchen. Dreimal darf er sich irren, dann hat er das Spiel verloren und muß nochmals hinaus. Hat er spätestens beim drittenmal den Mörder entdeckt, ist mit ihm auch schon der nächste Detektiv gefunden.

## Der Tanz mit ›Kopfarbeit‹

Alle Tanzpartner müssen einen Tennisball oder auch einen Apfel mit der Stirn festhalten, ohne beim Tanzen aus dem Takt zu kommen. Die Paare, denen Ball oder Apfel entgleitet, scheiden aus.
Das Spiel läßt sich noch erschweren, wenn Partner von sehr unterschiedlicher Körpergröße miteinander tanzen müssen.
Es ist erlaubt, daß sich die Tanzpaare gegenseitig behindern; allerdings vergrößern sie damit auch die Gefahr, selbst zum Opfer ihrer Attacken zu werden.

## Zeitungstanz

Jedes Paar tanzt auf einer aufgeschlagenen Zeitung. Möglichst ohne Schuhe, damit nicht nur Fetzen übrigbleiben. Jedes Paar, das übertritt, scheidet aus. Nach der ersten Tanzpause wird die Zeitung zusammengefaltet. Wieder wird getanzt. Weitere Paare scheiden aus. Sieger ist jenes Paar, das auf dem kleinsten Zeitungsabschnitt noch ›tanzt‹, und sei es, daß der Herr die Dame auf seine starken Arme nimmt und sich mit ihr sehr vorsichtig im Kreise bewegt.

# SILVESTER

Man sagt, daß Silvester I., der von 314 bis 335 n. Chr. Papst war, dem Neujahrsfest seinen Namen gab. Schon immer war Neujahr eine Zeit des Aberglaubens. Man bedenke, daß schon die alten Babylonier an unsere heute noch beliebten Glücksbringer glaubten. Auch damals hat es schon Schweinchen, Kleeblätter, Glückspilze und Hufeisen gegeben. Und nach altem Brauch konnte man am Silvesterabend über sein künftiges Schicksal Auskunft erhalten. Am besten glückt das bei dem bekannten Bleigießen: man deutet das metallene Ergebnis einfach so, wie man's gerade gern hat. Ein bißchen Ironie gehört natürlich schon dazu!
Es soll ein festlicher Augenblick sein, wenn die Glocken die Stunde des Übergangs ins neue Jahr einläuten. Unsere protzigen Feuerwerke gehen auf einen uralten Brauch zurück. Einst hatte man mit Getöse und viel Krach Geister vertrieben.
Besonders nett als Beigabe zum Feiern ist heißer Punsch oder ein Glas Sekt, womit wir uns um Mitternacht ein fröhliches neues Jahr zuprosten.

## *Festlicher Ausklang (Rezepte)*

Wenn Sie nicht ausgehen, werden Sie sicherlich Spaß daran haben, ein paar Freunde einzuladen, um mit ihnen einen fröhlichen Jahresausklang zu feiern. Hier einige Vorschläge für das leibliche Wohl Ihrer Gäste. Da Sie sicherlich am Silvesterabend nicht lange kochen wollen, finden Sie Vorschläge für kalte Platten und für ein festliches kaltes Büfett und viele Ideen für Bowle, Punsch und andere anregende Getränke.

Vorschlag für ›eine kalte Platte‹, die nicht nur aus einer Platte besteht, für viele Personen — schnell bereitet.

## Riesensandwich

*1 weißes Kastenbrot, Pflanzenbutter oder Buttermischungen, Quark- oder Mayonnaisenmischungen, beliebiger Aufschnitt, Schinken, Wurst usw., Salatblättchen*

Die einfachste Art: Das Brot der Länge nach in 4—5 Scheiben schneiden, jede bestreichen; dann eine Scheibe mit Salatblättchen belegen (das sichert trockenen Unterboden!), darüber feingeschnittenen Schinken verteilen, eine Brotscheibe mit der bestrichenen Seite darauf decken, die andere Seite bestreichen, mit feingeschnittener Gurke, Radieschen oder anderem belegen, die dritte Scheibe darüber geben und so weiter fortfahren.
Sie können nach eigenem Geschmack Tomaten, Fisch, Käse, Streichwurst — kurz, alles auf dem Brot verteilen und auch drei oder fünf verschiedene Aufstriche unterbringen, allein Ihr Geschmack bestimmt die Komposition.
Nach Bedarf Scheiben abschneiden.

## Feine Platte mit kaltem Wild oder Geflügel

Sie wird am besten in einer Stadtküche oder im Delikatessengeschäft gekauft. Sie können sich die verschiedensten Wild- und Geflügelspezialitäten wählen und auch gleich auf einer Platte anrichten lassen. Am besten eignen sich Scheiben von Wildschwein- oder Hirschbraten, aufgeschnittener Wildschinken, Rehmedaillons, Wildgeflügelbrüstchen; Putenbraten in Scheiben, Geflügelbrüste, entbeinte (nach Belieben gefüllte) Hühnerschenkel oder -flügel; alles hübsch mit Petersilie, Tomaten und Früchten (Ananasschnitze, Orangenscheiben und -körbchen, Cocktailkirschen, Kiwis u. ä.) garniert.

## Brot

Mindestens 2 Körbe mit möglichst 3—4 verschiedenen Sorten Brot (Graubrot, Toastbrot, Roggen- oder Vollkornbrot, Stangen-Weißbrot).

## Feine Fleischplatte

*Schweinebraten, Kalbsbraten, Roastbeef, Kasseler, gekochter Schinken*

Kalte Braten kaufen eilige Gastgeber am besten fertig und aufgeschnitten. Das Fleisch wird auf Platten geordnet, nach Belieben mit frischen oder eingelegten grünen oder roten Paprikaschoten, Tomatenachteln, Kräutersträußchen, Zitronenachteln, Perlzwiebeln, Cornichons und anderem dekoriert.
Mit Preiselbeergelee oder Kompott, mit Senf- oder Rumfrüchten, mit Zwergorangen, Ingwerpflaumen, Cumberland- und anderen Saucen und verschiedenen Chutneys (auch das alles fertig erstanden) anrichten.

## Kartoffelsalat mit Weißwein

Dieser Salat ist vor allem in Frankreich sehr beliebt! Wichtig für den Wohlgeschmack ist aber, daß Sie wirklich trockenen Weißwein verwenden und gute Salatkartoffeln. Achten Sie beim Kochen der Kartoffeln darauf, daß sie keinesfalls zu weich werden, und kochen Sie sie in der Schale!

*600 g Salatkartoffeln — in Frankreich liebt man besonders die rosafarbigen Kartoffeln —, 2 dl Weißwein, 1 EL feingehackte Petersilie, 3—4 EL Öl, Salz, Pfeffer, evtl. ein wenig Zitronensaft*

Schälen Sie die noch lauwarmen Kartoffeln, schneiden Sie sie in nicht zu dünne Scheiben und übergießen die Scheiben mit einer Marinade aus dem Weißwein, dem Öl, Salz und Pfeffer und evtl. dem Zitronensaft. Lassen Sie nur kurz durchziehen und streuen Sie dann die feingehackte Petersilie darüber.
Wenn Sie den Salat besonders festlich garnieren wollen, legen Sie einfache Sardellenfilets darüber oder aber Sardellenringe, die mit Kapern gefüllt sind, und evtl. auch einige grüne, entkernte oder gefüllte Oliven.

## Festliches kaltes Büfett

Austern, dazu Zitronenschnitze und feinen Weißweinessig mit ganz kleingehackten Schalotten, frischer Räucherlachs.

## Ententerrine

(Für 12 Personen)

*1 Ente von etwa 2 kg, 1 dl Cognac, 1 dl Madeira, 250 g Kalbsfilet, 300 g Schweinehals, 100 g fetter, schwach geräucherter Speck, 2 Eier, 4 große, dünne Scheiben Speck (Wildgeschäft), 1 EL Mehl, Muskatnuß, schwarzer Pfeffer, Salz*

Die Ente häuten, auslösen, das Fett entfernen, die Brüste in dicke Scheiben schneiden und mit der ganzen Entenleber in je 1/2 dl Cognac und Madeira mit etwas frisch geriebener Muskatnuß, gemahlenem Pfeffer und dem in gleich große Streifen geschnittenen Kalbsfilet marinieren. Das übrige Entenfleisch mit dem Schweinehals und dem Speck durch den Fleischwolf drehen. Mit Muskatnuß, Pfeffer und Salz würzen und mit dem restlichen Cognac und Madeira sowie den beiden Eiern gut vermischen. Alles zugedeckt im Kühlschrank 24 Stunden ruhen lassen. Dann eine Terrine mit Speckscheiben ausschlagen (eine Scheibe zum Abdecken übrig behalten), die Hälfte der Farce einfüllen und gut festdrücken. In die Mitte die Leber, drum herum über die ganze Fläche die Entenbrust- und Kalbsfiletstücke anordnen und mit etwas Marinade begießen. Mit dem Rest der Farce bedecken, gut festdrücken, die Speckränder darüberschlagen und mit der letzten Speckscheibe abdecken. Den Rest der Marinade darübergießen und mit einer dicken Stricknadel einen Kamin hineinbohren. Aus etwas Mehl und Wasser einen festen Teig rühren und damit den Deckel fest auf die Terrine löten. Die Terrine in ein feuerfestes Gefäß stellen (ohne Plastikgriffe!), mit kochendem Wasser bis kurz unter den Rand der Terrine auffüllen und drei Stunden in den 170 Grad heißen Ofen stellen. Ein- bis zweimal mit kochendem Wasser aufgießen, ohne den Garungsprozeß zu unterbrechen. Im Wasser abkühlen und vor Gebrauch ein bis zwei Tage ruhen lassen. Dazu einen kräftigen Rotwein (Burgund: Côte de Nuits) servieren.

## Gefüllte Eier

Hartgekochte Eier halbieren, die Eidotter herausnehmen, fein zerdrücken und mit der entsprechenden Menge beliebiger feiner Zutaten zur Füllung vereinen:
Dicke saure Sahne, Mayonnaise, Sangrita, Tomatenmark oder Tomatenketchup, Senf, Sardellen- oder Paprikapaste, feingehackter Schinken, Bratenreste, Wurst, rohe oder eingelegte Paprikaschoten, Cornichons, Zwiebeln, Kräuter, Sardellen.
Außerdem mit verschiedenen Gewürzen abschmecken, dann mit Teelöffel in die Eihälften geben, mit Gabelwölbung kleines Muster eindrücken und dekorieren mit gehackter Petersilie oder Schnittlauch, Tomaten-, Gurken-, Paprika-, Sardellen- oder Lachsstreifchen, Kaviar, geraspelten Salznüssen.
Wer will, kann auch gefüllte Eier mit Mayonnaise, Remouladen- oder einer pikanten Fertigsauce anrichten.

## Festlicher Krautsalat

*1 Kopf Weißkraut, 1 Kopf Rotkraut.* Zur Füllung: *nach Wahl Fleischsalat oder Meerrettich (Kren) mit 2 Äpfeln oder Heringssalat oder Sauerkraut mit Zwiebeln und Kapern.* Zur Sauce: *1/8 l Olivenöl, 2 Zitronen, Salz, Pfeffer, Zucker*

Legen Sie einen kleinen Kopf Weißkraut und einen kleinen Kopf Rotkraut etwa fünf Minuten lang in siedendes Essigwasser, lösen Sie nach dem Herausnehmen vorsichtig so viele Blätter ab, wie Sie Röllchen haben wollen, schneiden Sie die immer hartbleibenden Rippen heraus und geben Sie die Blätter nochmals für zehn Minuten ins kochende Wasser. Inzwischen bereiten Sie die Fülle: entweder kalten Fleischsalat oder Apfelkren, also geriebenen Meerrettich und geriebenen Apfel zu gleichen Teilen, oder einfachen Heringssalat (siehe Seite 202), vermischt mit sehr dicker Mayonnaise, oder schließlich feingewiegtes Sauerkraut, vermengt mit Zwiebeln und Kapern. Die Blätter trocknen Sie sorgfältig ab, geben auf jedes einen gehäuften Eßlöffel der Fülle, rollen sie zusammen und legen sie in eine vertiefte Schüssel so nebeneinander, daß immer ein rotes und ein weißes Blatt sich abwechseln. Übergießen Sie mit dem Öl, dem Sie vorher den Saft von zwei Zitronen sowie Salz, Pfeffer und etwas Zucker beigefügt haben; darin lassen Sie die Röllchen einige Stunden marinieren und servieren sie kalt mit frischen, noch lauwarmen Kümmelstangen.

## Fruchtsalat mit Rum-Joghurt

*2 Bananen, 2 Grapefruits.* Zur Sauce: *1 Glas Joghurt, 80 g feiner Zucker, 2 bis 3 EL Rum*

Schlagen Sie den Joghurt mit Zucker und Rum weich und flüssig und übergießen Sie damit die kleingeschnittenen Bananen und Grapefruits. Stellen Sie diesen Salat vor dem Servieren eine Stunde kühl. Natürlich schmeckt diese Joghurtsauce auch zu anderen Früchten sehr gut.

## Süßer Orangensalat

Schälen Sie pro Person eine saftige Orange, entfernen Sie sorgsam alles Weiße und schneiden Sie dann die Früchte in gleichmäßige Scheiben. Entkernen Sie die Scheiben und arrangieren Sie sie fächerförmig auf einer runden Platte. Beträufeln Sie die Scheibchen mit Cointreau und reichen Sie den Salat als Dessert. Er soll kurz vor dem Servieren bereitet werden und nicht länger als eine Viertelstunde zugedeckt kühl stehen.

## Bunte Käsespieße

*Verschiedene Käsesorten, Speckwürfel, Rind- oder Schweinefleischwürfel, Geflügelleberstückchen, Tomaten, Paprika, Salz und Pfeffer*

Käse, Tomaten und Paprika in Stückchen schneiden. Fleisch mit Salz und Pfeffer würzen, alles abwechselnd auf Schaschlikspieße stecken und kurz bei starker Hitze grillen oder im Ofen bei starker Hitze braten. Mit Weißbrotschnitten oder angeröstetem Toastbrot servieren.

## Italienischer Wintersalat

*1/2 Staude Stangensellerie (Bleichsellerie), 1 große Fenchelknolle, 200 g Radiccio, 200 g frische Champignons, 2 EL Zitronensaft, 3 EL Olivenöl, 1/2 TL gemahlener Koriander, Pfeffer, Salz*

Die Selleriestangen putzen, möglicherweise auf dem Rücken der Stangen verlaufende Fasern abziehen und in Scheiben schneiden. Die Fenchelknolle sorgfältig putzen und waschen (oft ist Sand in den äußeren Blattschalen) und recht fein hobeln. Den Radiccio waschen und zerteilen, die würzig-bitter schmeckenden Blattrippen nur entfernen, wenn man diesen Geschmack nicht mag. Die Champignons putzen, waschen, die Stiele am Kopf abschneiden, fein blättern und sofort mit Zitronensaft beträufeln. Alles zusammenmischen und erst vor dem Servieren mit einer aus den übrigen Zutaten schaumig gerührten Sauce übergießen. Am Tisch umwenden.

## Papayasalat

*1 schöne Papaya, 1 süße Orange, etwa 100 g tiefgekühlte Blaubeeren, 1/2 Tasse Zitronensaft, 2 EL flüssiger Honig, 1 Prise Salz*

Vermischen Sie zuerst den Zitronensaft mit dem Honig und dem Salz und stellen Sie diese Sauce in den Kühlschrank. Schälen und entkernen Sie dann die Papaya sorgsam, so daß kein Kernchen zurückbleibt, denn Papayakerne darf man nicht mitessen! Schälen Sie dann die Orange, teilen Sie die einzelnen Scheibchen, arrangieren Sie abwechselnd ein Stücken Papaya und ein Scheibchen Orange und geben Sie dann erst die halbaufgetauten Blaubeeren darüber. Übergießen Sie zum Schluß mit der gekühlten Honigsauce und servieren Sie sogleich.

## Brot

Frisch aufgebackenes französisches Weißbrot, dunkles Roggenbrot, evtl. auch Brötchen oder Brezeln, Salzstangen.

## Mittelmeersalat

*1 kleiner Kopfsalat, 1 kleiner Eissalat, 3 hartgekochte Eier, 4 Tomaten, 2 kleine Zwiebeln, 1/2 Salatgurke, 1 Bund Radieschen, 1 Döschen Sardellen, 1 Dose Thunfisch (200 g), 10 schwarze Oliven.* Salatsauce: *1 kleine Essiggurke, 1 kleine Zwiebel, 1/2 kleine rote Paprikaschote, 2 EL gehackte, frische Kräuter, 1/4 TL scharfer Senf, 1 gestrichener TL Salz, 1/2 TL schwarzer Pfeffer, 1/4 TL Zucker, 1 Msp Paprikapulver, 1 Msp Selleriesalz, 1 Prise Knoblauchpulver, 3 cl Dom Benedictine, 8 EL Essig, 2 EL Wasser, 5 EL Öl*

Kopfsalat und Eissalat zerpflücken, waschen und gut abtropfen lassen. Die Eier und die gewaschenen Tomaten zu Achteln schneiden. Die Zwiebeln in Ringe schneiden. Die Salatgurke und die Radieschen waschen und zu Scheiben schneiden. Sardellenfilets und Thunfisch ablaufen lassen. Alle diese Zutaten mit den Oliven in eine große Schüssel geben.
Für die Sauce die Essiggurke, Zwiebel und gesäuberte Paprikaschote fein schneiden. Mit allen anderen Saucenzutaten gut durchrühren und nun löffelweise sorgfältig über dem Salat verteilen.
Zu diesem Salat paßt sehr gut frisches Stangenweißbrot.

## Zitronenkuchen

Für den Teig: *200 g Mehl, 100 g Butter, etwas Salz, 2 EL Wasser, 2 EL Zucker, 3 Eier, 200 g Puderzucker, 2 Zitronen, 60 g Butter*

Aus den angegebenen Zutaten einen recht festen Mürbteig bereiten, einen halben Zentimeter dick ausrollen und eine Springform damit ausschlagen. Die Eier mit 150 g Puderzucker, dem Saft und der abgeriebenen Schale der Zitronen und zum Schluß die Butter zu einem festen Schaum verrühren. In die Form geben und im nicht zu heißen Ofen (180 Grad) etwa 30 Minuten backen. Der Kuchen kann warm oder kalt gegessen werden, in jedem Fall wird er kurz vor dem Auftragen mit dem restlichen Puderzucker bestäubt.

## Feine Käsecreme mit Grapefruit

*2 Sahnekäschen (Gervais, Philadelphia), 8 enthäutete, feingeschnittene Grapefruitspalten, etwas Grapefruitsaft, 2 EL durchgedrehte Walnüsse, etwas Zucker, Salz und Pfeffer, etwas Schlagsahne; 4 kleine Windbeutel oder Minitorteletts, 8–12 Cracker*

Sahnekäschen, Grapefruitspalten, durchgedrehte Walnüsse und etwas Grapefruitsaft sehr gründlich miteinander vermischen, am besten im Mixer. Dann entweder süß mit Zucker, oder pikant mit Salz, Pfeffer und einer Prise Zucker abschmecken und bis zum Gebrauch in den Kühlschrank stellen.
Die süße Creme in Schälchen, kleine Windbeutel oder Minitorteletts füllen und mit einem Klecks Schlagsahne dekorieren, oder auch zuvor vermischen. Die pikante Creme mit Crackern reichen oder in kleine, salzige Windbeutel füllen.

## Honigschinken

*700 g roher Schinken, in zwei dicke Scheiben geschnitten, je 2 kleine Tassen trockener Sherry und milder Honig, je 1/2 Msp Zimt und Nelken*

Die möglichst mageren Schinkenscheiben in einen flachen Kochtopf geben; die anderen Zutaten verrühren, über den Schinken füllen und ihn auf kleiner Hitze unter öfterem Wenden gar schmurzeln; ab und an mit dem Kochsud überfüllen. Den Schinken herausnehmen, kalt stellen, quer in schmale Scheiben schneiden und mit oder ohne den Bratfond anrichten.

# *Getränke*

## Krambambuli

*1 großer Zuckerhut (500 g) oder die entsprechende Menge Würfelzucker, evtl. davon etwas weniger, 1 EL Rosinen, 1 EL entkernte Datteln, 1 EL kandierte Früchte, 1 EL Trokkenobst, 1 l starker, schwarzer Tee, frisch aufgebrüht, 1/5 l Rum (54%), 2 l Weißwein, Saft von 2 Zitronen und 2 Orangen*

Dieses Getränk wurde höchstwahrscheinlich von Danziger Studenten des vorigen Jahrhunderts erfunden. Warum es Krambambuli heißt? Eine Danziger Firma stellte einen Heidelbeerlikör namens ›Krambambuli‹ her. Die blaue Farbe der Heidelbeeren und die blaue Flamme des flambierten Punsches mögen einander geähnelt haben. Genau weiß das niemand mehr.
Den Zuckerhut zerstoßen, Früchte, soweit nötig, waschen und eventuell zerkleinern. Früchte in ein Sieb geben, zerstoßenen Zuckerhut drauflegen. Mit erwärmtem Rum (hochprozentig!) beträufeln und anzünden und den schmelzenden Zuckerhut in einen großen Kessel tropfen lassen. Wenn aller Rum verbraucht und der Zucker zerschmolzen ist, mit Wein, Orangen- und Zitronensaft sowie Tee aufgießen und bis kurz vor dem Siedepunkt erhitzen.
Die Früchte werden nicht mitgegessen.

## Mangobowle

*1 Dose Mangos, 2 Flaschen Weißwein, etwas Cointreau, 1 Flasche trockener Sekt*

Die Mangos abtropfen lassen, die halbe Fruchtmenge zerteilt in einen Krug geben, mit 1/2 l Weißwein und etwas Mangosaft begießen, zugedeckt 2 Stunden kühl stellen, abgießen, den restlichen Wein beifügen, sehr raffiniert mit Cointreau abschmekken; den gut gekühlten Sekt zur Bowle geben und über die restlichen, in Gläser verteilten Früchte füllen.

## Feuerzangenbowle

*2 Flaschen Rotwein, 6 Gewürznelken, 2 Orangen, 1 Zimtstange, 1 Zuckerhut, 1 Flasche Rum (54%)*

Den Rotwein, Gewürznelken, die in Scheiben geschnittenen Orangen und die Zimtstange im Kupferkessel (oder einem anderen feuerfesten Gefäß) auf dem Herd erhitzen, aber nicht kochen lassen. Dann auf den angezündeten Rechaud ins Zimmer stellen. Der Zuckerhut wird nun in die Feuerzange geklemmt und waagrecht über den Kessel gehalten. Er wird mit knapp $^1/_3$ des Rums begossen. Nun wird ein wenig Rum in eine Schöpfkelle gegeben, an der Rechaudflamme erwärmt und entzündet und brennend über den Zuckerhut gegossen. Jetzt tropft der schmelzende Zucker beim blauen Flammenschein langsam in den Rotwein. Mit der Schöpfkelle nach und nach weiter Rum über den Zuckerhut gießen, bis dieser zum größten Teil geschmolzen und der Rum verbraucht ist. Ab und zu umrühren. Darauf achten, daß die Flamme nicht ausgeht! Der Rum muß mindestens 54% Alkoholvolumen haben, sonst brennt er nicht. Sicherheitshalber sollten Sie sich ein kleines Fläschchen reinen Weingeist besorgen, um das Feuer damit in Gang zu bringen (und zu halten, wenn es nicht gleich klappt). Feuerzangen-Puritaner erhitzen den Rotwein ohne Orangen und Gewürze!

## Türkenblut

*1 Flasche schwerer edler Rotwein, 1 Flasche trockener Sekt*

Türkenblut ist ein gehaltvolles Mischgetränk, das ganz einfach herzustellen ist, aber aus den besten Zutaten bestehen soll. Wein und Sekt im Verhältnis 1 : 1 mischen und eisgekühlt (am besten in einem Bowlengefäß mit Eiswürfeleinsatz, damit der köstliche Trank nicht verwässert wird) servieren.
Bekömmlicher wird das Getränk, wenn Sie nur $^1/_3$ Rotwein, dafür aber $^2/_3$ Sekt nehmen.

## Sektpunsch

*$^1/_2$ l Weißwein, 500 g Zucker, Schale von 1 Zitrone, Saft von 3 Zitronen, $^1/_2$ l starker Tee, $^1/_4$ l Rum, 1 Flasche Sekt*

Wein, Zucker und dünn abgeschälte Zitronenschale bis zum Kochen erhitzen. Vom Feuer nehmen und erkalten lassen. Danach Tee und Rum dazugießen und das Getränk kalt stellen. Kurz vor dem Servieren den Sekt dazugeben.

## Zitronenbowle

*8 ungespritzte Zitronen, je 1 Flasche Rotwein, Weißwein und trockener Sekt, etwa 200 g Zucker*

Die Früchte schälen und die Schalen mit der halben Menge Wein und dem Zucker zugedeckt 6–12 Stunden kühl stellen, ab und an umrühren; dann die Schale herausfischen, mit restlichem Wein und gut gekühltem Sekt auffüllen und über hauchdünn geschnittenen Zitronenscheibchen in Gläser verteilen. Sie können die Zitronenscheibchen zuvor mit etwas grobem Zucker bestreuen.

Getränke für ›Zwischendurch‹, am Vormittag, als Aperitif und als Nachtisch.

## Feiner Bananentrunk

*4 Bananen, 2 EL Zitronensaft, Zucker nach Geschmack, etwas edler Rum, Weißwein nach Bedarf*

Die abgezogenen Bananen in Scheiben schneiden, mit Zitrone und Zucker mischen, knapp mit Weißwein überfüllen, zugedeckt kühl stellen, durch ein Sieb geben und den Trunk mit Rum sehr vorsichtig abschmecken.
Kleiner Tip: Sie können die Mischung zur Bowle wandeln. Der Trunk wird nach der Ruhezeit nochmals mit Weißwein gemischt, mit Rum abgeschmeckt, aber nicht mehr durchgesiebt.

## Kiwi-Milchtrunk

Pro Person: *1 Kiwi, 1/4 l kalte Milch, etwas Zucker*

1/4 l kalte Milch über eine geschälte, feingeschnittene, durch ein Sieb gedrückte Frucht füllen, zuckern und genießen. Der Schönheit einer Kiwifrucht entspricht es mehr, sie in Scheiben zu schneiden, leicht zu zuckern und mit Milch zu überfüllen; dann wird der Trunk eben gelöffelt. Nach Belieben etwas Kirschwasser zufügen.

## Kuller-Kumquat

Geben Sie in jedes Glas eine rundum vielfach angepikste Kumquat, darüber ein wenig Cointreau; füllen Sie mit gut gekühltem, frischem Orangensaft auf! Eventuell mit halb Blutorangensaft, halb Rotsekt aufgießen!

## Maracuja-Sorbet

*4 Kugeln Maracuja-Eis, 1 Flasche Sekt*

Kugeln in Gläser geben, mit Sekt auffüllen. Nach Belieben mit Himbeergeist aromatisieren.

## Orangendrink

*Je 1 Teil Bacardi-Rum, Curaçao und Zitronensaft, 2 Teile Orangensaft, trockener Sekt*

Alle Zutaten über Eiswürfel, am besten im Mixer, verschütteln, Gläser zur Hälfte mit dem Trunk füllen und mit gut gekühltem, trockenem Sekt auffüllen.

## Planter's Punch

*1/8 l Martinique-Rum, 2 EL Zuckersirup, mit etwas Orangensaft vermischt, Saft einer Zitrone, zerstoßenes Eis, 1 Orangenscheibe, 1 Maraschinokirsche, Sodawasser*

Rum, Sirup, Zitronensaft im Shaker mit zerstoßenem Eis durchschütteln. In Longdrinkglas abseihen, mit Fruchtscheiben garnieren und mit Sodawasser auffüllen.

## *Punschlied*

*Vier Elemente,*
*Innig gesellt,*
*Bilden das Leben,*
*Bauen die Welt.*

*Jetzt mit des Zuckers*
*Linderndem Saft*
*Zähmet die herbe,*
*Brennende Kraft!*

*Gießet des Wassers*
*Sprudelnden Schwall!*
*Wasser umfänget*
*Ruhig das All.*

*Preßt der Zitrone*
*Saftigen Stern!*
*Herb ist des Lebens*
*Innerster Kern.*

*Tropfen des Geistes*
*Gießet hinein!*
*Leben dem Leben*
*Gibt er allein.*

*Eh' es verdüftet,*
*Schöpfet es schnell!*
*Nur wenn er glühet,*
*Labet der Quell.*

*Friedrich Schiller*

# Sachregister

# Alphabetisches Register